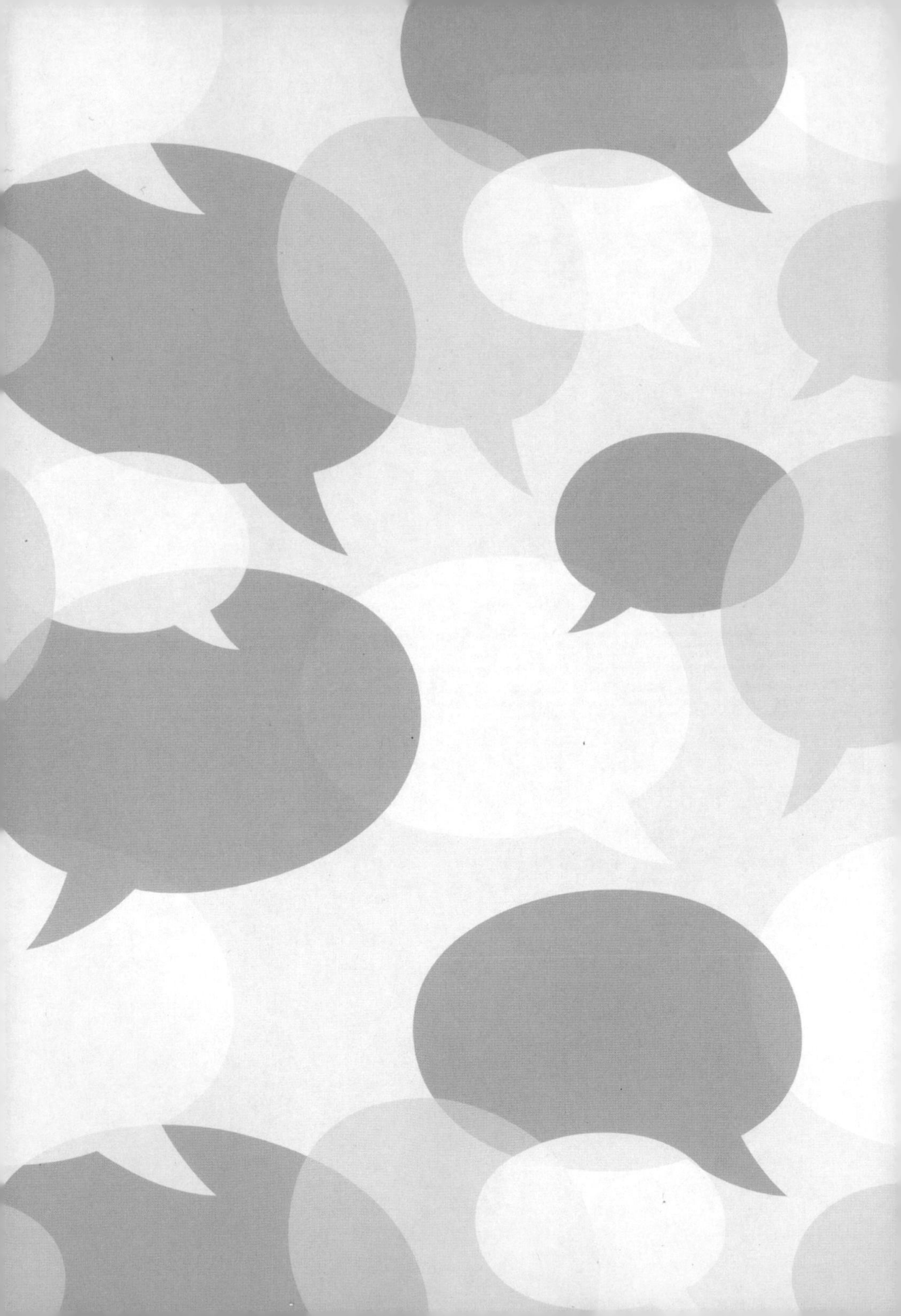

Oren Jay Sofer
奧朗・傑・舒佛——著
吳宜蓁——譯

正念溝通

在衝突、委屈、情緒勒索場景下說出真心話

Say What You Mean

A Mindful Approach to Nonviolent Communication

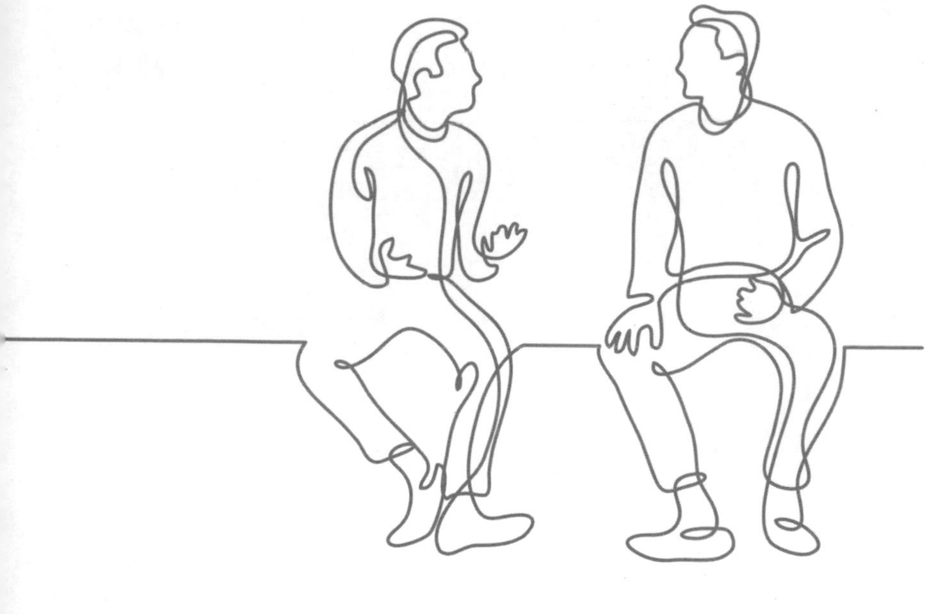

獻給為我指引道途的良師益友們。
也獻給我的母親、我的第一位老師，
她給予我堅實的基礎，並教導我寫作。

荃者所以在魚，得魚而忘荃；
蹄者所以在兔，得兔而忘蹄；
言者所以在意，得意而忘言；
吾安得夫忘言之人而與之言哉。

——莊子

以仇恨報以仇恨，是徒增仇恨，
讓已經沒有星星的夜晚更加黑暗。
黑暗無法驅逐黑暗，只有光明能做到；
仇恨無法驅逐仇恨，只有愛能做到。

——馬丁・路德・金恩博士

各界盛讚

作者用他在「正念」和「非暴力溝通」的豐富實踐經驗，讓我們看到兩者的結合，如何化解衝突、增進團隊協作，以及爲生活帶來和諧與和平的強大力量。

——鄺麗君，美國非暴力溝通中心培訓師候選人

在今日訊息時代，人們的訊息交流速度比過往快上數十倍。社群媒體一方面便利人們的互動交流，但同時也突顯人們在政治、族群、性別等諸多議題上的差異，甚至帶來對立與仇恨。在此時刻，我們的社會迫切需要每個人學習促進和平的有效溝通方式，培養充滿自我覺察而悲憫自他的溝通素養。這本書結合正念覺察、非暴力溝通和體感治療的理念與練習，正是這個時代每一個人迫切需要的溝通手冊。

——溫宗堃，臺灣正念發展協會理事長

在所有的人際溝通模式中，NVC（非暴力溝通）是我個人最喜歡的，而本書不僅於此，還把Mindfulness（正念）也加入，這樣的結合簡直天下無敵了，內在的正念涵養加上互動的溝通連結，

若想增進人際關係與團隊合作，就是這本書了！

——陳德中，臺灣正念工坊執行長

無意識的溝通模式造成的隔閡，不只影響我們的個人生活，也使得遍布於世界各地的誤解與暴力模式永久存在。奧朗．傑．舒佛以明淨與偉大的洞見，提出了許多教導與練習，讓我們得以訓練自己用臨在、勇氣和敞開的心胸，去訴說與聆聽。

——塔拉．布萊克，《全然接受這樣的我》作者

奧朗．傑．舒佛爲我們呈現出的，是「專注臨在」與「巧妙參與」兩者的精采交織。無論工作、家庭、人際關係，都能從他的教導中受益。

——丹尼爾．高曼，《EQ》《平靜的心，專注的大腦》作者

這本符合當下又引人入勝的書中充滿了實用的練習，讓我們培養溝通與正念的技巧。本書告訴我們，關心、好奇和連結能如何改變人們的生命，即使在面對侵犯行爲時也同樣有效。

——蘇珊．葛凌蘭，《孩子的簡單正念》《這樣玩，讓孩子更專注、更靈性》作者

到我們成年的時候，大多數人已經學會經由一種根深柢固的語言和行爲模式在溝通，而幾乎所有的溝通都包括投射、假設和偏見，難怪我們經常覺得有隔閡、總是很孤單！舒佛將正念練習和非暴力溝通的原則巧妙結合在一起，幫助我們學會如何重新找到彼此。本書讓你知道如何眞實且關懷的思考、說話與傾聽，是一本非常強大的指南。實在太棒了！

——雪倫．薩爾茲堡，《靜心冥想的練習》《眞正的愛》作者

這本巨著探討了所有關係中最大的挑戰：如何將心和力量、同理心與自信結合。文字間帶有極大的溫暖和清晰，彙集了經過充分研究的原則、有效的工具和建議、強大的經驗練習，還有許多例子。它的內容極爲踏實，完全可以掌握，同時卻也如此深入，甚至深刻。關於人際溝通的書，如果只能推薦一本，那就是這一本了。

——瑞克．韓森博士，《力挺自己的12個練習》《大腦快樂工程》作者

奧朗．傑．舒佛這本極具說服力的作品，命名爲《活出你眞正的意思》（*Living what you mean*）也一樣貼切。他超越表面層次的溝通，描述我們結伴同行的關係，在其固有的連結中該如何表現、如何表達、如何感知並滿足自己和他人的需要、如何處理差異甚至是衝突、如何在愛和憤怒中溝通——總而言之，就是如何完全活出這複雜的人生。舒佛爲我們共同的人性提供了必要的框架、觀

點與技巧。

——賴瑞・楊（Larry Yang），靜心教師

言語具有巨大的力量——既能傷害也能療癒。在本書中，奧朗分享了一個以正念、清晰和同理心進行溝通的三步驟流程，讓我們在關係中建立更多的連結和理解。在這個動盪不安、衝突四起的時代，我們比以往任何時候都更需要這樣做。

——克里斯・克萊瑟（Chris Kresser），紐時暢銷書作者

面對生活在這個時代的巨大挑戰，我們需要將內在的正念練習，與外在的誠實、脆弱、力量、關懷和同理心的交流練習結合起來。奧朗向我們展示了做到這一點的方法。

——米齊・卡什坦，非暴力溝通認證培訓師，《紡織出根本的活力》作者

目錄

第三部分

第三步驟：專注於重要的事

第四部分

全部整合起來

推薦序

說出口的話語，帶你我通往更和諧的未來

約瑟夫·戈德斯坦

我們的生活就是各式各樣的溝通。對大部分人來說，最主要的溝通模式就是說話，是我們所使用的詞語，以及詞語背後的聲調情緒。互動構成了所有人際關係的基礎，而我們生活的品質，則絕大部分取決在對話中使用的模式。更甚者，溝通的習慣就像是個模版，影響著我們跟自己的關係，以及我們跟整個社會的關係。

在這本精采的書籍中，奧朗·傑·舒佛探索了我們說話方式中的許多細微差異、說明能促進幸福與和諧的模式，以及只會導致更大挫敗和痛苦的模式。書中的觀點和方法也是療癒與徹底改變的重要關鍵，不只個人的生活迫切需要這樣的癒合與變革，所有社會群體和整個地球都需要這些。

舒佛不只從他在正念練習、體感治療，以及非暴力溝通的廣泛訓練中，提出了精闢見解，還加上許多必要技巧，讓我們得以將溝通轉變為增進親密度、誠實和同理心的工具，使得社會生活朝著更公平也更和平的方向邁進。

透過清楚的理論框架和豐富的故事與實例，《正念溝通》提供了一系列實用的工具，幫助我們

更能覺知到自己的習慣模式。同時，它也為如何達到更關心又有效的溝通，提出許多詳盡的建議。舒佛探討了聆聽他人時同理心的重要性，也以非常精確的方式提出如何培養。如同他所寫的：「溝通練習最重要的不是說什麼，而是我們從什麼角度出發，以及我們怎麼說話。」

他也清楚地敘述了一些練習方法，讓我們可以辨識與了解自己的想法、觀點和情緒，並釐清這一切如何影響我們使用的詞語和其背後的動機，而這些影響往往都是無意識的。如果缺乏這樣的認知，我們會發現自己總是被困在制約的糾結中，看不出通往宏大連結與內在自由的道路。

除了有詳細又全面的路線圖、讓人創造明智的溝通外，這本書中還有許多珍貴佳句，可以當成日常生活的小提醒。其中我最喜歡的，是很簡單的一句話：「當我們用較少字眼表達出較多眞誠時，表達會更清晰、更有力量。」

本書的一個重要基礎概念是：溝通，就像任何藝術活動一樣，是需要練習的。一旦我們掌握了基本技巧，就可以開始擴展自己思考、說話與互動的方式，讓我們說的話語成為路徑，通往生命中更大的和諧與洞見。

從舒佛剛開始靜心練習的時期，我就認識他了。多年來，我看見他整合了靜心洞見的深層覺知與對溝通的深刻理解，成為一種可以應用的訓練方法，令我感受到莫大的喜悅。

這本書，有著他獨特的溫暖與清晰，是一份偉大的禮物，獻給所有在生命中找尋更多連結、更多透澈和更多熱情的人。

前言

三系統、三步驟，以溝通創造前所未有的連結

我們說的話很重要。

每個人都能感覺到話語的力量，它能療癒、撫慰或提升我們。就算只是一句關懷的話語，也能創造出「放棄」或「找到力量面對人生挑戰」的差別。

每個人也都知道，言語可以造成非常嚴重的傷害。帶著憤怒或殘忍的尖銳言語，可以毀掉一段關係，並持續延燒數年。語言可以被用來進行大規模的操控和脅迫，煽動恐懼、戰爭和壓迫，加強種族滅絕和恐怖主義的政治議題。

很少有如此強大的東西，同時是如此平凡的。言語交織在我們的生命之中，你的初戀、第一份工作、對所愛之人所說的最後一聲再見。我們的各種開始、結束和其間的無數瞬間，或是當我們在分享自己的想法、感受，還有欲望時，都是由語言文字穿插其中。

我的父母說，我是個特別喜歡說話的孩子。他們會在吃飯的時候拼字：「ㄠˋㄉㄤˇ，ㄔㄈㄢˋ。」試著把我這小小身體冒出的一連串問題，引導到別的地方去，同時提醒我繼續吃飯。我對文字的著

迷從很小的時候就開始了。我還記得探索簡單複合詞（像是海草〔seaweed〕或日落〔sunset〕）的意思時，那種興奮的感覺，也能想起當抽象的聲音突然轉變成熟悉的部分時，那個瞬間的領悟。

語言是一種魔法。在這個容納數十億個星系的浩瀚宇宙中，我們能夠活著，並且意識到自己處在這個美妙的星球上，與它的森林湖泊、山川海洋共處，這已經夠神祕了。想想我們居然可以在看進彼此雙眼的瞬間，產生言語來訴說自己的人生，這該是多麼讓人驚奇。

從古至今，無論東方、西方，或各處原住民，許多文化和宗教的創造神話都認可言語的集結本領，使得演說能力在宇宙起源中扮演了非常關鍵的角色。的確，言語有塑造現實的力量。當我們思考時，會開始理解；理解後，就會產生行動。不只如此，世界上的所有宗教教義，對於言語的倫理意義，都有一種普世的認知——言語有潛力促進福祉或造成傷害，進而將恰當運用文字的道德準則收錄在教導中。

在我和越南禪師、詩人，與和平行動者一行禪師一起參加靜心靜修時，我童年時期對語言的迷戀，變成了一種堅定的承諾——我一定要了解如何明智地使用語言。一行禪師對佛陀教導之「正語」的現代詮釋，在我內心深處引起了共鳴，激勵我盡可能多多去學習「溝通」。這些內容至今仍激勵著我：

由於意識到不用心說話和聽不進他人說話所造成的痛苦，我因而致力於培養帶著愛的話語和深度的傾聽，期望能為他人帶來喜悅與幸福，減輕他們的痛苦。我知道話語可以製造快樂或痛苦，因此決心學習運用能激發自信、喜悅和希望的文字，說出真實的話語。我不會散播自己不完全清楚的消息，我不會批評或譴責自己不確定的事物，我會克制自己，不發表可能導致分裂或不和的言論，也不說出可能導致家庭或社群破裂的話語。我決心盡一切努力調解和解決所有衝突，無論衝突有多麼小。

我們說的話很重要，也許比過去還重要。

我們活在劇烈改變的時代中，因此背負著更重大的責任。這樣的一個時代，人們越來越無法傾聽，不能確實聽進彼此的話語。那些有不一樣觀點、信念或背景的人，很容易（再一次地）被塑造成「別人」。此刻，當政治、社會、經濟和環境變化的巨大力量席捲全球，加劇我們與自我、他人和生活的分離時，我們更需要學習如何以一種新的方式去說話和傾聽。

世代承襲下來的歷史與經濟結構，代表著競爭和分裂，能輕易決定我們之間的關係，因此我們必須超越這些，學習以全新的眼光去認識自己的世界。眞正的對話，不只是單純的交換意見而已，而是一種建立於信任和互相尊重上的轉換過程。經過這些，我們才得以用嶄新且更正確的方式去看待對方。就如神學家大衛．洛赫海德所說：「這是一種知曉眞實的方式，是雙方在對話之前都無法擁有的[1]。」

明知道我們有能力做好，卻還是看見那麼多的毀滅和暴力，怎麼不令人心碎？日本有句諺語說：「櫻花之所以美麗，是因爲稍縱即逝。」然而，我們每個人都有機會運用生命賦予我們的時間和精力。

我希望這本書可以引起微薄的影響，幫助我們開始理解：身爲人類，我們有多少潛力可以做對的事情，並透過學習將更多的同理、智慧和善意，帶入組成日常生活的人際關係中。我希望這本書能幫助我們改變思考的模式，也改變把暴力當成策略手段的觀念，成爲創造一個適合大家的世界時，那其中的一步。

[1] 在整本書中，我將「對話（dialogue）」這個字做為「交談（conversation）」的同義字，指一般的對話。而用「真正的對話（true dialogue, real dialogue）」時，則是指洛赫海德等人所謂「有轉換性質的對話」。當對話的雙方不存在這種氛圍時，我們可以依靠內在的意向，來營造出這種條件。作家與非暴力溝通認證培訓師米齊，卡什坦稱之為「對話的紀律」，即是一種願意合作的傾向，「其核心是一種承諾，追求一個真正適合所有人的目標，即使其他人只是為了自己的利益」。

水的匯流

二十五歲左右，我有一次跟非暴力溝通中心的創辦人馬歇爾．盧森堡博士一同參加靜修，在爲期十天的活動最後一日，我與盧森堡夫婦一起用早餐。數年前我就見過盧森堡博士，由於他研發的溝通系統讓我的生活產生了深遠的改變，因此我熱切地想要向他表達感激之意。身爲長期靜心者，我也非常想要讓他知道，我認爲靜心可以進一步支持非暴力溝通的過程。

當時是二〇〇〇年初期，正念還沒有引起社會大眾的注意。我解釋說，正念練習可以培養內在覺知，這是辨識且有意識關注感覺與需求的先決條件，也正是非暴力溝通的核心。因此，它就是非暴力溝通模組中遺失的關鍵部分。

當盧森堡博士完全同意我的看法時，我既興奮又有點驚訝！他帶著一點點沮喪的心情跟我分享：有一段時間，他一直試著用一頂以招牌玩偶改良的長頸鹿寶寶帽子，想辦法教人們靜心。他坐在餐桌對面，對我露出意味深長的微笑：「或許那是你要做的工作。」

就這樣，這段將近二十年的旅程開始了，我一直努力把我對佛教靜心的理解和非暴力溝通結合在一起。我在本書中與你們分享的內容，是三種不同實踐流派的綜合體：

「正念」是最首要的主流，來自於上座部佛教的傳統（尤其是指泰國佛教的內容與實踐）。第二道流派是盧森堡博士發展出來的「非暴力溝通系統」，他的重要著作《非暴力溝通：愛的語言》，在全球已經售出一百萬本。非暴力溝通目前已被使用於國際衝突化解及非暴力社會改變、人際溝通與靜心，以及個人成長和療癒。書中使用的最後一個方法流派，是我接受的一種治療技術訓練，由彼得．列文博士設計，稱為「體感治療」（Somatic Experiencing, SE），特別強調神經系統調節在療癒創傷中的重要性。

我發現，這三道流派集結成一種強大的工具，可以加深自我了解，改變我們溝通的習慣。剛開始實踐的幾年裡，我發現這些方法和其各自的基礎理論之間，有許多同步之處。在我試著將方法兩相比對，想找出一種一致的主系統涵蓋全部所學時，我的心靈也經歷了各種轉變。

經過了好長一段時間後，這些概念才真正融入我的身體，並且認知到它們都是對人類經驗的理解，只是方式不同而已。它們在某些方面有重疊，但並不需要完全吻合，才能同時發揮作用或互相支持。

當一個分水嶺上的幾條小溪匯流成一條大河時，你就無法再辨識出河水到底來自哪裡了。在某些層面上，這三個系統和相對應的實做方法，都能做為一條完整的河、一個無縫的整體，每個系統也都能描述與支持人類整體生活經驗的不同面向。

因此，我在本書中提到的內容是整體性的。雖然我沒有明確地討論佛法，但熟悉佛教教義的人都能清楚認出它的智慧存在於不同章節中。同樣的，我對體感治療的闡述就更加離題了（除了第十三章裡，關於艱困情境的一個重要部分）。我並沒有試著分析哪些水來自哪一條河，而是專注於創造出一個我希望可實際應用的指南，涵蓋人際溝通的基礎，因而得以在一個人的生活中，製造出具體的改變與轉化。

三個步驟，三個基礎

人類的溝通很複雜。任何互動都有無數的因素。我們的情緒、想法和信念，也都會出現在言語和非言語的部分中。不論是在兩個人之間，還是在各自所屬的團體和社區裡，我們必須就已經建立的關係模式來進行對話。然而，在這一切之中，有技巧的溝通都具備一些相同的基礎。

本書的整體框架，是採取三個步驟來創造有效的對話。步驟本身非常單純：

一、以臨在引導。

二、發自好奇與關心。

三、專注於重要的事。

這幾個步驟，構成了一個更深入透澈的訓練。就像三塊堅實的石頭被放在湍急的溪流中，每一個步驟，都只有在它的基礎是穩固且有用的狀態下，才會發揮出穩定的效果。因此，想要完完全全處在當下，就必須訓練自己建立起正念溝通的第一個基礎：**臨在**。發自好奇和關心，則是根植於**意圖**這個基礎。而專注於重要的事，則是關於鍛鍊我們的**注意力**，訓練頭腦去辨別什麼才是重要的，並以靈活回應的方式轉移頭腦的注意力。

本書的前三個部分對應著此訓練的每一項基礎，而第四部分和最後一部分，則探討這些環節爲何能緊密相扣。

如何使用這本書

讀一本關於溝通的書，有點像是拿著手冊閱讀游泳的方法。無論內文多麼清楚詳細，若不親自下水，是不可能學會游泳的。這本書的用意就是要你在生活中應用，把它當成一本對話的野外指南、一張描述旅遊景點的地圖。如果你慢慢來，在閱讀期間確實花時間消化每個章節，它就能發揮最大的功效。每個觀念、比喻和想法，都應該放進你的生活中驗證。實際嘗試、仔細觀察，看看什麼方法有效。

在每一章裡，你都會找到一些實用的建議，告訴你如何應用這些工具和概念。從小地方、簡單、低風險的情境開始嘗試。

回到游泳的比喻。我們不會在暴風雨的日子跳到海裡去學游泳。當然，說不定你會成功，但絕對會歷經一番掙扎、吞下大量海水。比較可能發生的結果是，你不太會想再去游泳了。因此，從泳池的淺水區開始練習會簡單很多，而且最好挑個溫暖舒適的日子。

同樣的道理，我不建議你立刻把這些工具應用在生活中最艱難的對話或關係中。先學會游泳，建立一些基礎能力，然後盡可能去尋找一些情境——那些最容易拿來練習、最能夠讓你實驗與學習，而不會遭受太多抗拒的情境。你可以和其他人一起讀這本書，這樣就有實際練習的對象。又或者，找位親密好友或家人——在你學習新語言時跌跌撞撞的彆扭過程中，會以輕鬆幽默態度陪伴你的人——在他們身上練習本書提供的工具。

因爲學習溝通技巧很像在學習一種新語言，需要反覆練習。練習越頻繁，就能越快說得流利。學習時，就算只知道少數幾個單字，也能幫助你開始說出想表達的意思。所以我鼓勵你，每天都做一點點練習，無論是正式的練習還是非正式的對話都好。只要進行有意識的練習，就算每天只進行五分鐘，長期下來就會有效果。

在每一章的最後，會有重點複習和一系列的問與答。當中有許多問題，是從實際的工作坊和靜修學員心得中整理出來的。這些問題的設計，是要幫助你解決在練習過程中可能遭遇的常見挑戰（爲尊重當事人隱私，故事中的名字和細節都已修改）。

你會看見許多與正念溝通相關的關鍵詞貫穿全書，這些詞在第一次使用時，會以粗體表示，也可以在書末的「詞彙表」中查到它們的定義。每章裡的注釋則提供了更深入的思考和資料來源，對相關主題有興趣者可以延伸閱讀。

最後，我想指出貫穿全書的一個重要區別。

在每一章中，你會看到一些**原則**，它們是特定層面溝通的基本精神或目標。此外，你也會看到**練習**，這些特定的工具旨在幫助你學習如何以具體的方式將原則帶入生活。

舉例來說，你會看見這樣的原則：「我們越有覺知，就會有越多選擇。」你也會看到相對應的練習，有一些在閱讀時就可以做了，有一些則可以在日常生活的溝通中練習。在這個例子裡，原則是關於覺知，而支持這項原則的練習，可能就是正念呼吸的方法。

所有溝通訓練的危險之處，在於我們會錯把練習當成原則；爲了努力堅守某種教條或系統，就開始用僵硬、機械般的方式說話。雖然系統非常有用（盧森堡博士的非暴力溝通系統就是本書探討的主要部分），但我比較有興趣的，是學習如何理解眼前的狀況，並做出靈活的回應，而不是堅守一套系統。

也就是說，不要拘泥於任何一種說話方式。

拿另一個比喻來說明，這有點像在學習樂器。演奏出音階當然有其必要，但眞正目的是創造音樂。這裡的工具和練習，對於重新訓練你的溝通習慣將是非常寶貴的，但我們是爲了放輕鬆，自在地進入對話流程。

可能會遇到什麼狀況

溝通涵蓋的領域相當廣泛：私人與專業方面的人際關係；更高階的技巧，比如團體輔導與調解；策略應用，比如外交與非暴力抵抗。本書不會涵蓋全部，因爲我本就不打算這麼做。這本書的焦點是在社會與親密關係中的人際溝通。如果你有興趣接受進一步的訓練，本書中學到的工具，將是其他應用不可或缺的基礎。

這本書直接來自我的個人生活經驗，這表示它在某些方面也會受到我的經驗而有所限制。這些層面的制約條件，使得我沒有完全預備好去實現盧森堡博士在他的作品中闡述的願景。每當我想到二〇〇五年時，他在瑞士靜修會中說的話，我還是會不寒而慄：

如果我使用非暴力溝通來釋放人們，讓他們不那麼抑鬱，讓他們與家人相處得更融洽，卻不同時教他們運用自己的能量來快速改造世界上的制度，那麼我就是問題的一部分。我實際上只是讓人們平靜下來，讓他們更快樂地生活在這個制度中，所以我是把非暴力溝通當成麻醉劑在使用。

教學令人更謙卑。我知道自己還有更多要學習的，尤其是圍繞著我自身**特權** ❷ 的盲點。在某種程度上，我已經設法超越了自身的制約條件。這些內容和想法或許可以支持不同社會階層的人們，讓他們得以學習將自己從制約條件中釋放出來，更能完整投入互相依存的溝通之舞，這一點令我非常喜悅。而在某種程度上，我並未看到超越自身制約條件外的事物。我繼續正念溝通的練習，將其當做學習與轉化的終身道途。

要實踐溝通練習，這種持續性的承諾是最有幫助的方法。學習巧妙的溝通，不是用一個週末的工作坊、六週的課程，甚至一本包含四部分的書籍就能完成的東西。它需要耐心、興趣、勤奮還有謙遜。在這過程的不同階段中，你可能會覺得自己完全做不到，這是很正常的現象。有時候，你甚至會覺得在嘗試這些工具前，好像過得更好。

這全都是你可能遇到的狀況。學習任何事物，都是不斷犯錯的過程。要做好心理準備：你有時可能會跌得很慘，但是跌倒了多少次並不重要，重要的是能不能重新再站起來。要記住，每一個小小的成功、每一次運用其中一項工具或原則的互動，都會爲你建立信心，在腦中留下新的模式。

溝通方式的改變不會在一夜之間完成。養成習慣需要時間，捨棄舊習慣並精通新事物也需要時間，但是你花在學習的每一分鐘都是值得的。你會在人際關係的品質、生活的幸福程度，以及有效

❷ 見詞彙表中的定義。比如說，做為一位美國公民，在這個國家裡和世界上的許多地區都享有某些特權。在當今的社會中，身為白人、男性、受過教育，或身體健全的人（諸如此類），都各自具有一定的優勢。

參與這個世界的能力中得到回饋。

學習騎腳踏車

我清楚記得自己小時候的熱情和好奇心，但也記得在家吃晚餐時，幾乎沒辦法加入的那些節奏飛快對話。我有個非常深刻的記憶，我的家人滔滔不絕進行著艱澀的對話，幾乎沒有給我出聲的機會。我坐在黑色的餐桌前，胸口感覺很是沉重，喉嚨裡彷彿有個疙瘩，失望的淚水在內心翻滾著。

找回你的聲音，學習如何說出眞正的意思和深入聆聽，這將是你所能踏上最有收穫的旅程。當你發展出眞誠說話與確實聆聽的能力後，就等於擁有了一種取之不盡的資源，可以暢遊和改變世界。

本書中的技巧不會把你的對話變成平板、中性的「好聽話」，而是幫助你感覺更有活力、互動時更加投入。

小的時候，我有一部藍色的史溫越野車，有紅色坐墊和紅色手把。在許多夏日的傍晚，晚飯後我會騎著腳踏車，在我們住的新澤西州郊區裡，一遍又一遍地跳過路面突起物，沿著老橡樹和梧桐樹下的人行道狂奔。

學習正念溝通跟騎腳踏車也有很多相似之處。它們都需要時間。一開始，你還在找平衡感時，使用輔助輪來引導你是很有幫助的。若有人在旁邊替你加油，會讓過程更安全也更有趣。而當你拿掉輔助輪，則得有心理準備，手肘跟膝蓋可能會有幾處瘀血擦傷。可是一旦學會了，就絕對不會忘記怎麼騎車。因爲它可以帶你去到很遠的地方，到達那裡的興奮和喜悅，就是所有的樂趣所在。

| 第一部分 |

第一步驟
以臨在引導溝通

有效的溝通仰賴我們臨在的能力。誠實開放地訴說、深度傾聽，以及在對話中不可避免的曲折中迂迴前行，全都需要高度的自我覺知。要**說出**我們真正的意思，必須先**知道**自己是什麼意思；而要知道自己是什麼意思，則必須傾聽內在，辨識出什麼對我們才是真實的。

正念溝通的第一步驟，是**以臨在引導**，意思是我們要盡可能全心全意地處在現場。如果我們不在此處，可能只是無意識地自動回應，這樣一來，就不太可能會記得自己學過要發自我們最好的意圖，或是以自身的智慧去參與。

以臨在引導是一個多方面的豐富練習。在第一部分中，我們將探索溝通技巧的基礎：臨在的能力。我們會探討人類溝通的本質、它在我們生活中的核心作用，以及我們如何在自己和對話中培養覺知。

1 生命的中心

語言非常強大。
不只描述事實，而是創造出它描述的事實。
——戴斯蒙・屠圖大主教

我們來到這個世界時非常脆弱，完全依賴他人，也準備學習語言。從我們出生的那一刻起，溝通就是我們生命的中心。

人類的嬰兒天生就有學習世界上七千多種語言中任何一種的能力。然而，在最初的幾星期和幾個月裡，我們只具備兩種方式來表達需求：哭泣和微笑。我們的大腦從這個基礎開始發育，神經元開始辨識人類語言的節奏、聲音、音調和音量。無論身處何種語言環境（或命運），這個年紀的我們學習都非常快速。

處在這樣的聲音、文字和文法系統中，我們學習如何表達情緒，如何跟他人索取自己需要的東西，並學習一些方法，試著得到想要的東西。最後，若是一切運作得宜，我們會學習如何閱讀，並使用更複雜的社會暗示，也會學習隱喻、慣用語、幽默感。這一切都是透過聆聽、詢問、觀察和重複學來的。

當我們帶著語言進入人類大家庭時，很自然地就會學到伴隨著原生家庭、種族、階級、性別、社會和主流文化的各種溝通模式。有些人發現到，表達出自己的需求並不安全，所以會藉由照顧他人來確保自己得到照顧；有些人則學到要使用力量來得到自己想要的東西，因此會武裝自己，試圖表現出最強大或最聰明的樣子；有些人發現自己的需求並不被社會重視，所以替內心裝上堅硬的殼，不去面對自己的脆弱。也有些時候，我們會發現還是有空間可以請求自己需要的東西，因此繼續與他人保持連結，一同努力。

我們大部分人都學會運用綜合方法，來達到自己的需求，**我們都受過溝通訓練**，只不過通常都是無意識、非刻意的。我們所處的社會地位和文化環境決定了我們的信念和框架，而生活經驗又進一步證實並強化它們。

也就是說，有東西在心裡醒來述說「這根本不管用」！這樣的頓悟，可能會來自於失敗的人際關係或物質困境、一場導致失去友誼的爭執、工作上持續不斷的溝通問題、在根本不符合人類需求的體制中求生存的痛苦掙扎、世界的困境和社會制度的崩解，或者單純受夠了自己腦中那聲音的專橫統治。

關於這一切的好消息是，既然語言是學習來的，既然溝通模式和情緒習慣是**訓練**而來的，那麼我們可以**解除，再重新訓練**，改學更符合自己想過生活和想創造社會的全新方式❶，去說話和傾聽。我們可以找到自己的聲音、學會說出自己真正的意思，並發覺如何深入傾聽。

用言語找到我的路

以我個人來說，轉折點出現在我二十出頭時。經歷了幾段失敗的戀情、失去的友誼和父母的離婚後，我開始求助於佛教的靜心，來解決內心的混亂。大學畢業後，我到麻薩諸塞州鄉村的內觀禪學社（Insight Meditation Society）生活與工作。佛教教義幫助我接受現實，也使我變得成熟。然而，我注意到在靜心時強烈感受到的清晰、善良和同理等感覺經常會消失。比方說，當我與同事發生衝突時、和家人交談時，更不容易感受到那些感覺。

我記得有一次和哥哥爭吵得特別嚴重，最後，我沮喪挫敗到了極限，舉起一把椅子，狠狠砸在奶奶家的客廳地板上。很戲劇化，我知道，但確實發生了。

直到有一次，內觀禪學社舉辦了員工溝通訓練，我才意識到自己可以學習和改善說話的習慣。在那次爲期半天的工作坊之後，我就迷上了這件事。我在附近一個小小的大學城裡，申請了八週的課程。很快地，我就在課程中知道了盧森堡博士。

我在探索冥想❷意識和溝通的交集時，發現自己多年的正念練習其實是很棒的基礎，適合培

❶ 從集體的層面來看，由於社會制度是由溝通思維和感知模式形成（且同時強化的），因此，想要改變它們，很重要的就是必須同時改變我們的內在意識狀態。否則，我們很有可能只是在重建那個試圖改變的制度。

養新的溝通習慣。後來又接觸了彼得．列文博士的體感治療，讓我對人類行為的理解又更上一層樓。我開始把人類的關係模式看作是自我保護、生存和**社會連結**❸的天性。我發展出一種更細緻入微的能力，觀察這些基本的進化機制在對話中如何發揮作用，以及怎麼幫助人們擺脫對自己已經無益的習慣性模式。經由這一切，我對人類互動和溝通的力量與複雜性，都有了更深刻的認識。

溝通的宇宙

溝通其實比說話與聆聽更廣泛、比單純交換客觀訊息更豐富。無論一個人的目標是策略性的（欲達到某種目的），還是關係性的（欲與人連結），溝通都牽涉到有意義的交流，進而達到互相理解。

「溝通」是互動或交換的過程，以創造理解。

不只人類如此。就算不是全部，絕大部分的生物也都有某種「語言」、某種交換訊息的系統。人類目前的能力，已經把傳送和接收資訊發展到一種非凡的程度。因此我們能無論好壞，以驚人的方式合作和創造。

不過，人類溝通所涉及的部分，遠大於我們說出來的話。溝通還包括了我們「**怎麼說話**」——語調、音量和速度，這些都傳遞了大量的訊息，像是我們的感受、對彼此的想法、擁有多少力量還是沒有權力……等等，還有我們「**爲了什麼說話**」。我們想要什麼？動機是什麼？當然，溝通還包括聆聽：如何聆聽、爲什麼要聆聽，或是到底有沒有在聆聽。

除了說話與聆聽外，溝通時，還有一個很重要的組成要素，那就是覺知。成功的溝通取決於我們集中注意的能力。爲了讓「發送的資訊」等於「接收的資訊」，我們需要**臨在**，需要完全的當下同在，需要覺知到自己和他人。

我們可以從最簡單的時刻看出這一點。

❷ 譯注。本書中將「contemplate」譯為冥想，「meditation」譯為靜心，「mindfulness」譯為正念。

❸ 人是一種社會性生物，需要相互依存以滿足各種需求。我們長久以來都生活在小族群、團體和社區中，為了滿足社群對住所、食物和安全的需求而相互合作。人的一生中，對社會連結的需求會隨著時間而變化。已有大量證據指出，人類有種生理上的連結需求（安全、健康的人際接觸和社會參與），這是與生俱來的。人類大腦和神經系統的正常生長和發展，仰賴與健康、規矩良好的成年人持續接觸和社會互動。隨著成長，社會連結變得與同理心和情商的發展更加相關。在青少年時期，它會表現在心理方面，也就是身分認同和自尊程度的發展，在生理方面則是生育後代；成年後，對社會連結的需要，在前述的許多方面中仍然存在（還包括精神方面，探索意識和主客體二元性），同時形成一個共同努力的策略，有欲望或需求時，就能互相依存以獲得滿足。

你是否曾和正在閱讀或看電視的人說話，而他們根本沒聽見你的話？你們說的是同樣的語言，他們的耳朵功能也健全，但是他們的大腦並沒有把注意力放在傾聽上，沒有覺知到你和你說的話，所以**溝通並沒有發生**。

這個簡單的事實因爲太過明顯，往往被我們忽略。覺知是所有溝通的重要基礎，如果溝通是關於創造理解，那麼**正念溝通**就是透過覺知創造理解。我們可以說，它的相反就是**無意識溝通**。要不是自動化回應，就是腦中塞滿了評論、批評、計畫，或根本就在恍神。這種事情發生的次數比我們願意承認的還要多！

臨在是一種很難用語言精確描述的東西，但它對我們的生活品質有重大的影響。我將其定義爲：在當下完全意識到並感知到自己身體的體驗。我發現臨在對溝通實在太重要，所以在所有訓練課程的一開始，我都會指出這一點，讓學員去體驗處在對話中的感覺。

「臨在」就是由身體去覺知我們的直接體感、心理與情緒體驗，並將其體現出來。

在我最初教導的一項練習中，我邀請學員彼此分享一個簡短的故事。我們從幾分鐘的安靜開始，去感受完全處在這裡的感覺，去覺知自己的身體。一個人分享故事時，另一個人就聆聽，兩人的目標都是保持當下的覺知。

大約一分鐘之後，我按鈴，請每個人暫停動作，不管話講到哪裡都停下來。我請他們回到臨在的感覺，去注意自己的身體有什麼感覺。一陣短暫的沉默之後，再繼續剛才的動作，然後角色對換，這樣所有學員都有機會體驗停在某件事中間的感覺。毫無意外的，幾乎每位參與這項練習的學員都反映了兩件事：

一、他們跟身體失去連結的速度很快。

二、暫停的時候，他們感覺內在很混亂。

對大多數人來說，擁有片刻的臨在是容易且可以做到的。不過，要持續的保持臨在，就比較困難了——坦白說，這需要訓練。要在對話中保持覺知，又更具挑戰性。失去臨在的傾向很強烈，我們常常是一睜開眼睛就離開它了。的確，當我們張開嘴說話時，要**停在此時此刻**是多麼困難的事啊！

當然，也是有些很常見的例外：我們在浪漫關係中感受到的親密感，或是在大自然中意識有所增強。在這些時刻，我們常會感覺到一種深刻的連結。正是與他人或周圍環境深層臨在的結合，創造了這些體驗的力量。

把臨在帶到人際關係中，是一項很強大的練習。這表示我們確實爲了自己、爲了他人和彼此間發生的一切而處在這裡。然而，爲什麼在說話與聆聽時，要保持臨在很困難呢？有幾個原因：

・與另一個人面對面，其實是很脆弱的。

．社交活動會活化神經系統，讓我們緊張❹。

．我們傾向於把注意力放在外面，集中在另一個人身上；或者放在裡面，集中在自己的想法上，因此失去了跟身體聯繫和連結的感覺。

．我們還沒有練習過。

在自然界中，靈長類動物之間的眼神交流可能是一種攻擊的象徵。儘管我們的大腦很大，但當我們與另一個人面對面時，仍然會有那種原始、急躁的狀態。在接觸的瞬間，生理機能就在衡量我們的安全性：「這是朋友？敵人？還是伴侶？」

雖然這個現象通常是低於意識的閾值，因此感覺不出來。但在大多數的互動中，這種制約狀況都已經運作到一定程度了。要改變我們的溝通模式，其中一部分就是要知道神經系統中有這種根本的不確定性，並找到方法來穩定和安撫自己。（第三章中將提到一些方法）

人的聲音、呼吸和身分

溝通會讓人進入活躍狀態的另一個原因，與聽覺演化有關。我們的耳朵只能聽見非常特定的音頻範圍，而且對一小段頻率特別敏感：人類的聲音（許多動物都是如此，發出的聲音在特定頻率。鯨魚發出的聲音和大象低沉的隆隆聲，就是人耳聽不到的頻率）。你可曾聽過不知道是哭還是笑的尖銳聲響，然後產生一種不安但又迫切的衝動，想要找出那到底是什麼？或者聽到土狼的嚎叫聲，聽起來很像人發出來的，但你又不確定？

這是數萬年來演化的結果。爲了要照顧孩子和保護親人，我們耳朵的內部結構發展到能精確校準人類的聲音，且能立即接收到人類痛苦的聲音❺。寶寶的尖叫是在笑還是在哭？對這些信號做出反應的制約反射，仍然存在我們體內。

聆聽所用的也是相同架構，因此具有雙重潛力。聽到人類的聲音可以啓動我們神經系統的「戰鬥／逃跑／僵住」機制，或是活化社交系統，使人感到安心、連結和舒緩。

說話交流會令人如此活躍，可以進一步從說話的方式去解釋。人類藉由控制喉頭和聲帶上的氣流來產生口語。我們的話語，其實是由一波波呼吸在承載的。從出生到死亡的那一刻，也是同樣的呼吸在提供氧氣給身體細胞。

❹ 神經系統會把他人和周圍環境的訊息傳遞給我們，而身為社會性動物，我們對這些訊息格外敏銳。社交活動可以平靜或活化神經系統，取決於環境和每個人的內在狀態。

❺ 史蒂芬·伯格斯（Stephen Porges）在他開創性的多迷走神經理論著作中提出，溝通的關鍵是由迷走神經系統啓動。內耳過濾掉無關的聲音，調頻對準人的聲音；面部肌肉表達情感和其他訊號；喉部控制嗓音，有助於清晰的語言交流。這些構成了人類社交系統的一部分，算是自主神經系統的第三個分支，在演化軌跡和神經結構上都有顯著區分。

讓我們暫停一下，仔細體會這句話：我們用來說話的生理過程，跟我們用來維持生命能量的生理過程是一樣的。

不只如此，我們的呼吸（也就是我們的話語）與神經系統，以一種互惠關係直接連結：其中一個起了變化，就會影響另外一個。當我們感覺到興奮、焦慮、害怕或準備侵略（任何程度的**交感神經活化作用**）時，呼吸就會加快。而感到放鬆、平靜或安穩下來（任何程度的**副交感神經去活化作用**）時，呼吸就會減慢並加深。

有部分是因為呼吸在自律神經系統中所占的位置很特別，而自律神經系統也控制著身體的基礎功能[6]。呼吸既是自願也是非自願的，它會自動運行，但也會受到意志支配。在我們有意識控制呼吸的方式中，說話是最常見的一種。

這一切對我們的正念溝通訓練有非常重大的意義。當我們理解了自己的呼吸、言語和心理情感狀態之間的關係，就更能夠主宰自己的經歷和表達。在這段探索的不同階段中，我會提供一些建議，教你怎麼利用對呼吸的覺知，來吸引聆聽者的注意力、控制強烈的情緒，並能在緊張的情況下穩定自己。

呼吸、聲音和認同感之間的複雜連結，就是建立在這個生理學基礎上。我們的聲音，是代表自己最親密與最私人的層面之一。對大多數人來說，它是我們最主要的表達方式，是我們被認識和識別的聽覺特徵。在人生這段過程裡產生的所有生理變化：老化的身體、歷經風霜且布滿皺紋的臉孔等，只要進入成年，其中變化最小也最慢的，就是我們的聲音。我們對自己的感覺，常常與我們的聲音緊密相連。

除了我們獨特的嗓音之外，想想看，我們是怎麼讓他人認識自己的。用來認識「我」最常見的機制，就是名字——一個代表「我是誰」的詞。起衝突的時候，對身分或自我形象的挑釁，可能是最痛苦、最難承受的。

溝通，除了這些基本生理和心理要素外，情緒、階級、文化，甚至神祕的領域，也都會在每天的說話和聆聽中發揮作用。在一個簡單的言語交流過程中，居然蘊含如此多層次，難怪溝通會這麼靠近人的內心。

❻ 一般認為自律神經系統包括兩個主要分支：交感神經，負責基本的生理體內平衡和戰或逃機制；副交感神經，負責身體的休息和消化功能。交感神經的啓動或「活化」，會將體內能量匯集起來，用於行動、調節功能（例如心跳），並準備好應對威脅。副交感神經減緩了這種能量的流動，幫助我們放鬆、舒緩、離開交感神經的活化狀態（伯格斯的多迷走神經理論為自律神經系統引入了第三個分支：社交）。

一個多次元、整體性的體驗

我希望你已經開始重視人類溝通，因爲這不只是言語上的交流而已。這是個多次元、活生生的具體呈現，涉及我們生命的全部，包括感覺、思想、記憶和歷史。它同時具有語言的、心理的、情緒的和體感的活動。

溝通包括我們怎麼運用自己的聲音，也就是說話的聲調、音量和速度；還包含肢體語言和接觸。沉默也是一種溝通：我們**不說**什麼，或怎麼運用聲音的空間。它也包含內在的對話：我們怎麼想、跟自己說什麼。甚至連社會條件和文化歷史，也都會呈現在互動中。

溝通還有一個根本的體感因素：話語的振動頻率和主觀經驗的精力充沛。溝通是動態的、是即時不斷改變的。有技巧的溝通需要我們將內在和外在世界調頻和諧，不斷適應當下。

溝通也是整體性的，它跨越了生活中的所有界線。我們可能會劃分時間，把生活分割爲私人、社會和專業領域，但這些區別只是相對性的。我們的生命歷程散播四方，而我們扮演的各種角色——父母、孩子、朋友、老師、學生、員工，全都是一個完整的人互相連結的面向。在不同的環境中，我們說的話或行爲舉止可能有所不同，但進行的基本程式是相同的。

我們可以善用這種整體的性質，讓一個領域中的變化，轉移到生活的其他方面。

我工作坊中的學員透過一些簡單的練習，開始對自己生活中的核心模式，產生強大的洞察力。

在最近一次的靜修中，一位女士做了暫停練習後，意識到自己有多少話是因爲輕度社交焦慮說出口的。暫停幫助她更謹愼地選擇想說什麼，以及爲什麼要開口。

當我們學會新的溝通方式後，就能探索這個豐富、多層次的領域，從其中看到我們背負多年的制約條件。想在溝通習慣上做出持久改變，有效的方法是採取微小的、漸進式的改變，這樣才能長久持續下去。

原則：考慮到溝通的複雜性，最穩妥的轉變方式，是採取可以長期持續的小改變。

人類是複雜、有生命的系統。在處理複雜的系統時，小小的改變能產生最深遠的影響。這就像在大海中試圖改變貨船的方向，這麼龐大的船，動能如此之大，是不能急轉彎的。然而，如果保持舵的穩定，然後進行一次一度或兩度的航向修正，隨著時間推移，將使這艘船駛向一個完全不同的方向。

訓練我們的話語，訓練我們的頭腦

考慮到人類溝通涉及的龐大程度，這個重新訓練的範圍之廣大，可能會令人心生畏懼。我們該如何有效地處理一些根本的問題，像是我們與世界連結的核心模式？

幸好，我們已經具備了做這件事所需要的一切——現代神經科學和心理學的見解、一個清楚的方法，還有一個將知識轉化爲實踐的支點。方法就是臨在、意圖和注意力這個三步驟訓練；支點是正念，也就是我們穩定意識和看清事物的能力。

轉化這些模式的需求已經非常明顯。如果我們想過更有意義的生活，如果我們要共同努力好應對世界、政府、經濟和環境正在發生的根本性變化，就必須學習如何傾聽彼此的聲音，達到更有效的溝通。

在閱讀本書的過程中，我會鼓勵你檢視自己的思考、聆聽與說話的方式，就是爲了要在你的想法和習慣上做出一些小改變。如果你持續做這些練習，它們將爲你的話語、人際關係和生活，帶來持久的改變。

★原則

考慮到溝通的複雜性，最穩妥的轉變方式，是採取可以長期持續的小改變。

★重點

在溝通時保持臨在可能會很有難度，原因有幾個：

- 我們還沒有練習過。
- 它讓我們碰觸到自己的脆弱。
- 它可以激起尋求安全的進化動力。
- 靈長類動物的眼神接觸可能是侵略的徵兆。
- 聽到人的聲音可能令人安心，或感覺受到威脅。
- 口語溝通會連結到我們的呼吸、神經系統和自我意識。

溝通是多次元與整體性的，它包括：

- 言語方面的訊息交流。
- 非口語的溝通。
- 我們的內在對話（認知體驗）。
- 我們的情緒、情感體驗。
- 我們的體感、身體經驗。
- 個人、心理、社會與文化條件。

★問與答（每章最後的問答中，許多問題是從工作坊和靜修學員心得整理出來的。）

Q 我發現說話時保持臨在比較簡單，在聆聽時反而比較困難，這是正常的嗎？

A 每個人都不一樣。我發現這點很有意思，對某些人來說，在接收模式時保持臨在感覺比較自然，有些人則是在表達模式時保持臨在比較自然。如果仔細留意，說不定會注意到，當你和不同的人交談時，狀況也會不一樣。把它視爲有用的資訊！因爲我們要發展自己的優勢，讓自己在說和聽的時候，都能同樣保持臨在。

Q 你提到停頓，但我覺得在大部分的對話中，我都沒辦法這麼做，我怕會失去換自己說話的機會！

A 信任自己的聲音，相信我們可以把握住對話空檔，說出自己的意思，這是非常重要的。我希望所有溝通工具都能支持這樣的內在平靜。以愼重且延伸的方式停頓，其實更是一種訓練。或許在某些對話或關係中，長時間的停頓會有效果，但一般來說，讓停頓時間短一點、不那麼明顯就可以了。

2 正念的力量

關於活著，有些神祕而神聖的東西。
即是覺知到有一樣東西太過重要而不能忘記。

——克麗絲汀娜・費德曼

一九四〇年代，我父親在英屬巴勒斯坦只有一個房間的小屋裡長大。我祖母養雞、山羊和兔子，而我祖父的工作是粉刷牆壁，以及經營一個賣雜誌、糖果、新鮮果汁的小攤子（他們十幾歲時各自從白俄羅斯和波蘭搬過來尋找新的生活）。我父親是三個孩子中的老大，十三歲時就被送到集體農場，這樣家裡就能少一張嘴吃飯。

他最近告訴我，剛到集體農場的前幾個星期，他每天傍晚都會站在自己的房間裡，看著田野的日落景致。他告訴我那日落是多麼美麗，以及他心中有多麼平靜。「幾個月之後，有一天我待在自己的房裡，抬起頭時忽然發現太陽正在下山，而我已經停止注意這件事了。」他停頓，沉默了一會兒，「這件事一直煩擾著我，我爲什麼會停止注意它呢？」

太多時候，我們並沒有眞的處在當下，我們與自己的感覺失去連結，也與活著的直接體驗失去了聯繫。我們的注意力在別的地方，想著過去或未來——計畫、擔憂、回憶、後悔。我父親的故事凸顯出，我們每個人一輩子都經歷過許多次關鍵時刻——注意到自己並未帶著覺知生活。這時該怎麼辦呢？

連結的基礎

正念讓我們能重回生活的懷抱。它讓我們得以欣賞日落之美、古木之奇，還有人類親密關係的神祕與喜悅。在這類的經驗中，我們是全身心的臨在。它們強烈的力量引發了一種自然覺知的狀態，我們深處其中，與自己和周圍的世界相連。

我們隨時都可以進入這種正念臨在的狀態。它爲普通的經驗帶來了豐富層次，無論是在做菜、與家人交談，還是感受早晨空氣在肌膚上的感覺，它讓我們欣賞生活，優雅地度過困難時刻。

如同我先前提過的，在溝通中，正念臨在也扮演了非常關鍵的角色，也就是**「我們必須先處在這裡，才能夠理解溝通內容」**這個簡單的事實。你是否曾試著和心不在焉的人說話？或是有人對話到一半時拿出了手機？（或許你在對話陷入僵局時也會這麼做）多少次爭吵之所以發生，只是因爲某個人不聽你說話？或只是因爲某人沒辦法停下來不說話？我們可以透過放慢腳步，更常保持臨在，來避免在對話中遇到的許多困難。

「正念」就是以一種平衡而不起反應的方式，覺知到當下正在發生的事情。

覺知的作用不僅僅是理解的先決條件。臨在爲連結奠定了基礎，當對方全神貫注地傾聽時，我們就能感覺到；臨在也是一種邀約，它給了別人空間，也爲對方打開與我們交流的大門。這種即時的覺知，是健康、有效對話的基礎。沒有它，我們充其量是在自動運行，而且可能在無意中播下了中斷連接的種子。（如果我們不保持正念，很有可能只是心不在焉。）

原則：臨在為連結奠定了基礎。

諷刺的是，其實正念並不需要太多額外的努力。從長期的角度來看，我們甚至會發現，與心不在焉浪費的精力相比，正念實際上節省了更多力氣。

我們有多常花時間以臨在面對另一個人，並以這種方式開始對話？一整天下來，我們總是匆忙進入對話，然後疑惑爲什麼老是搞砸。相反的，如果我們從一個明確的、穩定自我覺知的地方開始對話，會是什麼樣子呢？在與他人接觸的過程中，保持平靜和尊重，會有什麼不一樣呢？

以臨在引導是有效溝通的第一步驟，它是有多種面向的豐富深度練習。最根本的是，它表示我們從自身臨在的單純和力量進入對話。

以臨在引導也表示我們努力在對話中保持覺知。這是一個持續的過程。在其中，我們一次又一次地回到臨在，盡可能從覺知中傾聽和說話。要做到這點需要練習，進行艱難的交流時更是如此。

當我們掌握了這項技能，神經系統就會記住如何回到臨在狀態。就像陀螺會自己找到中心一樣，當我們進入自動運行狀態或被激起做出反應時，我們就會更快發現到這件事，並適時進行調整。

那麼，什麼是正念臨在呢？簡單來說，正念就是以一種平衡而不起反應的方式，覺知到當下正在發生的事情。它就像是博物學家那雙敏銳的觀察之眼，帶著清晰、興趣和驚奇，耐心地觀察著眼前的物件。

正念並不是單純的心理體驗，它是一種親密的、具體化的覺知，以感覺、情緒、聲音、景象等感知生活的豐富。爲了消除我們習慣將正念與心理練習連在一起的傾向，我用「臨在」這個詞來表示有正念覺知的體驗❶。

爲了讓你更明白我在說什麼，讓我們做一個簡單的試驗。

練習：感覺你的身體

現在，隨著你閱讀這些文字，能覺知到身體坐著的感覺嗎？或許在身體和椅子接觸的地方，或腳和地板接觸處，會感覺到有些重量或是壓力。那麼，在我提出這項練習前，你

❶ 雖然許多體系會明確區分正念、覺知和臨在，但基於本書的目的，我將把它們當成同義詞使用。它們都是有意識的感知，只是各自具有稍微不同的內涵。

是否覺知到這些感覺？開始覺察自己最直接、即時的體感很困難嗎？

正念臨在也能幫助我們探索自己的體驗。它就像堅固的放大鏡，是一個可用來讓視野更清晰的工具。它讓我們得以觀察溝通的實際過程：話語、聆聽，甚至是內在世界中的思想、感知與情緒。

正念蘊含著一股持續的力量、保持覺察的能力。它幫助我們**想起**自己學過的工具。我們可以知道所有的溝通技巧，但如果不記得要使用，它們也不會帶來多大的益處！

達到片刻的正念很簡單，就像你剛剛體驗過的那樣。困難的是怎麼讓這般覺知持續下去，不隨時間消失。你是否仍覺知到自己坐著的感覺？這就是我們要練習的，透過有耐心、平靜的重複練習，積極地加強臨在。

發揮我們的強項

要增加保持臨在的能力，就從認識自己的強項開始，並找出哪些領域可能需要加強。

練習：關於臨在的反思

什麼能幫助你與臨在保持連結？什麼會讓你與臨在失去連結？花點時間仔細想一想，

列出一張清單。

花越多時間思索這兩個問題，發現的答案可能會越令人驚訝，因爲你或許會發現自己對臨在已經認識不少了！以下是一些大家普遍會提出的答案。

這些可能讓你與臨在保持連結：

- 慢下來・呼吸・與朋友共度時光・待在大自然裡
- 觸碰・音樂・陽光・下雨・美麗

這些可能讓你與臨在失去連結：

- 壓力・疲倦・飢餓・匆忙・恐懼
- 想要某樣東西・沒耐心・受威脅・不安全

我們對保持或失去臨在的特定條件越熟悉，就越容易在生活中發現它們。例如說，我在匆忙時往往會失去臨在，這就表示此時我比較容易犯身體或人際關係上的錯誤。像是弄掉東西、忘記帶午餐，甚至是說一些尖酸刻薄的話。

關於這件事，幾年前我學到了慘痛的教訓。當時我的女朋友艾雯剛剛結束在某個靜修中心爲期一年的服務，要舉辦一個歡送派對。我們計畫在派對結束後，就開車沿著加州海岸北上。爲了這次旅行，我還預約安裝一部車用收音機。我希望一切都是完美的，以那種經典而浪漫的方式。

隨著我們的出發時間越來越近，我越來越擔心錯過預約時間。由於一直沒有要正式道別的跡象，我終於開口說我們必須快點離開。艾雯爲了避免尷尬，所以照著我的請求做，但當我們到達車廠時，她已經哭了。她氣我縮短了一個有特別意義的派對，也氣她自己沒有把想法說出來。在我執著於創造「完美之旅」的過程中，我忽略了一項事實，就是她已經玩得很開心了。

這個事件讓我思考了很多，失去臨在竟會帶來這樣意想不到的痛苦後果❷。從大範圍來看，這是一個良性的例子，由於知道了匆忙的代價，我現在更加會注意它。

內在的壓力就像一個信號，告訴你：「小心，你正失去臨在！」它並沒有阻擋我的臨在，反而是提醒我處在當下。

在現代文明裡，幾乎所有東西都讓人遠離臨在。現代社會中的謀生壓力，需要耗費我們大量的時間和精力，使得我們幾乎沒有餘裕去培養正念覺知。

現代的即時觸控式螢幕文化，每天都在用指向未來的資訊轟炸我們，試圖讓我們相信，幸福就在下一次點擊帶來的愉悅、就在一部新的電子設備，或是誘人的體驗中。發送新聞的程式採用演算法，想盡辦法提升使用者的點閱數，讓使用者的注意力越來越不集中。

在這個資訊和消費的閃電戰中，面對面的人際互動越來越不像是生活的一部分。你有沒有注意過，在公共場所中，有多少人是盯著手機螢幕看的？甚至連在公園和餐廳裡都是這樣。然而，無論我們在網上閒逛或陷入沉思多久，最終還是會回到臨在，回到我們的身體裡。

認出臨在

我們生命的自然狀態是放鬆、開放的清醒狀態，充斥著滿足與安樂。這是天生的。從進化的角度來看，我們天生就以一種深刻和諧的方式活在當下。即使在這個匆忙又讓人分心的現代世界裡，臨在也不該是隨機發生的狀態。我們可以積極加強自己處在這種平衡狀態的能力，當我們離開這狀態時才能很快發現，並再確實地返回臨在。

練習：定向

運用下面的基礎練習來返回自然的臨在狀態。

❷ 我注意到，我們對性別角色的無意識表現（男人就要掌權，女人就要默默承受），也會促成這種情況。

花幾分鐘環顧所在的環境，讓雙眼帶著好奇心探索任何看到的東西。你有注意到任何新的或不一樣的東西嗎？隨著環顧四周，讓頭與脖子跟著目光移動。

留意自己觀看形狀、顏色、光影、線條時的單純體驗，你的目光被什麼自然吸引了呢？如果有任何東西引起你的注意，就任目光停留在那裡。用你自己的步調，繼續探索。

留意自己環顧四周之後的感覺。你可能會注意到，隨著身體穩定下來，你會自動深呼吸或吐氣。以這種方式使用眼睛、頭和脖子，會活化腹側的迷走神經，並向我們內建的保護機制發出信號：我們在當前的環境中很安全。隨時做這個定向練習，注意它對你身體和心理產生的影響。

誠實：臨在表示真實

以臨在引導，並不表示要有一種特定的感覺。若是如此，它就會相當狹隘。臨在表示眞實，它是一種意願，無論正在發生什麼，都願意對自己誠實，接受它眞實的樣子。

有時候，我們會明顯感覺到**不踏實**，可能會緊張、生氣或躁動不安。正念的強大之處在於，它不要你擁有特定的體驗。相反的，它是一種能力，讓你知道正在發生什麼並直接去感受，而不會困在自己的反應裡。在談話中保持臨在，意味著接受這個經驗中出現的一切：「這是事實，這就是現在正發生的事情。」

這不代表我們要容忍有害的行爲，或自動同意他人的立場；它不排除採取強硬的行動，也不表示一定要說出我們心中所想的一切（「噢，我只是實話實說啊。」）。它表示我們承認正在發生的事實。如果我們不能誠實面對自己正在發生的事情，怎麼能奢望聽到彼此的心聲，更別說要找出解決困境的辦法了。

這種誠實可以讓我們確實知道內心和周圍發生了什麼。我們要學習即時理解自己的感受和需求，更準確地讀出他人的感覺。這回過頭來又能幫助我們知道自己必須說些什麼，才能讓對方聽進去，開始向前邁進，或者解決分歧。

原則：以臨在引導，以覺知開始對話，回到覺知並努力保持，誠實面對當下正在發生的一切。

油表燈：臨在與反應

我曾經在加州奧克蘭的市中心教導小學生正念。我從孩子們那裡聽到了很多故事，關於正念如何幫助他們處理強烈情緒。有一名男孩說，有一次他超級生氣，氣到想踢妹妹！

「然後我想起了正念呼吸，做了幾次呼吸，就平靜下來了。」

當情勢變得緊繃時，臨在能讓我們踏實。我們對臨在的感覺越熟悉，就容易偵測到被擾動的徵兆。這就像是注意到車子的油表燈亮起，如果早點發現這個警告信號，就能避掉很多麻煩。

生氣、害怕或受傷時，你會有什麼反應？呼吸加快了嗎？會咬緊牙關嗎？會感覺冷還是熱？會開始放空嗎？你可以用正念來捕捉這些信號，並在內心創造空間來選擇如何回應，而不用去「踢妹妹」。

原則：我們越有覺知，就會有越多選擇。

感覺受到擾動並非「壞事」——這是生命的一種健康反應，只有在我們失去覺知時，才會產生問題。然而對很多人來說，現代生活的步調讓我們一直處於交感神經興奮狀態。無論是通勤的壓力、要處理的業務量，甚至是我們攝取的咖啡因，都讓我們等同活在一種持續的輕度恐慌狀態中，時時刻刻都很警覺。如果不去注意，很可能導致不必要的人際關係衝突。練習正念時，我們就是在學習如何讓過度活化的躁動情緒平靜穩定下來。即使是像長時間緩慢呼氣這樣簡單的事情，也能開始穩定我們的神經系統。

正念覺知的訓練

我最喜歡臨在的可攜性和適應性。你可以在任何時間、任何地點進行，不須任何特殊的設備或條件，甚至沒人會發覺。你可以在日常生活中練習正念——只要感受你的呼吸和身體，注意聲音、思想或感覺。

說到對話，擁有一個輕巧靈活的工具很重要，就像正念這樣。我建議每天花點時間進行正式的正念練習。這就像擁有一把萬能鑰匙，可以打開你內心和思想的許多扇門。就算只練習幾分鐘，也能對你的一天產生積極的影響，帶來更新後的能量、清晰和目標感。

培養臨在最可靠的方法之一，就是用身體感覺來錨定注意力。當我們穿梭於世界各地與他人互動時，注意力通常會跑到眼前的事物和聲音上，不然就是被過去或未來的想法占據。把注意力錨定在身體裡，給覺知一個休息的地方，藉此對抗注意力往外跑的傾向。感覺只發生在此時此地，每當你把注意力集中到一種感覺上，這個時刻，你就是臨在。

在這裡，我會分享四個培養臨在的主要方法。每一個都使用一種特定的感官體驗，我們稱爲身體的參照點或**錨定點**，讓你把注意力放在身體裡：重量、**中心線**、呼吸和**接觸點**（比如手和腳）。

「錨」是一個參照點，我們回到這個地方來加強正念臨在。

我們的目標不是要精通這裡所有的方法，而是找出一到兩個，讓你在生活中感覺更加清醒與踏實。按照下面的說明進行試驗，你可以一次單獨練習一個，也可以連續接著做。練習的時候，想想看哪一個對你來說最容易。能把你和臨在連結起來的方法，就是最好的方法。

練習：與身體確實連結

方法一：尋找重力

舒適地坐好。一開始先花一點時間融入你的環境，環顧一下房間四周。找一個打直背脊但放鬆的姿勢，輕輕閉上眼睛，做幾次深呼吸，幫助你適應新環境。

去感覺身體裡的重量感或沉重感，你可能會注意到身體和椅子接觸的感覺，以及你所坐之處的表面硬度。你可能會感受整個身體坐著的感覺、它的面積或溫度。讓你的注意力停留在這些重量的感覺上。你能感覺到向下的重力嗎？

如果你發現注意力跑掉了，只要輕輕放掉，然後把它帶回身體重量或重力的感覺上。把你的覺知錨定在那裡。

方法二：中心線

接下來，把注意力帶到上半身。感覺一下你的軀幹是怎麼從腰和骨盆往上延伸的。你能感覺到自己的背、肩膀和脖子嗎？看看是否能感覺到上半身的中線或中心線。試著感受你的脊椎從尾骨，穿過背部到頭的底部。或者想像一條垂直線在軀幹中間，在你身體的正面和背面的中間、在身體的左側和右側的中間。

移動軀幹可以幫助你找到中心線。稍微前後晃動，直至你感覺到中間的平衡點。輕輕往左右兩側晃動，同樣去感覺。最後，將你的肩膀和上身向左右旋轉一到兩度，你能感覺到身體轉動的軸嗎？那就是中心線。看看你能不能把注意力放在這裡，放在身體的中心線上。你能感覺到自己的身體是怎麼挺直的嗎？

方法三：呼吸

在你安靜坐著的時候，專注於呼吸的感覺，看看是否能讓你的注意力落在吸氣和呼氣的感覺裡。你不需要阻隔其他的感覺、聲音或想法，只須專注在吸氣與吐氣的平穩節奏，就像在聽海浪拍打沙灘的聲音一樣。讓你的呼吸自然成為焦點。

頭腦會在思想、聲音或其他體驗上徘徊，這是正常現象。每當你注意到這種狀況時，溫柔地把注意力帶回來，感覺呼吸，欣賞著正念正在成長。

方法四：接觸點

現在，探索身體中一些感覺敏銳的部位。首先，把所有注意力放在雙手，去感受那裡的任何感覺：溫溫的或涼涼的；刺痛、脈動或是沉重；可能是潮濕或乾燥。把注意力放在雙手能感受到的所有感覺上，你或許會有手觸碰或放在膝蓋上的感覺。

現在把你的注意力轉移到腳上，感受那裡的所有感覺：溫度、重量、質地、與地面的接觸、鞋子的壓力等。把你的注意力放在雙腳的各種感覺上。

你可以試著運用身體其他任何有強烈感覺的部位，比如嘴唇、舌頭或眼睛。當你走神的時候，就溫柔地把它帶回到這些地方。

轉換注意力

最後，試著讓你的注意力在這四個部分中轉移：重力、中心線、呼吸和接觸點（手、腳、嘴唇）。哪一個是最容易讀取到的？哪一個最能幫助你自然與臨在連結，感覺到你以放鬆和具體的方式待在這裡？

當你準備好時，睜開你的眼睛。環顧四周，重新觀看周遭。花點時間反思一下這個練習，這個星期你想練習這四種訓練方法中的哪一個？

每個方法都有自己的優勢。「向下的重力」可以平衡對話中受到刺激、不斷向上移的注意力；

「中心線」可以帶來一種內在力量和清晰的感覺；「呼吸」可以安撫我們；「接觸點」可以驅散情緒的強度。

你也可以發揮創意，探索你自己加強臨在的方式。有些人會放一塊光滑的石頭在口袋裡，利用它的重量和觸感保持注意力。

把臨在帶入生活

前面那幾頁，你可能花不到幾分鐘就讀完了，但是要把這些練習融入生活中，需要一些時間。挑一個方法開始進行，並試著在三個不同領域中進行練習：獨自的練習（正式的靜心）、移動中的練習（排隊、通勤時），以及對話中的練習（一開始在聆聽的時候練）。

獨自練習時，把百分之百的注意力都放在錨定點上。移動時，以你自己覺得合適的範圍，盡可能把最多注意力放在練習中。而在跟人互動的時候，把一〇%或二〇%的覺知放在練習上。一開始，在對話中這樣做可能會很彆扭，你會覺得自己的注意力在眼前發生的事情和你的錨定點之間來回切換。這是完全正常的，假以時日，你的大腦將學會於「外在感覺資訊」與「落實內在臨在」之間取得平衡，並在對話中保持對身體的輕度覺知。

一開始，絕大部分的工作就只是要記得保持臨在。有一個方法可以輔助你，就是每天早上花幾分鐘設定這個意圖，然後在一天結束時回想一下自己做得如何。這個練習只要短短兩分鐘就可以完成，如果你有空，也可以多花一點時間。

練習：一天的開始與結束

早上：起床後不久，先做幾次深呼吸，讓大腦平靜下來，感受你的身體。把你的注意力和要使用的參照點連結起來：重力、中心線、呼吸或接觸點。注意此時的臨在是什麼感覺，然後設定一個明確的意圖。在這一天裡，一有機會就要經常回到參照點，以此來支援你的臨在。想像一下你想要練習的情境：在通勤時、在會議中、和某個特定的人相處時。

晚上：在一天結束的時候，花一點時間回想。你還記得要練習嗎？什麼時候練習的？效果如何？以好奇和溫暖的態度去反思，要留意任何自我批判。明天你想做些什麼調整？你有什麼方法能讓自己記住以臨在引導嗎？

這種有結構的每日練習，對訓練大腦是非常有用的。隨著你繼續探索本書中的各種建議，可以使用這個過程，來培養正念溝通的三個基礎和相關的各種工具。

通往適應力的道路

在某次的工作坊中，一名學員舉起手，帶著痛苦的表情問：「如果處在當下的時候感到痛苦怎麼辦？」

有的時候，回到臨在會像是誤踩了耙子的另一端，突然之間，臉就被擊中了。一直以來，我們都以每小時一四〇公里的速度飛馳，當我們終於要慢下來，重新與自己連結時，自然可能會遇到堆積的身體不適、壓力或痛苦情緒。

我們經常會藉由轉移注意力或尋找歡樂，在痛苦不適中尋求解脫，這可以幫助陷入困境的神經系統重新取得平衡。然而危險之處在於，當尋求解脫變成了面對任何不舒服事物的習慣性反應後，隨著時間過去，如果不能**立即做些什麼**來改變情境，我們就會變得無法忍受痛苦，哪怕這痛苦只有一丁點兒。

但是當痛苦遇到真實的關愛和臨在時，某件神奇的事情就會發生——療癒。有了耐心和穩定的注意力，情緒上的痛苦就會減輕。想想，在悲痛的時刻獲得他人以同理和臨在接納，這會是什麼樣的感受。

我到半個地球以外的印度修道院學習佛教時才十九歲。我非常想家，留學部門的主任鼓勵我去找一位教靜心的老師談談自己的感受。

葛榮．三摩羅羅頓居士是一位高大的斯里蘭卡人，有著柔和的雙眼和頑皮的笑聲，他深棕色的皮膚和身上的白色傳統服裝，形成了鮮明的對比。在一個採光極佳的房間裡，我們面對面坐著。在我訴說自己想念家人和女友時，葛榮居士聆聽著。過了一會兒，他微微歪著頭問我：「哪裡在痛？」我指著胸口中心，開始直接感覺到疼痛。

當疼痛從我的心口轉移到喉嚨時，我的眼淚湧了出來。葛榮居士凝視著我的雙眼，慢慢地點點頭。有那麼一會兒，疼痛變得更劇烈，然後就慢慢消逝不見了。我不禁露出笑容感謝他，相信是他做了什麼奇蹟般的治療。過了很久以後，我才明白那時到底發生了什麼事：他的同理邀請我進入臨在，去感受痛苦，並讓痛苦過去。

當我們深入研究那些影響自己溝通習慣的模式時，可能會發現難受的情緒或痛苦的回憶。臨在是讓你行經這些地方的重要資源，它是一條通往適應力的路，幫助我們獲得與生俱來的自癒力，以及心靈和身體的自我調節能力。正如我們的細胞知道如何治癒傷口一樣，我們的靈魂也擁有療癒情緒創傷的智慧。只要給它時間、支持和關懷，我們的心就能痊癒。

創造一個正向回饋循環

當你努力把更多臨在帶到生活中，你可能會注意到這是多麼困難的一件事。我最初的一位靜心老師很喜歡說：「正念練習很單純，但並不容易。」我們可以過完一整天，卻不記得要處在當下一次！而當我們想起來的時候，我們的反應往往又是自我批評。

我們很容易對自己有如此不合理的期望，好像我們從第一天起就應該是專家一樣。忘記是完全正常的，你一定會一直忘記。換句話說，記得才神奇呢！我們的溝通習慣有著很大的動能。回想一下在海上讓船轉彎的比喻，我們要找到「穩住舵轉動角度」的方法。就算只有帶一點點臨在到對話中，假以時日，也會帶來深刻的變化。

不要因爲忘記而責備自己，**成功的關鍵是感激記憶**。每一刻的正念都能增強覺知，這是值得慶祝的理由，而不是批判的原因。我們從暖心的鼓勵中能學到的，比從嚴厲的批評中學到的更多。如果你教一個孩子數學，然後每次他們犯錯你都會生氣，那這孩子能學到多少？他們還會想學數學嗎？

如果能把這種理解銘記在心，就會發現正念的能力進步得更快，而且更加輕鬆喜悅。祕訣就是耐心和溫柔的堅持，盡量在你想到時，就練習以臨在引導，其餘的任其自然展開。

臨在的力量

我們是如此能言善道的動物，但言語往往無法充分表達生命中最有意義的事物。在偉大的愛與親密的時刻，以及遭遇重大損失與悲劇的當下，我們單純而持久的臨在，能傳達的反而更多。

我這輩子做過最困難的事情，就是和奶奶莎芙塔說再見。她的癌症轉移時我才十四歲，當時我跟著爸爸一起回以色列。

莎芙塔和我從來沒有說過同樣的語言，但多年來，我們分享了許多愛的時刻：一起打牌，或單純手牽著手歡笑。她有世上最最神奇的一雙手，它們又小又粗糙，可以扭斷雞脖子，也可以溫柔撫摸我的臉。莎芙塔手上的皮膚，不知道怎麼可以同時又豐滿又滿是皺紋。我仍然能感覺到那雙手的溫暖和活力。

父親和我每天都去安養院探望她。最後一次拜訪時，我們三個人在院子裡待了一會兒，然後回到她的安寧病房。我流著淚，用蹩腳的希伯來語告訴她，我愛她，我會想念她。然後我們只是牽著手，安靜地待了很長一段時間。這是一個沒有言語的告別，也是我所能擁有的、最有意義的告別形式。

有時候，我們的臨在訴說的才最多。

★原則

臨在爲連結奠定了基礎。

以臨在引導；以覺知開始對話，回到覺知並努力保持，誠實面對當下正在發生的一切。

我們越有覺知，就會有越多選擇。

★重點

臨在有非常多益處：

・它讓我們回到生活，喚醒我們活在當下。
・它幫助我們記得要使用自己學過的溝通工具。
・它給了我們關於自己和他人的重要資訊。
・如果我們開始躁動不悅，它會給我們早期的警告信號。
・它提供了一個容器來管理反應。
・它幫助我們療癒情緒方面的痛苦創傷。

臨在是我們的自然狀態，我們可以透過這些方式培養臨在：

- 以清醒而平衡的方式適應周圍環境。
- 找出是什麼幫助我們與臨在保持連結，又是什麼使我們脫離臨在。
- 練習身體的正念，用錨幫助自己：重力、中心線、呼吸、接觸點（如手腳）。
- 帶著意圖開始和結束一天。
- 創造一個正向回饋迴圈，記得要保持臨在時，要心生感激，而不要去批判自己。

★問與答

Q 問：有時候，當某個人在說話時，我特別能夠感覺處在當下，但我可能沒有覺知到我的身體，這樣還是臨在嗎？

A 臨在的方式很多。可以是認知的臨在，用頭腦去理解；或是情緒的臨在，用感受或需求去感覺；還有身體的臨在，以具體方式體現。我們的目標是整合這三個部分。

將身體做為臨在的基礎，有助於形成一種整體並為發展其他形式的臨在提供基礎。

Q 我試著在跟家人說話的時候保持臨在與覺知，但我覺得這樣讓聆聽和說話都變得好困難，好像我反而有了更多反應，這是怎麼回事？

A 去感受內在的感覺，有時確實會讓人難以招架，尤其是對話本身就很困難時更是如此。有時候，更常保持臨在，可以揭示出隱藏在表面之下的感受或較勁。而其他時候，我們可能會感到更加開放和脆弱，這些都會令人產生迷失方向的感覺。但我鼓勵你繼續保持臨在。無論出現了什麼，都盡自己所能保持平衡，因爲另一種選擇就是無意識的自動運行了。如果事情開始讓你感覺承受不住，你可以讓對方知道：「我想繼續說下去，但我發現自己有點承受不住了，我們稍微休息一下可以嗎？」

Q 很多時候，我覺得周遭環境沒有安全到讓自己可以放鬆與臨在，如果我覺得沒有安全感，該怎麼練習臨在呢？

A 聽到這個問題時，我眞的很感動。對我來說，它既表明了我們對連結的渴望，也顯示我們的脆弱。人類都渴望一種熟悉的放鬆感：溫暖的社會關係和歸屬感，但社會上卻有太多不支持這種渴望的事物。我希望我們能夠在更大的社會結構背景下，去理解自身的各種經驗，否則會覺得所有挑戰都針對自己而來，認爲它們在某種程度上都是自己的錯。

當我們從群體感和歸屬感，去思考現代文化中人們失去連結的程度，以及經濟壓力如何把親子之間建立健康依存關係的時間壓縮到最少時，我們當然不會感到放鬆和安全！由性別、性向、種族、階級或其他方面的社會定位等產生的負面經驗，可能已經導致我們將缺乏安全感內在化了。因此重要的是，確定自己在哪些方面可能需要支援、尋求資源，以及解決這些問題的結構性原因。

審視自己的想法也很重要，我們的安全感可能會演變成對情感安慰的狹隘依戀。安全是虛幻的，我們要盡自己所能防止傷害和停止虐待，同時認知到這個世界在生理上和心理上都不安全。這樣的理解不會助長恐懼，反而會帶來大量的活力和自由。我分享的工具和觀點，可以幫助我們建立一個自在和自我連結的穩定基礎，如此一來，我們的安全感將會來自內在，而不是仰賴外在。「泳池淺水區」的訓練原則，在這裡就非常關鍵。去尋找讓你感覺比較安全放鬆的人或環境，就從那裡開始練習，就算是和你的寵物，或和你最喜歡的樹在一起也可以。我們的神經系統渴望友善、社交的撫慰作用。我們已經這樣做了幾千年，因此，只要我們創造合適的條件，並給身體一個機會，它們會想起如何連結、分享和傾聽。

3 關係的覺知

真實人生就是相遇。

——馬丁・布伯

說到「對話」這件事，我們自己的習慣和社交環境的壓力，都會讓保持臨在變得相當困難。在此，我們的內在練習就可以做爲基礎。將對話的場所當成臨在的訓練之處，運用一些技術在交流當中錨定意識，並開發關係覺知的能力。

經過五年專注的正念練習，當我開始進行溝通訓練時，注意到了一些變化。當我選擇說話和傾聽時，自然而然就會開始將更多覺知帶到其中。我也開始對說話的流動進行簡單的調整，像是停頓一下，或是在節奏上做細微的校準，來調節我的神經系統。最後，我學會把覺知擴展到包含對方、我們的連結以及周圍的空間。

抉擇點：說話還是聆聽

有意識地選擇什麼時候說、什麼時候聽，對於有意義的對話是至關重要的。從某些方面來說，這是最基本的溝通技巧。有多少次，你說了一些話，但才一開口，就巴不得可以收回來？或是明明讓事情冷靜一下比較好，卻按下了「發送」鍵？相對的，有勇氣說出自己的觀點，也是同樣重要。有時若我們不開口，就會覺得好像讓自己或我們所愛的人失望了。

對話，是每個人選擇說話或聆聽之間的動能互動。當這些選擇是帶有意識和尊重時，對話往往會更有成效，也更愉快。而如果這些選擇是無意識或衝動的，那麼對話的效率就會降低，也更帶有壓力。

我把這個關鍵時刻稱爲說與聽之間的「抉擇點」。而有了臨在，每一刻都能夠有所選擇。我有一位非暴力溝通的同事，使用「WAIT」這個縮寫來提醒自己這一點。

「我爲什麼要說話（Why Am I Talking）？」他問道，指出我們總是多麼迅速又輕易就開口說話。「我在想什麼（What Am I Thinking）？」他又問道，試圖找出刺激我們開口的心理過程。

「抉擇點」就是覺知的時刻，在當下，我們決定要說話還是聆聽。

在抉擇點上保持臨在的能力，也需要練習。有時候，當我們像在高速公路上，以時速一二〇公里急速前進時，要做選擇的那個時刻，會跟路標一樣一閃而過。說話的衝動是如此強烈，會迫使我們開口說話，只是爲了釋放內心的壓力。而如果是偏好安靜的人，或許就會覺得那些可以插話的空檔，在擠出聲音之前就消失了。

這就是正念發揮作用的時候了。在靜心中，我們學習如何在不做出立即反應的情況下，觀察不舒服的感覺（膝蓋痛、背部痠）。我們培養出一種「覺知到衝動，卻能不採取行動」的能力。

我們在對話中感受到的焦慮，通常源自更深層的需求：需要被看到或聽到，需要安全感、被接納、歸屬感等等。我們越沒有信心滿足這些需求，就越會有必須說話或保持沉默的壓力。我們可能會害怕，如果不**立刻**說點什麼，就永遠都沒機會說了。或者，如果我們眞的說了什麼，一定會導致災難或關係破裂。

滿足這些需求的方法越多（或是就算無法滿足這些需求，也能熟練地處理它們），所感受到那些必須說話或保持沉默的壓力就越小，也就可以在對話中放鬆下來。因爲我們知道把自己的想法說出來沒有危險，不必急著一下子全部說出來。如果事情很重要，便會找到合適的時間和方式來表達。

這種能力是慢慢建立的。當我們練習尊重自己的需求時，就是在學習信任自己。關注任何微小的成功，都能幫助神經系統穩定下來再重新設定。有了一個新的放鬆基準，它就能夠停止觸發錯誤的警報，讓我們感覺非得說話或沉默不可，也就更能夠帶著清楚的意識做選擇。接著也可以辨識出什麼最能夠促進對話的進展，以及如何平衡每一個人的需求。

練習：抉擇點

要練習時，選一個你覺得相處起來相對舒服的人，這種熟悉感能幫助你更容易學會這項工具。對話進行時，留意自己什麼時候選擇說話。如果你發現自己開口時沒有經過意識選擇，就試著停下來，留出空間，讓對方繼續說話。當你是主動選擇說話，而不是無意識的自動回應時，注意一下那是什麼樣的感覺。特別留心任何特別想或不想開口的感覺，或內心感受到壓力的感覺。把這種壓力當成一個信號，做出更有意識的選擇。

會議中

比起一對一的對話，在會議中更能自由保持沉默。下次開會時，注意一下隨著談話的展開，你說話的衝動是如何起伏的。如果你想提出一個重要的觀點，就要選擇提出的時刻。你可以這樣開頭：「我想回到剛才討論的話題。」注意你說完之後的感覺，有鬆了一口氣嗎？還是變得焦慮或自我懷疑？

文字溝通

試著有意識地選擇何時打開電子郵件收件匣或查看社群媒體訊息（這就是「傾聽」）。當你真的讀了，在回覆前先停頓一下，想想你要不要「說話」，現在合適嗎？如果等一下或什麼都不說，會有幫助嗎？

這些試驗，有一部分是了解自我的模式：我們是否習慣輕鬆又自由地開口說話，很難留下空間給別人開口？還是覺得傾聽比較自在，要挺身開口是很具挑戰性的事情？

大多數人都比較偏重其中一邊。跟性別、種族、階級，或其他方面的社會定位有關的環境和事件，都會塑造我們在人際關係中的形象。我們都接收過「是什麼身分地位，就要有何種行爲舉止」這類的訊息。無論這些訊息是顯性還是隱性，是私人的還是透過媒體、故事和文化的，我們會從各式各樣贊同或反對、包容或排斥的暗示中學到，根據自己的角色和他人的期望，什麼樣的行爲舉止是最安全的。

我們現在要做的就是揭開這些模式，並發展出一種眞正的表達自由。

沒有一種方式是最理想的，沒有一樣東西可以適用任何情況。我們的目標是透過臨在，根據需要選擇說或聽，讓對話的動能保持靈活。

步調的力量：停頓

如果只能教人們一種訓練臨在的工具，那就是「停頓」。一次停頓的空間，能讓世界變得不一樣。

我有一位同事教導年輕的囚犯靜心，他說，自己問他們刑期是多久，答案通常是加起來超過一百年。然後他再問：「在犯下把你帶到這裡的罪行之前，你想了多久？」答案通常是加起來不到兩分鐘。面對這種明顯的差異，我的同事向這些年輕人解釋：「正念幫助你在衝動和反應之間有所停頓，這樣你就能對自己的生活有更多選擇。」

停頓充滿了可能性。在呼吸吐氣間，可以注意到思想、感覺和衝動，並選擇要跟隨哪一個。這就像一次迷你的靜心、一次臨在的注入，能幫助你保持清晰和平衡。在停頓期間會發生什麼，是相當開放的。我們可以把注意力集中在身體，或放掉一些內心的緊張，好回到一個特定的意圖控制情緒。如此一來，就不會笨拙地流露出情感，或是還得接著整理思緒。

停頓既是對正念臨在的支持，也是自然表達。越覺知自己的身體，就越能注意到神經系統中的任何騷動，然後視情況調整自己的速度或音量。可以乘著這波能量前進（如表達出熱情或沮喪），也可以踩剎車。就像運用抉擇點一樣，目標不是變得單調、死板或隨時都得心平氣和說話，而是要在更大範圍的環境中，培養技能和熟練程度。

停頓是靈活的，會根據情況而有長短變化。我們可以做一個「微停頓」，就是說話過程中幾乎察覺不到空檔，但它給你的時間，已經足夠讓你的注意力集中在身體上，或是重新調整你的意圖了。

練習：停頓

如果你有夥伴可以練習本書，請設定五分鐘，討論一件自己最近喜歡做的事情。看看每個人是否能在每次說話前停頓一次呼吸的時間，也試著在句子中或思考之間停頓一會兒。停頓時，把注意力帶回身體的任何一個參照點或整體的臨在感。這種做法應該會大大放慢談話步調，說不定還會讓人覺得很不自然。不過，這就是一個訓練，要細細探索停頓和回到臨在，如打網球時要練習慢動作揮拍一樣。

你也可以嘗試在比較不重要的對話中刻意停頓。在說話或回應之前，試著暫停一次呼吸的時間，以此來集中你的注意力或錨定到身體裡。這並不是要你出現怪異的動作又做緩慢深長的呼吸！只是稍微放慢一點點，停下來想一想。

在對話時以一種比較不明顯的方式試試看，暫停幾次——在你開始說話之前或想法之間的停頓片刻。對你的頭腦狀態有什麼影響？連結的品質如何？

停頓並不總是那麼容易，就算是我們記得，也可能很難在對話中插入空檔，或是找到一種社會可接受的方式停頓。我們可能會擔心自己失去說話的機會，或是好像對別人的話不感興趣。這裡有一些特定的方法可以製造停頓，或讓人知道你要暫停一下：

- 做一次別人也聽得見的深呼吸（尤其是吐氣）。
- 使用簡短的口頭暗示，來表達你正在思考，像是「嗯……」。

- 使用視覺暗示，比如往上看、往旁邊看或皺眉頭。
- 「我不確定，我要想一想。」
- 「讓我稍微思考一下。」
- 「我們可以暫停一會兒嗎？我想整理一下思緒。」
- 「這聽起來很重要，我想花點時間想一下。」
- 「我眞的得更仔細地思考一下，可以晚點回覆你嗎？」

當其他方法都不管用時，就分散對方的注意力。如果是在外面吃飯或在開會，就說你要去洗手間。我甚至聽過有人會故意讓鑰匙或零錢掉在地上，藉此讓對話停頓！有需要的話，就盡量發揮創意，爲自己爭取一些時間，回到臨在。

有些時候，我們需要更長的停頓。如果我們判斷當下的情況不利於進行成功的對話，或許會想要暫緩一天、一星期，或是需要更長的時間，在這種狀況下，**如何**停頓就非常關鍵了。如果只是簡單地說：「我現在沒辦法談這個。」對方就只能自己解讀爲不感興趣、不在乎或在逃避。爲了提高休息時間的效能，我們必須說出選擇休息一下的原因。下面有幾個例子：

- 「我眞的很想繼續，但現在狀態不是很好，可以休息一下，（明天、下次）再談嗎？」

・「我眞的很想聽你要說的話，但我現在有點不知所措，覺得自己沒辦法好好聆聽，我們可以休息一小時嗎？」

・「我答應你，我們會一起想出辦法，但我現在無法專心思考，想暫緩一下，可以嗎？」

・「我想解決這件事情，但現在應該說任何話都沒用。先暫停一下，等等再繼續好嗎？」

仔細看看這些範例，注意到它們有什麼共通點了嗎？

首先，它們都始於我們有想要連結的意圖（有效對話的第二步）。這能避免對方將我們的休息解釋爲拒絕或逃避，知道我們在想要停下來的時候，還是考慮著他們。這必須是眞實的，用你自己的話來表達眞實的意圖。第二，每句話都爲我們的限制或欲望負責。我們很清楚自己是根據對於空間的需求行事，而不是在責怪他人。最後，每個範例都請求稍後再把話說完，這有助於減少對將要發生之事的焦慮。關於重啓對話的時間，越具體越好。

當我們使用這個停頓的工具時，留意停頓（或缺乏它）會怎麼改變對話的步調。這可能是一個非常豐富的探索領域，也是一個有效的臨在訓練法。因爲話語是由呼吸創造的，而且我們的呼吸直接與神經系統相連，所以說話的速度常常就是內心狀態的直接反映。有意思的是，改變我們的語速，也可以改變我們的內在狀態。

練習：調節速度

注意你的語速在對話中何時改變、如何變化。你覺得最舒服、最有自信、最放鬆的速度是什麼？什麼時候是緩慢而穩定的？什麼時候會加速或變得急促？你能選擇要說得多快或多慢嗎？你的語速如何影響談話的語氣？

選擇一個簡單、低風險的對話來進行試驗，在說話時改變步調。加快一點點，再說得更快，注意它對你的身體、思想和整體能量有什麼影響。放慢一些，對你的頭腦和身體狀態又有什麼效果？對互動連結的品質有什麼功效？

放慢腳步，哪怕是一點點，通常都會提高我們以臨在引導的能力。在衝突發生時更能明顯感受到，此刻事情往往會加速，所以刻意放慢速度，對我們的神經系統可以產生鎮定作用❶。用輕鬆的速度說話，也能幫助我們在對話中製造出一點空間，讓聆聽者更容易理解我們說的話。當我們對自己比較有信心的時候，說話的速度通常會比較從容，不會匆匆忙忙，因爲我們相信

❶在氣氛很緊繃的情況下，若說話太過緩慢冷靜，可能會產生誤解，導致對方認為我們不在乎、試圖控制局面，或是在批判他們。要在「找到一個輕鬆的步調」和「以真實的方式互動」之間取得平衡。

自己要說的話很重要，值得傾聽。呼吸自然而輕鬆，一切慢慢來。一般來說，當我們用這種方式說話時，這些話語會更有分量，更能吸引並抓住聆聽者的注意力。

重要的是，要注意沒有一種速度是「正確」的。理想的步調能支持臨在，並有助於建立連結，而這可能會因環境或文化的不同，出現很大的差異。

於臨在中成熟：相互性

隨著日積月累，以臨在引導會是一種豐富的經驗。臨在照亮了他人的存在：我越能感知**自己**，就越能感知**你**。關係的定義，就是有**我們兩個**！這個觀察是如此基礎，我們可能都把它視爲理所當然。而眞正的對話，表示我們把對方視爲一個獨立的個體，擁有自己的希望、恐懼、夢想、欲望、快樂和悲傷。

非洲祖魯族有一個傳統的問候語：「我們看到了你（Sawubona）。」庇蔭樹多元文化基金會（ShadeTree Multicultural Foundation）主席奧爾蘭．畢許（Orland Bishop）說明：「回應的方式是說：『是的，我們也看到了你（Yabo sawubona）』，當兩個人這樣打招呼時，彼此都認知到：『我們看到了對方。』這就成了一項協議，邀請對方來參與彼此的生活。」

我們能把這種對他人存在的簡單且深刻認知帶到對話裡嗎？

我們都有過被視而不見或無視別人的經驗，這種感覺就像別人只是「對著你」說話，而不是在「跟你」說話，或者就像你在對一堵牆說話。缺乏相互性就是缺乏臨在，它把對話變成了獨白、成了收銀員遙遠的視線、成了客服人員單調的獨白。

失去相互性的原因有很多。當我們處於自動運行狀態時，就會發生這種情況。它可能發生在我們極度激動之際，或是害怕、不安、生氣的時候。可悲的是，我們都失去了與每天見到的朋友和家人的相互性，他們變得如此熟悉，以至於我們不再看見他們。

沒有相互性的臨在，就會出現根本的脫節。與「我」相比，「你」被貶爲一個物體，變成來自過去的心理表徵，變成我得到想要之物時的工具，或者變成我前進道路上的一個障礙。當人變成物體而不再是人的時候，什麼都可以被說成是正當的：從普通的蔑視到奴隸制度、性交易，還有種族滅絕的恐怖行徑。

臨在爲相互關係打開了大門。當以臨在引導時，就進入了關係的領域。在這裡，僅是因爲我們存在，因此雙方都很重要。我們從「把對方看成一個客體」，轉變爲「把對方看做一個主體」。這就是馬丁・布伯著名的「我與你關係」（I-Thou relationship）視角的有力轉變。他寫道：「眞實人生就是相遇。」對布伯來說，尊重生命與生俱來的主體性，是神聖的。

原則：以臨在引導包括了相互性——把對方視爲獨立自主的個體；以及不確定性——承認和接

受未知。這兩者都在對話中創造新的可能性。

眞正活著就是進入這種相互性的體驗，感知彼此與身在這裡的神祕。關係臨在是種眞實的相遇，在相遇中，我看到的是眞實的你，而不是我想要或需要的你。這種相互性就是眞實對話的基礎。

進階練習：關係的覺知

在對話中，我們常會把所有的注意力都集中在自己或對方身上。關係覺知是一種能力，可以囊括你和我、外在和內在，以一種動態的方式平衡我們的注意力。它建立在具體感知的基礎上，透過擴展覺知來把另外三個參照點也收攏在其中：對方、彼此的連結，以及周圍的空間。這可以增加我們的靈活度，使我們在處理對話的強度時，有更多的選擇。

關係覺知是一種進階的練習，然而它可以很自然地從我們已經做過的練習中湧現。覺知就像一支可調整光束的手電筒，可以改變它的光圈，或者指往不同的方向。試試下面的練習，感受一下內外在覺知的轉換。

練習：擴展覺知

獨自做這個練習。舒適地坐著，閉上眼睛，讓頭腦和身體慢慢沉靜下來。把注意力集中在我們已經探索過的四個內在參照點：重力、中心線、呼吸或接觸點（比如手或腳）。選其中一個，花點時間在這個地方，感受這些有形感覺的穩定性。

接著，放下內在的參照點，睜開眼睛，開始覺知周圍的景象和聲音，可以四處看看，並留心注意力集中於外在時的感覺。閉上眼睛，讓你的覺知與一個內在的參照點連結，再次沉靜下來。仔細感受一下，睜開與閉上眼睛，注意力於內在和外在之間來回轉移時，你能找到其中的平衡嗎？你的注意力一部分連結到你的身體，一部分則連結到周圍環境。

現在，閉著眼睛開始擴大你的覺知。把注意力帶到整個身體，感受它的各種感覺：溫暖、沉重、脈動或刺痛。接下來，把注意力放在皮膚表面，看看你是否能感覺到什麼：衣服的觸碰、空氣的溫度等。

再把覺知擴展到身體周圍的空間。你能感覺到皮膚表面之外的空間嗎？為了幫助你注意到這一點，想像你在擁擠的地鐵車廂裡面，別人的身體緊貼著你。現在把你的注意力集中到此時此地身體周圍的空間，你能注意到壓力消失了嗎？是否出現寬敞的感覺？

最後，將覺知擴展得更遠，包含整個房間。你可以睜開眼睛或注意聲音，來感覺這種開放感。你能覺知到周圍的空間嗎？

結束的時候，把覺知帶回到身體裡，感受坐著的感覺。

這一系列的練習顯示出覺知的流動性。在下一個練習中，我們將進一步探索平衡內外在覺知。

練習：關係覺知

你可以在不同的環境中，把這些內容分別拿出來練習，或是在同一次談話中裡，依次練習下去。你可以找一個夥伴練習，或是在一個輕鬆的社交情境中靜靜地試驗。

找一個內在參照點，讓覺知落在身體裡。感受一下把注意力保持在那裡是什麼感覺。

接下來，讓你對身體、情感或思想的覺知成為背景，並把注意力放在你面前這個人，給他們百分之百的注意力。留心這是什麼樣的感覺。

在你聆聽或說話時，開始來回在你和對方之間轉移注意力。你能平衡內在覺知與外在覺知，讓兩者都包括在內嗎？

隨著對話的展開，注意任何連結的感覺。和這個人一起在這裡是什麼感覺？與其把注意力集中在「我」或「你」上，你能把注意力放在「我們」，也就是兩人在一起的感覺上嗎？

接下來，將覺知擴展到你們之間或周圍的空間。你能把覺知擴大到整間房嗎？注意周邊的聲音、寂靜，或對話中的任何間隙，這可以幫助你把注意力轉移到更廣闊的範圍上。注意這種感覺。

最後，在這些參照點間移動：你自己的身體、自己與他人之間的注意力平衡、「我們」或連結的感覺，及對話場所更廣闊的空間。感受一下，你注意到哪些特質？

這些都是進階練習，需要時間來鍛鍊。每一種方法都有其獨特的優點，可以在不同的場合派上用場。例如，在自己和他人之間平衡注意力，可以當成是轉移和改變對話期間休息的地方。而「我們」的感覺，在享受甜蜜時光，或在嘗試感同身受時尤其有用。當情勢變得緊張時，寬廣的空間就很有幫助，能給你一個很大的容器來容納強烈的情緒。

不確定性：遇見未知

臨在也彰顯出生命最根本的不確定性和神祕性。人類是不可預測的，無論多了解一個人，也永遠無法確定他們在想什麼、感覺如何，以及會說些什麼，更不會知道對話將如何發展。我們當然可以計畫和制定自己想要的一切，但事情有多常眞的如我們想像那樣發展呢？

如果過於固守於計畫，就會與此刻當下失去聯繫。這種情況發生時，也就失去了獲得智慧的途徑。因爲我們對**實際發生的事情**做出適當反應的能力，會被「認爲事情應該這樣發生」的先入爲主想法給蒙蔽。當我們在計畫的時候，眞的知道自己對這個充滿試探性、充滿想像的未來有什麼想法嗎？

禪宗有句話說：「不知道是最親密的。」眞正的臨在總是伴隨著顫抖的不確定性。這是健康的，它意味著我們接觸到現實。當我們第一次體驗到眞實存在的不確定性時，可能會感到不安或脆弱。然而隨著時間過去，我們學會對未知感到更自在。最初的不舒服，轉變爲一種充滿活力的感覺。

在這裡，我們更完整地體會到「以臨在引導」的意義。我們以一種誠實的方式，覺知自己的內心和周圍正在發生什麼；我們以相互尊重，將對方與自己包含在一起；我們充滿了可能性，對此時此刻內在的不確定性保持警惕；我們訓練自己安穩處在這種狀態中——靈活、誠實、相互與不確定。

隨著以臨在引導的能力逐漸進步，我們的身體覺知將成爲一個隨時可用的資源：幫助我們辨識自己有何種感覺、必須說什麼、怎麼捕捉反應訊號並提供空間來處理能量，以及獲取來自對話者的豐富訊息，這樣就能引導對話進入更緊密的連結和理解。

對話的前緣必定要是正念臨在。我們越是看到它的優勢和好處，就越能信任它就是人際關係的核心基礎。

★原則

以臨在引導包括了互相性——把對方視爲獨立自主的個體；以及不確定性——承認並接受未知。這兩者都能在對話中創造新的可能性。

★重點

我們可以透過以下方式，在對話中練習臨在：

- 抉擇點：注意自己在聆聽與說話之間的選擇。
- 停頓：嘗試加入一點微停頓或更長的休息。
- 速度：調節自己的步調，在說話時帶入更多覺知。
- 關係覺知：發展內在與外在覺知的平衡。

★問與答

Q 我覺得很困惑。當我跟另一個人嘗試這些練習時，好像我更沒辦法活在當下了，我有哪裡做錯了嗎？

A 記住，練習和體驗臨在是有區別的，這些練習是工具，用來加強我們在交談中保持清醒和平衡的能力。一開始，你會覺得很不自然，甚至會分心。不過就像學習任何東西一樣，需要一段時間才會感覺自在。

最重要的是選擇一項感覺相對容易的工具，並持續使用它，直到它成為你的第二天性。和朋友交談時，很容易就能感到臨在，一切都很好。但是當局面變得很緊繃，如果我們沒有訓練自己以臨在去引導，就更有可能回到舊習慣。找一種可靠的方法來培養自身臨在，可以在我們最需要這些工具的時候，增加記得使用它們的機會。

Q 每當我試著在對話中帶入更多臨在，就會很焦慮。因為感覺自己太脆弱了，好像我完全坦露在外。你有什麼建議嗎？

A 臨在就是會讓你感覺更脆弱，這種脆弱是你與現實接觸的標誌。焦慮的部分原因可能是沒有足夠的工具。這時的你有點像剛從蛹裡出來的蝴蝶，翅膀還太脆弱，無法飛行。給這個過程一點時間，就像蝴蝶在陽光下晾乾翅膀一樣。盡你所能，別讓自己感覺承受不了，因爲當我們覺得無法負荷時，就會停止學習。相反的，如果一切太舒適安逸，反而不會成長。非暴力溝通培訓師米齊．卡什坦稱之爲「策略上的不舒適」。

我們可以學會輕鬆地待在那個空間裡，觀察脆弱的感覺，審視自己的身體裡正在發生什麼，檢查腦中的任何信念或恐懼。隨著你忍受不適的能力逐漸進步，就可以開始放鬆，找到自己的所在位置。脆弱是一條通道，將通往更豐富的生活體驗，它可以是份禮物，而不是負擔。

Q **請問要怎麼確實記得使用這些工具？我發現早在自己可以做任何事之前，就已經開始反應跟爭執了，有時候甚至是過了好幾個小時後，我才會想起來！**

A 這很惱人，對吧？藏傳佛教教師丘揚創巴．仁波切（Chögyam Trungpa Rinpoche）曾經說過：「靈性修行是一個接著一個的羞辱。」溝通練習也會有這種感覺！把眼光放長遠，建立一個正向回饋循環，最重要的是**我們記得**，而不是**什麼時候記得**。我們能以慶祝的方式來利用這個時刻，而不是去責備自己。

下一部分是持久性。在我們的生活中發展更多臨在，是絕對有可能的，人類冥想傳統的歷史就是一個證明。它需要耐心、努力，並且願意承受一遍又一遍的忘記再想起。隨著時間累積，從忘記到想起所須的時間會越來越短，流逝的就不是幾天，而是幾小時，接著將會是幾分鐘，以此類推，直到我們能夠在對話中即時想起來。

最美好的事情是，大多數人都很願意接受重新來過。如果你意識到自己把對話徹底搞砸了，何不就讓對方知道呢？你可以說：「欸，我剛才說了一些不是我本意的話，你願意跟我一起倒回去再試一次嗎？」

| 第二部分 |

第二步驟

發自好奇與關心來溝通

如果我們想要表達出真實的自己並深入傾聽他人，以臨在引導就像得到了一份地圖。只要我們確實到了此時此地，下一步就是選擇一個有益的意圖，以確保方向正確，如同檢查地圖的方向是否無誤一樣。我們可能會投入很多精力到對話中，但如果沒有特定的意圖，或許會朝著錯誤的方向前進。

正念溝通的第二步驟是發自好奇與關心。我們的意圖可以決定整個對話的調性和軌道。它源自我們的內在，是我們言語和行為背後的動機或內在品質。你可以說它是個導航，驅使正在發生的事情往這個或那個方向走。而意圖就是關於我們如何以及為什麼說話或傾聽。

我們的溝通當中，有很大部分是非口語的：肢體語言、臉部表情、手勢、語調等。我們可以說一件事，卻傳達出完全相反的意思。換句話說，我們**怎麼說**和**說什麼**同樣重要，有些時候「怎麼說」甚至更重要。而這所有一切都是由我們的意圖所塑造的。

如果我們選擇意圖時不具備意識，就只是在自動運行——依賴無意識的、習慣性的模式。如果是這樣的話，到不到得了目的地，就只能看運氣了。

所以說，我們到底為什麼對話？對話的進展如何？在本書的這一部分中，將探討一些我們自身與衝突有關的習慣方式、這種制約的缺點和限制，以及我們該如何重新調整意圖，以便進行更有效也有意義的對話。

4 怪罪遊戲

孩子們學習說話，即使他們並沒有懂得說話的老師。

——佚名

二十幾歲時，我常常當背包客去旅行。有一年冬天，我和大學時的好友艾倫一起去紐約的卡茲奇山進行了幾天的雪地露營。艾倫是位詩人、音樂家和作曲家，大學的時候我們很要好，經常在一起思考宗教、哲學和人生的絕對奧祕。畢業後，我比他更想繼續保持聯繫。

旅行期間，我決定運用某些新學到的非暴力溝通技巧。當時我感覺受傷又憤怒，說出我希望與他有更多連結與親密性，並詢問他爲什麼不常聯絡，更請他更敞開心胸跟我分享想法。艾倫比我還安靜，但是我一直要他開口，想當然，結果不是很理想。

現在回頭看，我能看出自己既沒有以臨在引導對話，也沒有發自好奇與關心來溝通。雖然我眞心想要有更多交流，但我太過執著於**按照自己的方法做**，以至於我沒有尊重他本來的模樣，也不好奇他到底怎麼了。在我自己對親密感的渴望和關心他的需求之間，沒有取得平衡。我甚至沒有注意過他是否願意和自己聊這件事情：「嘿，從我們畢業後，我一直很想你。我想我們可能對保持聯繫有不同的期望。你願意跟我聊聊這件事嗎？」

而且，我的意圖是錯的，我的方法夾雜了微妙的怪罪成分（我心裡想：「他**爲什麼**不跟我聯絡呢？朋友不是本來就該常聯絡嗎？」）和操控（「說出自己的感覺有這麼難嗎？他不能把腦袋裡想的事情說出來就好嗎？」）。那次旅行之後，我們又更加疏遠了，失去他這位朋友，讓我感覺非常痛苦。儘管我多次嘗試主動找他，但我們再也沒有聯絡了。

意圖是我們言行背後的動機或內在品質。

這就是意圖的力量，以及沒有謹慎選擇的風險。無論我們把言語修飾得多好，他人其實可以感覺到我們內在的出發點。

或許你曾和某個上過溝通課的人交談，他現在懂得運用許多華麗的文字來講同樣的話。我們可以盡量運用溝通法中的「我的陳述」和「積極傾聽」，但如果不是真誠想與人建立連結，這些方法都不太可能拉近彼此的距離。

我們的無意識訓練

我們無意識地自動運行時，預設狀態是什麼呢？想要轉變對話中的意圖，就必須先檢視自己看待事物的方式。

以室友之間一個很常見的情況爲例：你是否曾經遇過這樣的狀況？你把廚房收拾得整整齊齊，但室友一用就會一片髒亂。就算他們確實收拾了，也達不到你的標準。如果這聽起來很熟悉，你可能會很惱怒：「你到底怎麼回事啊？爲什麼要搞得一團亂？做……有那麼難嗎？」說不定你還會說他們是髒鬼。然而，如果你曾經是另外一方的話，你的反應可能是類似這樣：「你是有潔癖嗎？就不能放輕鬆點嗎？」

在工作上，根據我們處理細節的方式，另一個人若不是「毫無組織、不專業」，不然就是「吹毛求疵、微觀管理」。在戀愛關係裡，想要更多親密感和情感的人，認爲他們的伴侶「冷漠、疏遠」，而伴侶可能會認爲他們「需要人幫忙、依賴心重」。

你有看出背後的模式嗎？無論我這一邊發生了什麼事，無論我在情境的哪一邊，不對的都是「你」。如果我想要的和你不一樣，那就是你的錯。

只要我們的需求不一致，就會開始這種怪罪遊戲。

退一步思考一下這裡的邏輯——如果我想要你改變自己的行爲，所以告知你哪裡不對，這有什麼用？這種激勵改變的策略太落後了吧！第一次聽到馬歇爾．盧森堡指出這種明顯的模式時，我眞的非常震驚。人們受到指責和批評時，通常都會爲自己辯護，使得溝通更加困難。一個更極端的例子是，爲了讓別人聽到而大吼大叫。這種狀況的結果通常是什麼呢？當我們處於無意識狀態時，採用的策略幾乎不太可能奏效，甚至會適得其反。

這種模式也會反過來，把那批判之眼看向內在，開始責怪自己。「都是我不對，我老是……。我從來不會……。」這仍然是怪罪遊戲，只是轉往另一個方向：如果有未滿足的需求，就一定是某個人的錯。

這種訓練的深層根源

要理解我們如何處理衝突，除了觀察責備或防禦的意圖外，還必須看得更深入。怪罪遊戲的根源，在於我們是怎麼學習感知差異的。

早在學習到重力這件事之前，我們就知道，如果在高處放開某樣東西，它會掉到地上。這種理解透過生活經驗深植在我們體內。同樣的，正如非暴力溝通培訓師米齊・卡什坦在她的著作《紡織出根本的活力》（*Spinning Threads of Radical Aliveness*）中解釋的那樣，我們從父母和社會中學到的，不只是母語而已，我們也學到了世界觀。

透過反覆的經驗，我們形成了一些基本概念，關於我們是誰、世界如何運作，以及生活中可能發生什麼事。根據每個人成長的地點和時間、階級和社會位置，我們學習到某些事物代表的意義，像是擁有男性或女性的身體；淺色或深色的皮膚；成為某社群、宗教，或團體的一部分……諸如此類。儘管這些差異是社會建構的，我們對差異的理解，就和對重力的感覺一樣根深柢固。

在這所有層面之下的人際關係觀念，都是經由我們的家庭、文化和社會傳承下來的，並學到它是構成看待差異和衝突的基礎範本。對大多數人來說，大概就是像這樣：我們是不同的個體，而我擁有的並不夠，所以人們總是傾向自私地滿足自己的需求。當我們審視這種對人際關係的定位，以及它對我們個人生活和社會制度的影響時，其帶來的後果是很驚人的。稀缺和分裂，本質上就是導致戰爭的原因。

這就是我們無意識溝通訓練中的一部分。說它是無意識，是因爲我們不是自己選擇，而是從周遭環境中吸收的。我們在成長過程中非常仔細地研究它，盡量去學習家庭系統如何運作，接著去理解學校怎麼運行。最後，再學習整個社會如何運作，規則是什麼？我要怎麼照顧自己？我要如何生存？如何爲個人、家庭和社群謀求安全？

無意識的另一個原因，就是我們通常也不會刻意選擇學習的對象。就像沒有人選擇自己的母語一樣，也沒有人會選擇他們受制約的世界觀。在大多數的情況下，我們的父母只是順著他們理解世界的方式（根據他們所生活的社會和自己的社會位置）這樣過下去，而沒有去質疑它。

我們很早就學會了這些事情。身爲小孩子，當我們的需求不符合周遭大人的期待時，結果會是什麼？通常是某些人得到他們想要的，某些人沒有。每當有這樣的事情發生時，無論結果如何，我們都暗中學到了三件事：

一、差異通常表示某個人會贏，某個人會輸，

二、那些擁有較多權力的人，需求較常得到滿足，

三、衝突本身是危險的，因爲我們可能會失去重要的東西。

這樣的戲碼每天都在公共與私人生活中上演。在安全不受威脅的情況下，成年人經常威嚇小孩，利用他們的權力讓孩子以社會可接受或方便的方式行事：「沙發不是用來跳的。」「我們現在必須要離開了。」這就是我們怎麼把預設模式內在化的過程。比起教導孩子如何一起考慮自己的需求與周遭他人所需（比我們以爲聽得懂的年齡還要小很多的孩子，就已經做得到這點了，甚至是幼兒），反而強迫孩子去做我們要他們做的事情，因爲這樣好像比較有效率，或因爲我們缺乏體力和技巧去採取不一樣的方法。就我們所知，這是訓練孩子在不以滿足人類需求爲中心的社會中運作。但我們傳遞的，往往就是那些製造和延續分裂與競爭的機制。

與這些教導交織在一起的是對與錯、好與壞、應該與不應該的觀念。當意見不合或產生差異時，必定有一方是對的，有一方是錯的；爲了保護他人的福祉，我們被教導去依賴外部的道德與義務概念，而不是接受引導去認識自己與生俱來的倫理敏感性，也不是去依賴對話。隨著我們的成長，這些訊息會透過經驗、媒體和娛樂產業持續被強化[1]。

看法決定意圖

我們看待事物的方式，決定了我們與事物之間的關係，而這種關係又塑造了我們的意圖。如果我們認爲衝突是一件危險的事情，而自己缺少某種東西（如時間、精力、資源、善意或創意），而在這種情況下，唯一的選擇是輸或贏，那麼我們就會玩起怪罪遊戲，試圖透過進攻來取勝，或是嘗試保護自己。當我們用對或錯的眼光去看待事物，等於更進一步被迫做出批判或辯護。如果我們只是把他人當成與自我需求相關的物件，會幫助或阻礙實現目標，那麼我們就會試圖強迫、操縱或控制局面，以達到目的。

一些特定的**觀點**是根據我們生活經驗形成的。這些觀點產生了某些意圖，而它總傾向於重新創造相同的經歷。隨著時間過去，我們的經歷和世界觀等於是一面共同創造，一面彼此強化。

原則：我們的意圖、觀點和經驗會互相強化：觀點決定意圖，

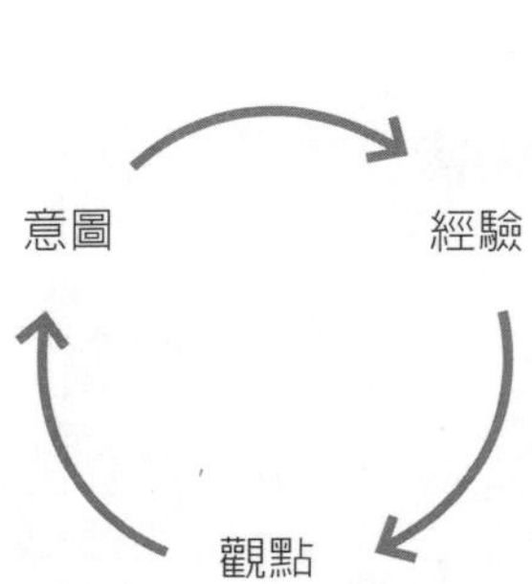

圖表 1　意圖的循環

❶ 競爭和對外部權威的服從，根植於以階級為基礎的社會經濟權力關係。要對社會化過程，及其與權力、經濟和階級的密切關係進行更精細的分析，請參見米齊．卡什坦《紡織出根本的活力》。

意圖形成經驗，而經驗又驗證我們的觀點。因此，調整自己的觀點，才可以改變意圖和經驗。

下方表格列出我們在生活中獲得的一些基本的制約觀點，及其最有可能導致的結果。

回應衝突的四個習慣性方式

由於這樣的制約，很少人在面對衝突時，還可以感覺自在。衝突這個詞，字面上就有碰撞在一起的意思。在英文中，衝突（conflict）最早的形式是武裝戰鬥❷，而內在的體驗正好能反映出這樣的意思。當我們相信一個人的需求要得到滿足，就要犧牲另一個人的需求為代價時，衝突就是內在的威脅。我們每個人都傾向於用以下的某一種方式，來回應雙方需求「碰撞在一起」的情境：

一、迴避衝突

二、競爭性對抗

觀點	導致→意圖	創造→經驗
輸／贏 對／錯 衝突是危險、 問題、錯誤 把其他人視為與自己 需求有關的物件	攻擊／索取 保護／保護 怪罪／批判 強迫／操弄／控制	恐懼、焦慮 憤怒、侵略 封閉、怔住 批判、拒絕 失去連結 疏離

三、消極接受

四、消極抵抗

每一種預設的策略都有其邏輯、優勢和危險。記住！這些是習得且內在化的行爲，並不是我們的錯。它們是基於痛苦的社會化過程和重複的生活經歷，而形成根深柢固的模式。我們會使用它們，是因爲產生了一定程度的作用。改變這些模式的第一步，是看看它們在我們生活中是如何運作的。當我們更能意識到它們的存在時，就可以開始研究和改變那些將它們固定在那裡的潛在信念和情緒，並開始做出不同的選擇。

原則：意識到我們應對衝突的習慣，可以讓我們改變那些將它們固定在心裡的潛在信念和情緒，並做出不同的選擇。

練習：探索應對衝突的模式

在你閱讀下面的章節時，思考一下你較傾向哪種衝突類型。你的應對策略是什麼？面

❷ 從字源學來看，衝突（conflict）讓人聯想到大火（conflagration）。儘管字根不同，但可追溯至拉丁文中的「打火、點火」（fligere），以及「點燃、燃燒」（flagrare）。其字根分別是 bhlig- 和 bhel-。

對不同的人會有不同的模式嗎？你們家的共同傾向是什麼？你所屬的文化又是什麼呢？你身邊的人最常使用哪些策略？

迴避衝突

迴避衝突的預設立場，可以用幾個字來概括：**什麼都好，就是不要衝突**。這種方法是為了規避或避免處理衝突，但有時代價會很高。我們可能會改變話題、專注於積極的事情、忽視問題，或者乾脆假裝它沒有發生。

當我們決定忍受事情就是這個樣子，以躲避艱難談話帶來的壓力時，就是迴避衝突出現的時機。這是家庭成員拒絕談論另一人的上癮症時會使用的策略，也是同事不談論自己反對他人的選擇時，透過改變話題運用的策略。

迴避衝突的目標和願望通常都是維持和平。其背後往往隱藏以下一種或多種未經檢驗的信念：

- 衝突很危險。
- 如果我挑起衝突或討論我們的差異，其他人會受到冒犯。
- 如果我試著談論這件事，會造成更多的傷害，還是就這樣吧。
- 如果我不去處理，它就會自己消失或解決。

在這種策略底下，通常是對連結、安全感或歸屬感有所需求。迴避（或延遲）衝突可以維持和諧，暫時保持關係。這種策略通常伴隨著一種感知他人需求的能力，但是卻無法滿足自己想要的。因此，我們會轉而注意和慶祝那些進展順利的事、具備一定的靈活度去適應或迴避困難的情況、盡量減少與我們有衝突者的接觸，都是在強化這種策略。

若無意識地運用這項策略，可能會很危險。長期避免對質會滋生怨恨，並可能從內而外破壞掉這段關係。它會導致不信任、困惑，甚至是自我懷疑。會感覺到有些東西不對勁，卻找不到明確的對象。隨著時間過去，逼迫自己忽略與壓抑感覺和需求，更會產生情感的死寂。

取決於具體情況，情緒或身體受虐時，迴避衝突可以是自我保護，但也可能是容許持續傷害。在這些情況下，對變化的恐懼和不確定性，會阻止我們處理虐待問題。相反的，我們會選擇熟悉事物的安全感，但是若我們熟悉的是虐待，那麼後果可能就是悲劇❸。

❸ 很重要的是，要注意傳統的關係規範及獲得資源和權力的程度不同，對家庭暴力有什麼樣的影響。不要把繼續待在某段關係中的「選擇」，簡化為面對衝突時的個人選擇。

競爭性對抗

處理衝突的另一個常見反應是競爭性對抗。在這種狀況下，我們強勢地請求自己想要的東西，有時做得太過了，以至於無法看到別人的觀點。這種做法的特點是侵略性，以及只注重自己的需求。我們可能會提高嗓門、指責、批判、請求對方照自己的方式做、脅迫，甚至威脅他人。

這種策略在網路上、娛樂活動和社群媒體上隨處可見，它被表現為強大、占主導地位的男性能量。這種方法促使我在那次冬季露營旅行中與艾倫進行對話。當家庭成員之一直接強迫另一人參加某活動時，也是這種狀況。當同事請求按照他們的方式做事，或是透過指出我們的缺點來回應需求時，也是這種情況。政治人物經常使用這種策略，以人身攻擊來譴責對手，而不是深思熟慮地分析問題。當迴避衝突已經到達極限時，我們也會改用這種方法。

這個方法就是爲了要確保自己的需求獲得滿足，而且不計一切代價。這個方式是控制或支配，而導致這種對抗方式的潛在信念可能包括：

- 我必須靠自己，這就是「人不爲己，天誅地滅」。
- 如果我不起身反抗，就會失去力量或被摧毀。
- 脆弱就是弱點，我表現出的任何同理心都會被他人用來對抗我。
- 我是對的，他們是錯的。

競爭性對抗所蘊藏的優勢是自信、直接，以及對經驗中的某些方面有清晰的認識。當我們使用這種方法時，會表現出堅強和勇敢，但在表面之下往往藏著巨大的恐懼和需要保護。若不自覺地經常使用這種策略，意味著這個人沒有接收到更細微的情感與關係需求。對抗通常與自主、代理、安全的需求，還有知道自己很重要等感覺聯繫在一起。

這種對抗和直接坦率參與衝突不一樣，因爲後者包含著關心雙方的需求。相反的，競爭性對抗可能相當危險，因爲它受到僵化的限制且與同理心脫節，其代價也很高。我們可能會得到自己想要的，但也會損害別人的信任，甚至完全斷絕關係。人們可能會避開我們，或者因爲害怕爭執而不誠實以待。缺乏合作會導致喪失創造力；沒有坦白的意見回饋，也會失去親密的感覺。競爭性對抗的代價還包括我們自身的幸福、導致孤立感和疏離感，以及忽視自己對連結和同理的需求。

消極接受

消極接受是對抗的相反。這種方式中，我們放棄了自己想要的，並且默許周圍的人提出任何請求、需求或命令。有些人會毫無意識地這樣做，只要稍微感覺到其他人可能有不同的偏好，就會主動放棄自己的需求。

使用這種方法時，其他人可能會認爲我們很隨和、樂於助人、願意調和，或者是容易被說服。

我們可能會說這類的話：「沒關係……只要你想要就好。」被動接受可能結合著責備自己以避免衝突的傾向：「你是對的……真對不起，這是我的錯。我應該……。」

使用這種策略的室友，在同居的房子裡總是接受別人的偏好；在感情關係中，則表現爲一方經常順從另一方的意願；消極接受的同事即使不同意，也會說「好」。

消極接受跟迴避衝突是不一樣的，因爲它的目標是藉由**放棄**自己的需求或偏好，來化解任何潛在的衝突。其行爲背後的一些核心信念是：

- 如果我順從，一切都會很順利。
- 我的需求不重要，我不值得快樂。
- 如果我給別人他們想要的，他們就會喜歡我。
- 我曾經犯過錯。

表現出消極接受，通常是爲了滿足對歸屬感、和諧、安全和連結的需求。它的近親「讓步」，迫使我們改變自己去取悅他人。那些總是讓步的人，通常很能夠順從他人的需求，很善於適應困難的局面。消極接受和讓步都需要強大的內在力量（需要花費大量精力，才能壓抑一個人的需求），然而採用這種策略的人，內心通常都很軟弱。

消極接受的限制在於，除了別人自發的善意之外，我們只有極少的選擇來滿足自己的需求。日積月累下來，不斷向他人屈服是會滋生怨恨的。它會導致我們與自己的感覺、需求和欲望脫節，以至於忘記如何辨別什麼才是眞實的。

雖然消極接受是爲了透過消除衝突來強化彼此的關係，但隨著時間累積，反而會減少眞心的連結，導致關係乏味。親密關係仰賴的就是相互了解，但是當我們因爲害怕衝突或被拒絕，而拒絕分享眞實感受和願望時，也就剝奪了周圍人們深入認識自己的機會。

消極抵抗

這種策略是「對抗」僞裝成「消極被動」的樣子，是間接形式。使用這種方法時，我們以一種迂迴的方式表達自己對某種情況的不滿，通常帶有某種程度的隱藏敵意，但口頭上又保持一切正常。看起來像是在迴避衝突，但其實有採取行動來表達憤怒或不滿。

當我們採取消極抵抗的方式時，可能會把廚房裡的一切都清理乾淨，但就是不清理室友的碗盤，以表示：「你自己收拾吧！」在感情關係中，消極抵抗的伴侶可能會同意做某件事，然後默默生悶氣或擺臉色來表示不滿。可能會同意要做某件家務事，但要不是「忘記」去做，就是做得很差，以至於對方不太可能再請求你做。在職場上，我們可能會拖延、故意避開工作的某些方面，或是故意用會給別人帶來麻煩和需要更多善後工作的方式進行。

消極抵抗通常是爲了在我們認爲直接溝通沒有用的時候，想出某些方法來滿足自己的需求。在這種行為背後的信念包括了：

- 我沒有選擇。
- 我的需求不重要。
- 這裡沒有屬於我的空間。
- 沒有人在乎我想要什麼。
- 說出來也不會有差別，只會讓事情更糟糕。

消極抵抗的優勢，是能夠敏銳且直覺性地理解關係的動態；在可能無法讓我們自主決定的狀況下，有能力保持對自己情感和需求的連結；以及在尋找自我表達的替代方式上，發揮某種創意。

在這種模式底下，往往是一種無助的感覺。面對完全放棄或間接表達自身需求之間，我們選擇了後者，而且通常帶著一種毫不掩飾的蔑視，因為我們覺得喪失了權力。有些需求可能就是這種行為的根源，像是擁有自主權和選擇權，被人看到或知道我們很重要。

以這種方法獲得短期成效，也得付出代價。消極抵抗會侵蝕人際關係中的信任、會製造敵人，並且逐步消磨掉我們的幸福感。更諷刺的是，我們越常使用消極抵抗行為，而不直接參與衝突的話，能為自己辯護的力量就越小。

💬 鬆開習慣對你的控制

當我們看待衝突的模式陷入習慣性、受制約的情況下，由於曾有過負面的經歷，注意力會狹隘地集中在某一種看待問題的方式。我們的整個神經系統會因根深柢固的觀點和相對應的意圖，進入一個熟悉的模式：感到焦慮、挑釁或動彈不得。我們可能會繼續進攻、退縮或是恍神，假裝什麼都沒發生。這時候的我們很容易與自己更深層的價值觀、人際關係重要性，或以多種角度看待事物的能力失去連結。我們的思想、信仰或情緒，可能會因此掩蓋了別人的人性。

我們每個人都很清楚被困在這些習慣性模式中的挫敗感（如果你對怪罪遊戲沒有任何一絲厭倦感，應該就不會看這本書了）。然而，我們還是會依賴習慣性的策略，因爲它們能輔助我們。要是完全幫不上忙，我們也不會利用這些方法了。而要擺脫這些模式，我們需要選擇性。在放棄它們之前，我們需要培養其他至少跟它們一樣有效的方法。

而正念能鬆開這些習慣對我們的控制，創造選擇其他方法的可能性。只要開始覺察身邊發生的事情就能重新定位地圖（即我們的觀點），帶出不一樣的意圖，引導自己的能量往不同的方向走。

處理這些習慣時，無論是在自己還是他人身上，都需要謹慎、技巧和堅持。下一章將探討如何用另一種方法（協作）來解決衝突，擺脫怪罪遊戲。當我們能進行眞正的對話，以開放的心態和對他人需求的關心來平衡自己的需要時，我們就超越了分裂和匱乏的框架，新的可能性將就此出現。

★原則

我們的意圖、觀點和經驗會相互強化：觀點決定意圖，意圖塑造經驗，而經驗又驗證我們的觀點。因此，調整自己的觀點，才可以改變意圖和經驗。

意識到我們應對衝突的習慣，可以讓我們改變那些將它們固定在心裡的潛在信念和情緒，並做出不同的選擇。

★重點

應對衝突的習慣性觀點，會引起怪罪和自我保護的預設意圖，呈現出以下四種模式：

迴避衝突：避免引起衝突。

競爭性對抗：以侵略或強迫直接參與衝突。

消極接受：透過默許、放棄自己的需求，或是讓步，向衝突屈服

消極抵抗：透過表達不滿或敵意來間接參與衝突，同時又假裝一切都好。

★問與答

Q 我要怎麼讓自己的防禦心不要那麼重？我喜歡你說的「要開放心胸、要更加好奇」，但實際上我覺得非常難執行。

A 聽起來你已經採取了最重要的步驟，就是意識到發生了什麼事——去注意那些預設模式。試著用溫柔的眼光去看待這些習慣，記住，它們已經保護與幫助我們很多年了。如果你在海上漂流，而唯一能讓你浮在水面上的東西是一根圓木，那麼在更好的東西出現之前，你是絕不會放棄它的。而本書中的概念和練習就像是更穩定、更靈活的木筏。

一旦你看出了模式，就去研究它的優勢和限制。清楚看到這一點，能提升你嘗試新工具的動機。訣竅是從小地方做起。在重量訓練中，你會從五磅或十磅開始練習，而不是一百磅。取得的小成功越多，神經系統就會越信任這個方法，並且記住有一種新的方法可以用。

Q 我的模式不是怪罪或攻擊他人，而是怪罪我自己。我要怎麼做才好呢？

A 我們對自己可能是非常、非常嚴苛的！我自己也有相當程度的制約行爲。有兩個基本的方法可以處理這個痛苦的習慣。第一，建立內部資源來對抗嚴厲的自我批評。培養積極正向的練習，比如感恩和自我同理心（見第九章）。還有一些其他方法，如同情和慈悲靜心。這些做法都能增強韌性，就像從燃燒的房子裡走出來，呼吸新鮮空氣。

第二個方法就是滅了這把火，也就是去改變模式。學會與內心的批評聲音建立一種共感、清晰與堅定的關係。轉譯自我批判，聽出它們背後的訊息（見第十章）：這個聲音在表達什麼感受和需求？我們可以用正念來研究是什麼信念造成了這種模式。這類型的習慣通常都源自童年早期，所以得到他人支持會很有幫助，可以幫助你解開並療癒某些部分。同樣重要的是，找個方法直接對批評的聲音說不。當責備的念頭很強烈時，或許可以用同理來切斷這種模式。透過任何你可以用的方法來打斷思緒、轉移注意力，好打破這個迴圈。

5 你的出發點是什麼？

我發展出非暴力溝通，做為一種訓練注意力的方法，在有可能屈服於自我追尋之物的地方發出意識之光。我人生中最想要的是情感、在相互真誠給予的基礎上和他人之間有所交流。

——馬歇爾·盧森堡博士

你是否曾經和朋友一起挺過某個充滿挑戰的局面，等到走出困境時，對彼此更加尊重了？或者和你愛的人解決意見分歧之後，感覺更加親密、感情也更深了？

親密度是從衝突中產生的，差異可以把我們聚在一起，幫助我們認識彼此；摩擦能創造與調和一些事情，產生新想法和觀點。這類對話的特點是，與我們無意識的溝通行爲有非常不同的意圖。「要是有一種方法能辨識與幫助這種情境產生，讓我們再次獲得相同的經歷呢？是否有一種更具效益的方法，可以幫助我們改變對衝突的習慣性反應？」這是馬歇爾·盧森堡發展非暴力溝通的核心問題之一。在這本影響深遠的著作開頭，他寫道：

我相信以慈悲的方式去享受給予和接受，是我們的天性，我這一生大部分的時間都在思考兩個問題：是什麼使我們與慈悲的本性分離，導致我們做出暴力和剝削的行為？以及相反的，是什麼讓一些人即使在最艱難的情況下，仍能保持他們的慈悲呢？

盧森堡博士是在一九四〇年代的底特律長大，他目睹了多起種族暴動事件，有數十人喪生。這些事件，再加上他年輕時，當下社會中反猶太主義的經歷，在他心中種下了一份衝動，一直想要理解暴力的根源。而他發現，在我們持續懷抱著慈悲之心的能力中，思想和語言扮演著極爲重要的角色。他的非暴力溝通法，包括了對注意力的系統式訓練——重新學習如何以更利於和平與和諧的方式去思考、說話和傾聽。

在非暴力溝通法中，我們不再陷入習慣性的指責和批判，而是學會辨識我們想要討論的特定**觀察**、對這些事件的**感覺**、引發這些感覺的更深層人類**需求**、以及對如何共同前進的**請求**。我們學習以同樣的方式去傾聽，感受他人話語背後的含義。這整個系統都源自一個核心主題：創造出品質良好的連結，滿足彼此的需求❶。

重要的不是我們**說了什麼**，而是我們的**出發點爲何**。重要的是我們的意圖。

當戴露．戴維斯遇上三K黨

戴露．戴維斯是一位非裔美國音樂家與作家，小時候他曾在國外住過幾年。一九六八年，還不到十歲的他就發現人們會因爲他的膚色而討厭他。在麻薩諸塞州，他在全是白人的童子軍隊伍裡行進時，人們朝他扔石頭和瓶子。這個事件激發了他對人類態度的好奇心，而且這種好奇持續了一輩子。他很想知道：「你又不認識我，怎麼會討厭我呢？」

幾年之後，戴維斯在馬里蘭州一間全是白人的酒吧演出之後，有名白人男子上前搭話，表示這是他第一次「聽到黑人演奏得和傑瑞·李·劉易斯❷一樣好」。戴維斯告訴他，傑瑞·李·劉易斯是自己的朋友，而且劉易斯是從黑人音樂家那裡學習演奏的。兩人繼續交談，隨著時間過去，他們成了朋友。這名男子後來更告訴戴維斯幾位當地三K黨❸領導者的名字。戴維斯爲了手邊正在寫的一本書，進一步聯繫並採訪了他們。

戴維斯詢問三K黨成員們對各種議題的看法，並且仔細聆聽。起初，他們從來不會反問戴維

❶ 非暴力溝通鼓勵學員建立起有效的連結，來完成手邊的任務。在個人和親密關係中，也許連結本身就是目的。而在其他領域，連結是為了服務某些共同目標。NVC旨在創造足夠的理解和真心的連結，進而達成一個目標。如果無法辨識出這一點，就可能會導致令人沮喪的經驗，在這種狀況下，學員對連結的關注，與對方是不一致的。例如，若我說要一杯水，並不是需要對方體會我的口渴。

❷ 編按。Jerry Lee Lewis。為一九六〇年代的美國音樂創作人，通常被視為「搖滾樂第一個偉大的野人」。

❸ 譯注。三K黨為奉行白人至上主義與基督教恐怖主義的民間團體，是美國種族主義的代表性組織。

斯的想法，認爲他是「比較低等的」。然而，經過充滿耐心、友善的交談，以及戴維斯不斷建立眞正連結的努力，他們逐漸對戴維斯的觀點也產生了興趣。

正是戴維斯自身的熱情和尊重，慢慢帶出了他們心中的這些特質。最後，戴維斯和許多三K黨成員成了朋友，他們也在逐漸認識戴維斯之後，改變了自己的信念。許多人離開了三K黨，甚至還把他們的精神標誌白袍與頭套交給戴維斯。

在戴維斯的努力過程中，他透過對話和友誼，說服超過兩百多名三K黨成員離開這個組織。戴維斯可能從未上過非暴力溝通的課，但他明白意圖的力量。當人與人之間建立起眞摯的連結時，徹底的轉變是有可能出現的。

啓蒙後的自我主義

在對話中，意圖是最強大也最具轉變性的成分。它能塑造我們口語與非口語的溝通方式，並引導對話的走向。如果整本書中你什麼都沒有吸收，我希望你至少能理解在所有互動之中，理解對方這個意圖的重要性，要從好奇與關心出發。

這種理解的意圖，代表著我們在對話走向的基礎上，產生一種根本的轉變。也表示從意識中清除任何指責、防禦、控制或操弄，專注在創造有利於合作的連結品質。我在本書中與你們分享的一切，都是爲了達成創造更多的連結和理解而設計的。

要達到這種轉變，我們必須看出自己習慣性反應的限制，以及理解對方這個意圖的價值：它對轉變、創造和完整的潛力。有兩個重要原則支持這一點。第一點貫穿了全書：我們話語中的指責和批評越少，別人就越容易聽進我們說的話。當對方相信我們是眞的有興趣理解他們，而不是在操縱事情以達到目的，也不是試圖要取勝或證明對方是錯的，那麼他們就可以停止自我防衛，單純地聽我們在說什麼。

原則：指責和批評越少，別人就越容易聽我們說話。

從這個觀點來看，好奇和關心對我們最爲有利。如果我們以這種意圖來溝通，無論口語和非口語，都會傳遞出一種訊息：我們是眞心感興趣的。這將能創造出相互傾聽和合作的空間。

這也帶出了下一個原則：彼此了解越多，就越容易合作，找出有創意的解決方案。這似乎是不言而喻的道理，但我們總是忽略這個簡單的事實。當我們理解了每個人想要什麼的背後深層原因後，就可以開始合作了。

原則：彼此了解越多，就越容易共同合作，找出有創意的解決方案。

我們天生就是這樣，給予時會快樂，看到別人痛苦時會悲憫。為他人奉獻是我們所能擁有的經驗中，最有價值的一種。這種自然的衝動，就像一口取之不盡的善意之井，深藏在人類的心靈之中。

因為這樣的心情，所以當我們完全理解對方時，就會不由自主地**想要幫忙**。如果我真的理解你心裡在想什麼、你為什麼想要這項事物，就會很想找到方法來一同努力。相對的，如果我能幫助你，看出為什麼某樣事物對我很重要，彼此重視的優先順序就會改變，也會有更多合作的意願與空間。（試想一下：你一開始拒絕某個請求，但更深入理解情況後就答應了。）

這種解決衝突的方法就是非暴力抵抗的核心。當我們向人類同胞發出呼籲，就擁有了更多的力量和正直。這就是甘地的努力、民權運動背後的基本原則，也是盧森堡博士將他的溝通方法命名為**非暴力溝通**的原因。採取這種方法，並不表示我們是被動的、不堅持自己的觀點，或是不捍衛自己的信念。因為透過運用我們與他人的人性連結，培養理解的意圖，才能更有效率地達成目的[4]。

看待事件的另一種方法

戴維斯和許多其他人的故事都是這樣，他們用愛來面對仇恨、種族主義和偏執，這些故事指出了看待世界的另一種方式。當盧森堡提出同理和暴力本質的問題時，尋找的正是這種觀點。這取決於我們在彼此身上尋找人性的能力，並超越我們的分歧，去看到更本質的東西。

所有人類行爲都是爲了滿足基本的需求。在我們的行爲、偏好、信念和欲望底下，是對物質、關係或精神需求的某些渴望。我們需要意義、貢獻、創造力以及和平。（在第七章中會深入探討這個概念。）

在許多宗教、靈性和冥想的傳統中，以及在行爲和社會科學中，我們都能發現這種觀點。在佛教中，表述的方式簡潔明瞭：「衆生皆想要喜樂。」我第一次聽到這句智慧之語時就深深爲之震撼，直覺告訴我它是對的。幸福到底是什麼模樣因人而異，甚至每天都不一樣，但它的本質是滿足我們的需求。

原則：我們做的每件事，都是為了滿足一種需求。

要記住，這個觀點是從好奇和關心出發的關鍵。它能喚起人們的意圖。無論發生什麼事，我們都可以對言語或行爲背後那更深層的人類需求和價值觀感到好奇。當我們從需求的層面上相互理解時，相似點超過了差異點，反過來又會創造一個富有生產力且積極的觀點、意圖和經驗迴圈。

❹ 對話和非暴力抵抗的共同目標，是創造受人喜愛的社區。首位請求就是與當權者對話，非暴力抵抗創造出必須對話的壓力，將強權推入道德的角落，以改變制度的運作方式。更多資訊請參見米齊・卡什坦《紡織出根本的活力》。

這種方法的強大之處在於，它並不局限於親密的關係。無論我們是想和朋友一起享受時光、與同事合作，抑或是建立一個多樣化的聯盟，只要帶著眞心想理解對方的意圖，都有能力創造或加強彼此的連結（爲了連結本身，以及爲了滿足需求）。

要把它應用到對話中，得先做幾件事。首先，我們需要培養發自好奇和關心的能力，必須眞正的理解，帶著眞摯的意圖去理解對方有什麼樣的感覺，這樣我們才可以隨時把思想帶入對話。再者，需要訓練自己去注意，我們什麼時候會按照自己的習慣傾向行事。最後，則要學習如何找回好奇和關心。

從好奇與關心出發

每個孩子天生都有想了解世界的欲望。正如我們天生就有感知的能力，也都會對事物產生興趣；正如我們可以訓練自己處在當下，也可以培養出想理解的意圖。

想眞正了解某件事情，需要好奇與關心。好奇表示我們對學習有興趣，而學習需要謙卑，我們必須願意「不知道」。要理解任何事情，我們必須把先入爲主的想法放在一邊，敞開心胸接受新的觀點。

好奇心也需要耐心。保育人士兼研究人員辛西亞．莫斯說，她花了二十年時間觀察大象，仔細研究牠們的習性和動作，才開始意識到牠們有多複雜。唯有帶著眞正的好奇和深刻的理解意圖時，才會產生這種持久的耐心。

為了對某件事情產生興趣、給予關注，我們也需要關心。我們不會去關注自己不重視的事情，也不會在乎自己不關注的事情。這種關心可以涉及很多方面。我們可能關心正直，忠於自己的價值觀；我們可能愛護和平與幸福；我們可能會關切拓展自己的視野；我們可能留意在自己的生活中解決衝突，這樣才能滋養出「這個社會能夠做得更好」的希望；我們可能重視改變自己生活的體制和機構。

重要的是**關心本身的品質**與同理心相連的善意，包括溫暖、脆弱和靈活度。關心表示願意接受所學事物的影響，會努力去看到他人的人性，願意把他們的需求也考慮進去，而不是拘泥於一定要用自己想要的方式去得到所求。經由練習，所有這些都是可能的。

練習：發自好奇與關心

探索一下如何在交談中培養好奇心和關心。事先思考一下你的意圖。你想要怎樣處理事情？你內心的出發點是什麼？看看你

觀點→	導致→意念	創造→經驗
贏／贏 衝突是自然的 衝突是學習的地方 我們皆有共同需求 他人有內在價值觀，獨立於我們自身的需求	詢問／聆聽 關心 合作 連結	親密度、安全感 歸屬感 理解與互相尊重 創造力、合作

是否能找到一個真摯的意圖去理解對方——他們的想法、觀點、感受或需求。「真心感興趣」是什麼感覺？

在對話的同時，試著回想這個觀點。對這個人來說什麼才重要？他們渴望什麼或需要什麼？當你能發自好奇和關心來溝通時，效果怎麼樣？跟先前的練習一樣，一開始先從風險較小的情況嘗試看看。

正念與理解的意圖

我們原本體驗一段關係的方法，就是去評判和控制它。坐下來花幾分鐘時間觀察自己的思維，你就能立即注意到這些傾向。我們對經驗的反應是，朝著愉快的事物前進，遠離不愉快，我們會判斷快樂的東西就是好的，不開心的就是壞的。

透過正念練習，我們會發現這種習慣不但是徒勞，而且令人感到壓力與疲憊。我們浪費了大把的能量在追逐愉悅與拒絕痛苦上，試圖把事物控制在自己的勢力範圍內。在正式的靜心中，我們一遍又一遍進行的基本轉變，就是在培養理解經驗的意願，而不是去評判或控制它。我們在正念練習中探索得越多，就越容易在對話和日常生活中做出這種轉變。

●練習：帶著理解的意圖去觀察

花十分鐘以上的時間做坐姿正念練習。做任何能幫助你到達這種狀態的事：緩慢深長的呼吸、放鬆身體維持坐姿。

讓你的注意力停留在吸氣和吐氣的感覺上，讓呼吸變得自然。每當你注意到自己的思緒在亂飄，就輕輕放下那些念頭，把注意力帶回呼吸上。

特別注意你的頭腦對經驗的反應、喜歡或不喜歡發生的事情。當你感覺到某些不愉快的事情，你會抗拒它、抽離開來嗎？當你感覺某件事讓你開心時，你會試圖抓住它嗎？當念頭出現時，你是變得沮喪，還是責備自己？注意頭腦是如何判斷和控制經驗的流動。

每次注意到這種反應時，就培養一種理解的意圖而不是判斷。不管發生了什麼，你能把一些好奇和關心帶到這段經驗中嗎？試著注意看看頭腦「對當下」產生興趣時，與它在「對經驗」反應時的區別。是推或拉？有什麼傾向還是操縱？哪一個是自動發生的？哪一種感覺比較平靜？

有很多方法可以在對話中培養理解的意圖。以我來說，加強好奇和關心的主要方法之一，就是把這些特質融入我的日常生活中，實際嘗試一段時間，可能是一天、一星期，甚至更長。任何發生的事情，無論是一封電子郵件、一次談話，都只是爲了理解。

「這對我、對他們而言，什麼才重要呢？我能從中學到什麼？」我們越能記得用這種方式去看待事物，對學習產生真誠的興趣，就越容易以這種方法進行對話。

正念鈴

我最初的一位溝通老師珊卓拉．波士頓（Sandra Boston），有一個很棒的小方法，可以幫她記住要使用這些工具：

「就說『喔』！」

只要我們發現自己又回到過去的模式時，就可以把我們感覺到的摩擦當做一種正念鈴。「喔！我這裡有一些工具啊！我可以處理。」回想我們的訓練，並提出一個有利於好奇和關心的視角。

第一步是要能夠辨識出自己什麼時候處於自動運行狀態。我們要學會辨識出陷入舊習慣的特徵，並利用這些特徵提醒自己從恍惚狀態中醒來，回到當下，找到內在的基礎，然後開始換上好奇的態度。首先也是最重要的，是觀察自己的經驗。「現在發生了什麼事？我來試著理解一下。」下次當你發現自己又在使用預設的無意識溝通習慣時，試試下面這個練習。

練習：就說「喔」！

隨著越來越熟悉內在預設的衝突處理模式，就開始研究它們在身體、心裡和頭腦中出現的特徵。什麼能讓你知道自己又在自動運行了？幾個常見特徵如下：

生理方面

・咬緊牙關・四肢或身體緊繃・呼吸短而急促

・身體發熱、出汗或發冷・感覺脫離肉體、沒有踩在地上，或「漂浮在頭腦中」

情緒方面

・恐懼、焦慮或想要逃跑・惱火、憤怒、煩躁或想要頂撞傷害對方

・想保護、解釋或防衛自己・感覺僵住、招架不住或震驚

心理方面

・有憤怒、憎恨或負面的想法或畫面・有毫無希望或絕望的想法或畫面

・有最糟糕狀況的想法或畫面

口語方面

- 提高說話的速度、音調或聲量：不願意說話或回答，口語上的退縮
- 「但是……我不是那個意思……」
- 「你不懂……你沒有在聽……」
- 「應該……絕不……總是……對的……錯的……」

當你注意到這些跡象時，在內心暫停一下。默默找出你的感受，試著放鬆任何緊張或僵硬之處。想起你可以選擇如何繼續。運用任何能幫助你以臨在引導的方法（找到重力、中心線、呼吸、接觸點）。然後使用下面的建議來激發一些好奇和關心。

這些模式不是敵人。事實上，注意到它們就能成爲「回到當下」的暗示。它們也可以成爲重要的路標，用來調查和發現是什麼驅動著我們的反應，這樣一來，就能爲對話帶來更多的空間和平衡。

練習：回想你的意圖

不論何種程度，任何狀況下都能找出真心理解的意圖。你可以在心裡問自己一個問題，來培養好奇和關心。以下是一些建議：

「現在發生了什麼事？我要如何才能放鬆並找到平衡？」

「如果這當中有什麼要學習的東西呢？」
「如果我們能解決這件事，變成更親近呢？」
「我們要怎麼開始更加理解彼此？」
「怎樣對我們雙方都有幫助？」
「無論結局如何，現在我想如何掌控自我？」
「對我而言最重要的是什麼？我需要什麼？」
「對他們而言重要的是什麼？他們需要什麼？」

讓那個簡單的意圖引導你接下來要說的話或要做的事，也許甚至可以明確地表達：

「我真的很想知道你發生了什麼事。」

一開始，放下我們的舊習慣、找出真摯的好奇心，需要花一點時間。不過隨著練習，我們可以學會在很短的時間內注意到發生了什麼事，並且轉變自己的意圖。

幾年前，我和女友艾雯在新年前夕搬出公寓。我們整個週末都在收拾行李，把箱子和家具從二樓搬下去，持續做了好幾個小時。天色漸漸晚了，我們都很累，我的背很痛——這就是失去臨在與理解意圖的完美風暴。

按照典型的男性作風，我負責把行李裝上車，告訴艾雯接著該拿什麼下來，或是指引她把東西放在哪裡。我做這些事的時候，因爲疲憊，惱怒的情緒越來越高漲。到了某個時刻，面對我充滿壓力的語氣，艾雯沮喪又憤怒地對我說：「我覺得你說的每句話都在批評我，你一直在說我做錯了！」

我立刻想要防備，心裡只想要狠狠地對她說：「我只是想把這件事做完！」相反的，我閉上眼睛，站在那裡大口呼吸。我能感覺到她很痛苦，而我不想再讓她更難受。我感到一股憤怒浪潮湧上我的身體，一切都在燃燒。我不想讓行爲舉止發自那種情緒，也知道在我爲她騰出一些空間後，會有時間說出我的觀點。我繼續呼吸，把注意力放在下半身，讓自己感覺踏實一點。我去感受腳踩在地上的感覺，然後那陣憤怒浪潮過去了。我吐氣，隨著自己鬆開拳頭，呼吸也變慢了。

「我聽見了，」我看著她說，「很抱歉我的話對妳產生了那種影響。」我停頓，等著看這句話會有什麼效果。

「謝謝你。」她說，仍然有些生氣，但語氣軟化了。在一、兩句簡短的交流中，我們互相理解，放下情緒，再繼續把行李裝上車，一切感覺更輕鬆與協調了。

我並不總是能抓住那股浪潮。但那一次，我受的訓練讓我注意到防衛自己的衝動，並回到臨在，再從心裡的另一個地方出發。如果我錯過了這些訊號，按照自己的習慣採取行動，我可以想像接下來可能會發生什麼樣的爭吵。

兩個問題

抗拒舊習慣的力量可能會很困難。我們或許看出正在發生什麼事，卻缺乏讓自己不要發作的克制力，或缺乏改變意圖的力氣；也可能，我們是無法信任那個新方法會奏效。在這樣的狀況下，檢視自己的期待、回想自己的價值觀，對事情會有所幫助。

盧森堡有個相當簡潔的方法，他鼓勵大家問兩個問題：

一、我希望對方做什麼？

二、出自什麼理由，我希望他們這麼做？

如果只問第一個問題，可能會使用任何可能的策略，來滿足自我的需求。我們會責怪對方，會以某種方式操縱、強迫，甚至是威脅。（那次新年前夕的搬家，我可能會厲聲說：「妳可以不要再那麼敏感了嗎？我只是想把事情做好。」）雖然這些策略在短時間內可能會產生效果，但代價就是這段關係的品質。我們會失去對方的信任和善意。

不過，如果我們問自己第二個問題，就不太可能會採取這些策略了。我們希望對方是因爲害怕懲罰或報復，才改變他們的行爲嗎？還是希望他們做某些事情，是出於內在的動機、是因爲他們理解那件事的價值，或是因爲它對我們很重要？

這些問題促使我們發自不同內心之處，去努力創造更多的連結。我們的整個角度會變成：「看看我們是否能互相理解。」

在我和艾雯的情況中，我希望她專注於收拾行李，因爲她明白我當時的處境，而不是因爲我想要在爭論中獲勝，或證明她是錯的。一旦我們彼此理解，繼續前進就變得容易多了。

練習：提問

用這個練習為對話做準備。思考下面的問題，幫助你弄清楚自己的意圖，增強你與好奇和關心保持連結的能力。透過練習，你會發現可以在對話當中使用這些問題，來改變你的意圖。

問題一：你希望對方做什麼？是否有一個以上的想法？盡量保持創意與開放的心態。

問題二：你希望他們這麼做是出自什麼理由？為什麼你希望他們做這件事？你想要他們知道或理解什麼？

問題三：知道這點後，你想要如何進行對話？

當我們回到自己的習慣模式時，很容易對他人的意圖做出各種猜想。遲到的朋友或忘記約定的伴侶，可能是覺得其他事情更重要，也就是表示我們並不重要：「如果你知道這有多重要，你會……」「如果你愛我，你會……」有了理解的意圖，就能開啓看待眼前事情的新方法，並可能創造出替代方案，來處理眼前的狀況。

使用武力來保護

生活中總會有達成立即結果比合作和對話更重要的情況，而其中大部分是涉及到安全問題。當我們的首要目標是保護自己或他人的平安時，我們會使用盧森堡所說的**保護性武力**。如果一名孩子跑到街上，我們會大喊或抓住他，盡一切可能保護他的安全。

這是一個相當複雜的哲學問題：結果能證明這樣的手段是正當的嗎？如果可以，什麼時候能夠證明？誰有權力決定？一旦我們決定「為了他們好」或「為了全局著想」，而允許單方面使用武力，我們就會面對濫用權力和造成傷害的風險。

為了便於探討，我想指出盧森堡所謂的「使用武力來保護」，與「依賴我們的預設習慣」之間，有幾個重要的區別。首先，按照盧森堡的定義，我們是有意識使用武力，而不是出於絕望或習慣，無意識地訴諸武力。第二，我們使用武力時沒有任何惡意，想要的是保護而不是傷害。第三，這是暫時的、有時間限制的策略。最後，我們與對方的人性仍保持連結，而不是把他們視為問題或敵人。

等到一切都安全了，我們就可以回歸更講究關係的方法。修復式正義❺就是基於這些原則。一旦立即性的危險解除了，我們就可以努力增進了解，創造條件來修復關係，營造更安全的未來。

好奇與關心的力量：合氣道

合氣道大師泰瑞．道森曾說過一個我非常喜歡的故事，就是關於體現好奇與關心。道森曾是海軍陸戰隊員，他到日本向合氣道的創始人學習武術。雖然他的老師強調合氣道是一種和平與和解的方式，但道森一直很想在戰鬥中測試他受的訓練成果。

有一天下午，在東京街頭，一名身材高大、喝醉酒的工人跌跌撞撞地走進地鐵，口中憤怒地咒罵著。他撲向一名婦女和她的嬰兒，差點撞上他們。道森站起來，向工人喊了一聲，準備保護乘客，這人卻開始辱罵道森。道森故意朝他拋了一個飛吻，反而更加激怒了他。就在這時，從車廂的另一邊，一個尖銳的聲音喊道：「嘿！過來跟我聊聊。」

原來是坐在車廂另一邊的一名小個子老人。工人轉向他吼道：「我爲什麼要跟你聊？」

「你剛剛喝了什麼啊？」老人問他。

「我喝的是清酒。這關你屁事啊！」

「噢，眞好啊，」老人愉悅地回答，「眞是太棒了！我也很愛清酒。每天晚上，我跟我太太會熱一小瓶清酒來喝，她現在七十六歲了喔！我們會拿到庭院裡，坐在一張老舊的木頭長椅上，那張椅子是我爺爺的第一個學生做給他的。我們會看著夕陽落下，看看柿子樹長得怎麼樣……」

隨著老人這樣說，醉漢的表情也開始軟化：「喔，我喜歡柿子……」

老人問他：「我想你也有一位可愛的妻子吧？」

淚水從工人的臉上滑落，他說自己的太太已經過世了。他開始啜泣：「我沒有太太，我沒有家、沒有工作、沒有錢、沒地方可去，我覺得好羞愧。」

沒多久，那名工人坐到老人的身旁，頭靠在膝蓋上，老人則輕輕撫摸著他蓬亂的頭髮。

道森下了個結論：「我想用肌肉和刻薄心態達成的事情，卻被幾句和善的話語完成了。我見過戰鬥中的合氣道，而它的本質是愛……我必須以一種完全不同的精神來練習武術。大概要很長的時間，我才能談如何解決衝突。」

這就是發自好奇和關心所產生的轉變力量。在面對侵略時，仍然連結著彼此的人性。建立這種連結的技巧，是需要練習的。以臨在引導就是這種溝通的前提和最重要的基礎。擁有想理解對方的真摯意圖，則是指引我們正確方向的指南針。

❺ restorative justice，也稱修復性司法，與對犯罪的報應性正義相反。

★原則

越少指責和批評，別人就越容易聽我們說話。

彼此了解越多，就越容易共同合作，找出有創意的解決方案。

我們做的每件事，都是爲了滿足一種需求。

★重點

意圖塑造了我們口語和非口語的溝通，並引導對話的發展。理解對方的意圖包括了好奇和關心：

好奇表示我們有興趣學習並找出自己不知道什麼。

關心是善意，取決於我們的意願，是否願意專心注意與努力看到對方的人性。

正念練習幫助我們培養理解的意圖，而不是批判。我們可以訓練自己注意到傾向怪罪的習慣，並透過以下練習，將其轉爲理解的意圖：

- 在心裡想：「對這個人來說，什麼才重要？」
- 就說：「喔！」注意到任何習慣性的意圖，並將之轉爲好奇。
- 回想起自己的意圖。
- 問自己兩個問題：「想要對方做什麼？希望這麼做是出自什麼理由？」

★問與答

Q 當你覺得對方沒有好的意圖，故意做某些事情來激怒你，或讓事情更困難時，要怎麼發自好奇與關心來溝通呢？

A 這並不容易，尤其在一個有爭議的狀況下，雙方又缺乏互信。首先，你必須找到一種方法，用好奇和關心來處理**自己的經驗**：從朋友那裡獲得同理心、用自我同理心來緩解痛苦、搞清楚自己的需求等。我也鼓勵你不要過度解讀別人的意圖。我們渴望理解他們的行爲，但我們的假設並非一定正確。

所有這一切都能在心中釋出一些空間，好讓你去提問：「他們可能渴望得到什麼？」記住，我們所做的一切，都是爲了滿足需求。試著改變你的觀點。你能不能試著把他們的行爲看成是一種策略，僅是想要滿足更深層、更普遍的需求？試著去舒展你的心靈，想像他們的經驗是可以改變的。

最後一點，試著培養一些同理心，與對方感同身受，這能讓你的心從痛苦中解脫出來，並爲你們的關係打開更多可能性。有句話說：「可恨之人必有可憐之處。」我鼓勵你試著去看看他們的脆弱、痛苦或缺乏安全感，這些可能與他們的行爲有關。

Q 我試著發自好奇與關心去溝通，但是沒有效，對方根本沒興趣知道對我而言什麼是重要的。這個方法好像只有在雙方都使用時才會有效。

A 若雙方都使用一定會簡單很多！但只須一個人使用，就能改變這段關係的動態或轉變對話。如果其中一方改變了態度，就會影響整個對話的狀態和過程。

這當中有很多因素在作用。一開始我們可能確實發自好奇，但在壓力之下，就失去了眞摯的意圖。要在充滿挑戰的情境中保持穩固踏實，需要練習和技巧。我們可能需要反覆平衡掉強烈的責備或憤怒情緒，傾聽他們更深層的需求、化解攻擊性，並及時用有幫助的方式分享自己的觀點。最後，最重要的是要檢視對成功的想法、有著怎樣的預期。如果我們只對自己的方式感興趣，就不會眞正敞開心扉去對話。我們必須願意改變，去發現其他可能性。

一位同事講過一個關於波士頓兩組婦女的故事，其中一組支持墮胎，另一組反對。她們會定期會面，討論各自對墮胎的不同看法。最後，她們全都沒有改變自己的觀點，但是建立了相互尊重、有意義的關係。當那個反墮胎的團體，透過她們的網絡得知有人計畫炸毀墮胎診所時，她們發出一個明確的訊息，表示這種行爲在她們的社區是不受歡迎的。在我看來，這就是成功。她們的觀點沒有改變，但她們不願意把暴力當做一種策略，來滿足自己的需求，因爲她們已經學會看到對方的人性。

Q 如果碰到你知道自己的需求絕對不可能被滿足的情況呢？就是絕對不會發生。那麼你會怎麼處理？

A 當自己的需求不能獲得滿足，可能會非常難熬、非常痛苦。之所以使用這些工具，有很大一部分原因，是透過哀悼那些未能被滿足的需求來找到處理方法。讓自己同時感受悲傷和渴望，其實是非常有療癒效果的。在這些情感中找到溫柔，可以幫助我們學會平靜面對未獲滿足的需求，爲生活帶來更多自由。

這個過程中的一部分，是區分我們的需求和對特定策略的執著。很多時候，我們是因爲某些**特定策略**不可能奏效，而產生失落感。確定自我需求的好處之一是，它給我們更多具創造性的選擇。

我也鼓勵你們充分意識：實際發生的事情和預測或信念之間，是有所差異的。有時候，當我們告訴自己：「……不可能會發生。」，其實是試圖保護自己免受失望或被拒絕的痛苦。

看看以這種方式來陳述，會不會改變你的思路：「我很難想像出一種方式，讓他們對我想要的東西說好。」這樣會讓你感覺比較有力量，並可能讓你選擇以不同的方式處理事情。或許，這會讓你不基於請求，而是出於選擇滿足他人需求，來產生一種不同的內在體驗。

6 別讓對話斷線

用耳朵聽，不及用心聽。

——智愚禪師，宋代高僧

聆聽是對話的基石，也是精神修行的重大象徵。當我們發自好奇和關心，願意且能夠傾聽，就是正在打開一個管道，讓連結和理解發生。

聽的方式很多，我們可以聽一個人說話的內容、聽他有什麼感覺，以及聽這些話語底下有什麼重要之處。我們可以聽得心不在焉或全心全意。

眞正的聆聽仰賴一種內在的寧靜。我們必須淨空自己，騰出空間接受某些新的事物。關於這點我有個非常好的例子。幾年前，我和高中同學傑洛米起了一點爭執。

「兄弟，你沒有在聽！」他叫道。

當時我們站在他家廚房裡，他非常生氣。雖然我已經不記得細節了，但我記得自己聽得心不在焉，只是在等他把話說完，這樣我就可以解釋自己的看法。雖然我完全沒有插嘴，也有眼神接觸，更聽到了他說的每個字，但是他可以感覺到我沒有眞的聽進去，我是在整理自己的思緒，準備爲自己辯護。

我深深吸了一口氣，閉上眼睛，放下我所有的說詞、想解釋的欲望。「之後會有時間的。」我暫時把這一切都放下，放鬆地聆聽著，試著去理解他。我感到腳確實踩在地上，然後睜開眼睛。

「OK，」我說，「你繼續說。」就在我放下想捍衛自己的打算時，整個對話的氣氛就改變了。

「謝謝你。」傑洛米輕嘆口氣，然後繼續說話，他感覺到現在我眞的願意、也可以聽進去了。他繼續解釋自己有什麼感覺，以及爲什麼這樣想。我聽著，眞正聆聽著他，並且意識到他的眞實體驗跟我的感覺或觀點完全不一樣：「好，我知道你的感覺，也理解你爲什麼會生氣了。」

只是提供一些理解的話，事情就解決了。我應該也有說出自己的感受，我不太記得，但這已經無關緊要。重要的轉變是我已經放下夠多，足以帶著眞正的好奇和關心去傾聽。

學習如何傾聽

傾聽需要從根本上放下自我中心。我們必須願意暫時放下自己的想法、觀點和感受，才能眞正傾聽。這是一種全心全意、身體力行的感受能力，是溝通和冥想練習的核心。

所有對話都需要沉默。如果沒有沉默，我們就無法聆聽，也不會產生眞正的溝通。聆聽的沉默並不是強迫或壓抑的，它是因爲感興趣而自然產生的安靜。

當你想要聞一朵花時，你會怎麼做？你會閉上眼睛、靠近花朵，然後緩緩吸氣。探索那個香味時，你的頭腦靜止了，而這大概就是強大的聆聽方式：完全的臨在。正如詩人與教師馬克·尼波所寫的：「傾聽就是懷抱著被所聽見事物改變的意願，溫柔地向前傾身。」

大自然教導我很多傾聽的方法。古老紅杉樹的穩重、高山湖泊的寧靜，或小溪中的歡快旋律，這一切都有讓心靈沉靜下來的力量。面對這樣的美妙世界，心靈的喋喋不休消失了，剩下的是一種純粹傾聽的狀態。

我們在靜心中學習這種深度傾聽，探索意識的靜止狀態。透過練習，我們可以在對話當中運用它。越去學習如何傾聽，對他人和自己的生活就會越敞開。

這在美好的時刻和艱困的時刻，都同樣重要。真正的傾聽能讓我們珍惜所愛之人的存在，或讓善意感動自己。在分享愛意或擁抱時，我和艾雯常常會溫柔邀請對方以這種方式感覺當下，並問對方：「你處在當下了嗎？」這種接納式的傾聽是可以滋養心靈的。

練習：全心全意地傾聽

所有的聆聽都從臨在開始。試試看在對話中，能不能讓自己全心全意集中在聆聽上。留意任何想插嘴、評論或規畫等一下要說什麼的企圖。你能夠一再放下這些想做的事情，回到純粹的當下，單純去傾聽嗎？

別讓對話斷線

我們對話的主要目的之一是建立連結（好足以處理手邊的問題），然後盡最大的努力保持這個連結。如果失去了它，溝通就會減弱，甚至完全停止。

這在激烈的爭論中表現得最爲明顯。在這種情況下，所有承認或理解對方的努力都可能消失，到最後，雙方把一句句充滿情緒的話語疊在另一句話語之上，不肯放慢速度去檢查自己是否確實聽到對方在說什麼。通話早就斷線了，但雙方還在不停地說。

很多時候，我們透過文化中適當的肢體語言：臉部表情、眼神交流、語調……等等，以非口語的方式保持連結。我們會點頭或說「嗯」；可能會把頭歪向一邊、瞇起眼睛或皺起眉頭，表示我們聽不明白，或是請求對方進一步說明。說話者甚至可以運用簡單的是非問句：「到這裡你都明白了嗎？」「這樣懂了嗎？」「你知道我的意思嗎？」

這樣可以創造一個善意的「呼喚和回應」節奏，透過確認，知道對方有確實傾聽和理解，進一步強化連結。藉由這種方式，我們運用臨在和意圖不斷檢查彼此是否有所連結，確定通話沒有中斷。這就像開車時，一隻手會一直放在方向盤上，以確保不會偏離車道。

我們大多數人都是憑著直覺，無意識地做著這件事，然而我們可以經由將有意識的覺知帶入這個過程中，來加強這個方面的能力。

練習：保持連結

下次對話時，追蹤一下彼此的連結。運用前兩個步驟（以臨在引導及發自好奇與關心），與對方建立連結。然後聆聽，並使用肢體語言、臉部表情、語調，或簡短的口頭詢問，隨時檢查自己是否與對方保持連結。如果感覺對話中斷了——連結斷線或誤解產生——那就放慢速度，看看能否重新建立它。

完成循環

運用口語和肢體語言來做非正式的檢查，能幫助我們評估對話中的連結狀態，但它其實建構在一個沒有說出口的假設上。比方說，如果我問：「你了解嗎？」你說：「是。」我真正能得知的，是**你覺得**自己了解。有句話說，在溝通中最大的問題，就是過程裡產生的錯覺。

爲了確保對話沒有中斷，我們需要一種更可靠的方法，一種眞實、簡單的方法，來確認我們確實聽到了對方的話。聆聽的時候，我們要知道自己聽到的是否正確；說話的時候，我們要明白對方是否理解自己的意思。在困難的情況下，這種需求會更高。

「你根本沒在聽！你不懂！」你有多少次在爭吵中說過（或聽過）這樣的話？只因爲我們說的

是同一種語言，但這並不表示著我們能理解彼此。我們說的是一件事，對方聽到的卻是另一件事；他們說的是一回事，意思卻又是另一回事。你會很訝異，我們被搞混的速度有多快！

當某人說「你根本沒在聽」時，有一部分是指「我覺得你現在沒在聽」。這通常是一種對同理心的請求、一種我們已經失去連結的訊號。為了回到正軌，首先必須重新連結。以下有兩個例子，看看這在對話中該如何進行。

A：「你根本沒在聽！」

B：「有，我有在聽！我聽到你說的每個字了。」

A：「你根本沒在聽！」

B：「聽來你好像覺得我沒聽進去，但我眞的有努力在聽，請再給我一次機會。」

或者：「我眞的很想更理解你的意思，我能怎麼做或表達，讓你覺得我有在聽？」

哪種對話比較有可能解決問題？在第一個例子裡，雙方都可能感到不被理解，這通常會促使我們更強硬地堅持自己的立場。然而這會導致連結減少、更多個人斷言……諸如此類的。我們大部分的人都知道，被捲入這種漩渦的感覺有多糟糕、事情失控得有多快，以及結局可能會有多痛苦。

注意第二個例子的不同之處。此時，找到了願意聆聽的同理心。在這裡，說話者承認對方的感受，並試著重新連結。要這麼做，就必須藉由臨在引導，以及發自好奇與關心的能力，而不是回到我們的預設模式，去捍衛自己或責怪對方。

這裡的主要工具，是使用口語反映來「完成一個溝通的循環」。我們傾聽，然後在關鍵時刻進行確認：一個人聽到的與另一個人說的意思是一樣的，發送出去的訊息等於被接收到的訊息。

「反映」是對已經說出來的話語進行重述或詢問，用來確認是否理解。

這就像是你去點餐，餐廳的員工會重述你點的東西，檢查他們聽到的是否正確。在對話中，要知道何時該「反映」你聽到的內容，確認之後再回應。如果你說了某件很重要的事，請對方進行這樣的反映，才能確定他們是否真的聽懂了你的意思。

在做出回應前進行反映，是溝通的基本組成部分，它能區分有效的談話或一場爭論。當我們完成一個循環時，感覺會很好，確認過並知道我們聽到了彼此的話語，是很令人滿意的，通常會有一種安定、放鬆或呼吸順暢的感覺。當我們感到被傾聽時，自己內心也會有更多的空間去傾聽別人。從這方面來說，提供同理心和傾聽對方，才能獲得最大的效益。

原則：當人們感覺到被傾聽時，才會願意去聆聽對方。要建立起理解，就要在回應前先反映。

艾雯和我經常仰賴這項工具來克服困難。我記得剛交往不久時，有次我們坐在沙發上討論彼此對溝通頻率的期望。

艾雯：「我感覺被困住了，好像如果我不馬上回答，你就會生氣。」

我：「妳的意思是，工作時，妳需要更久的時間才能回簡訊，所以妳感覺很受挫？」

艾雯：「對，期待馬上回應，基本上就不合理。」

我：「所以妳希望我理解，妳有更多的責任和義務，那些可能比回我的簡訊還重要？」

艾雯主修的是環境工程，她喜歡科學的明確性。當我們逐漸讓每次完成對話循環的韻律能互相配合，然後可以繼續談論新的話題時，她驚呼道：「哇！我從來不知道溝通可以像數學一樣！」當我們有工具和耐心去傾聽對方並解決問題時，是非常令人振奮的。

除了能帶來受人傾聽的安心感之外，在做出回應前進行反映，還能讓步調慢下來，幫助你一步步理解說話、聆聽、反映，給每個人時間來整理剛才說的內容。

在回答之前，我們可能需要在該對話中進行多次反映。你可能需要多做幾次同理心反映的循環，才能建立起足夠的連結，尤其是其中某個人情緒比較激動時更是如此。如果我們堅持下去，這種持續的同理心就會產生極大的結果。

練習：回應之前先反映

找段低風險的對話來試驗，在回應之前先反映。在對方分享了某些重要的事情後，對你聽到的內容提出反映，檢查自己是否理解了。當非口語的確認不夠、對話中的內容很多，或是當強烈的情緒出現時，就這樣做。

要點：

- 用他們容易理解的語言，表達出你對他們所說內容的理解。
- 把你的反映以疑問句的方式表述，而不要用陳述句。反映是為了檢查你有沒有聽懂，而不是告訴別人他們說了什麼。

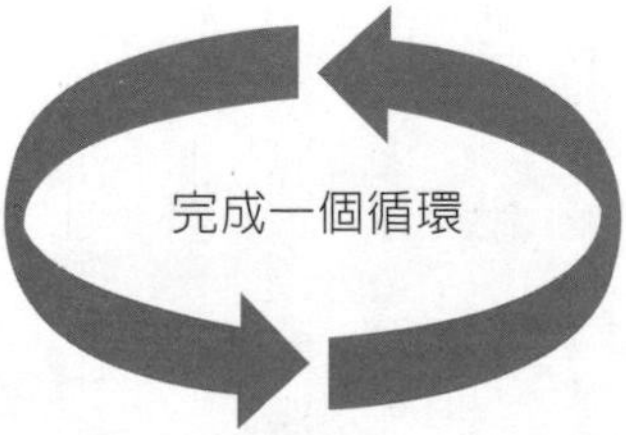

圖表 2

・持續帶著真正的好奇和關心。讓你的語言盡可能自然和真實。

・不只用於困難的對話，在慶祝與成功的時機也試著這樣做。

觀察一個循環是否完成的跡象：口頭上的確認、吐氣或安心的感覺。即使你的反映不是百分之百準確，通常也都能夠帶來更多的連結，因為它能給對方一個機會來澄清或進一步解釋他們的意思。

範例

陳述：「我真不敢相信她會說那種話，在我們共同經歷了這一切之後……」

反映：「她說那樣的話，你真的很震驚，對吧？」

或者：「聽起來你真的很生氣，想試著弄清楚她說那些話的動機？」

陳述：「我受夠了，我不想再當這裡唯一真正在做事的人了！」

反映：「哇，你真的受夠了！你覺得自己是這裡唯一在做事的人嗎？」

或者：「你真的已經受夠了吧？你想要團隊更合作或平衡分配事務嗎？」

保持真實

我在這裡鼓勵大家練習的，是不同於一般所謂的「積極傾聽」。很多人學習到的方法，就是用一些制式化的例句來表達，例如：「現在我聽到你說的意思是……」當我們使用某種技巧卻忽略了眞實性時，說的話聽起來就會很公式化，使得連結降低。而且我們很容易忽略這一點，因爲太過專注於技巧，忘記眞正去傾聽。

最重要的是，從一開始就不要忽視訓練背後的原則。「在回應之前先進行反映」是一種**工具**，要用來建立足夠的連結和理解，才能彼此合作。它並非一個「必須在回答前反映」的教條。

溝通練習重要的不是我們說什麼，而是我們發自什麼意圖、用什麼方式去說。讓你眞誠的意圖去引導自己的聆聽和話語。如果你眞的想讓別人覺得自己聽進去了，你會怎麼說？你如何檢查自己是否理解對方的意思？如果你眞的想要被傾聽，會怎麼提問？

還有一點也很重要：無論我們如何努力保持自然，在學習任何東西的過程中，總會有一段尷尬的時期。找到自己的聲音與習慣一種新的溝通方式，都需要時間。

同理心的根源

口語反映的核心，就是同理心：一種用自己的角度去理解他人經歷的直覺反應。若沒有同理心，反映就會是空洞的。

與咯咯笑的幼兒或一隻狗相處，心裡的某部分就會軟化；站在生氣或焦慮的人身邊，我們也會感覺到情緒！這是一種稱爲**「情緒感染」**的現象。當寶寶聽到其他寶寶在哭，他們也會跟著開始流淚。當我們看到幼兒或小狗受傷了，心裡也會一陣顫抖，有種想伸手幫忙的強烈衝動。

我們現在對於同理心的神經和演化基礎知識，已有更多理解。嬰兒需要同理心的連結，大腦才能正常發育。神經生物學中，關於同理心最具突破性的一項發現，就是提供即時體感同理的「鏡像神經元」。當我們看到另一個人在動作時，鏡像神經元就會啓動，無聲執行周圍人們的動作，於內部模仿他人的情感表達方式，就好像我們自己在做一樣。而臉部表情也包含在其中。我們的大腦，天生就是有同理心的。

同理心是傾聽的核心。當我閉上眼睛，花了一點時間去眞正傾聽我的高中同學傑洛米，我同時在調整自己、拿出同理心。同理心有很多作用，它可以創造療癒、建立適應性、促進健康的關係、緩和強烈的情緒、促進理解、幫助解決分歧。

同理心是一種從他人的角度理解，或體會他人感受的能力。

同理心的字面意思是「因感覺到與他人所承受之相同情緒和經驗，而有所理解」。雖然它可以經由許多方式表達（安靜的傾聽、言語的反映、觸碰、行動），但同理心主要是內心的**臨在品質**。這是一種感受性的調頻，去體會自己和他人的感受經驗。我們可以說，同理心是臨在和理解意圖的結合。它是一種真誠的、帶著關心的好奇，讓我們能夠進入他人的世界，理解他們的經歷。人本主義心理學的創始人之一，卡爾．羅傑斯這樣描述同理心：

同理心是一種複雜、艱鉅、強烈、微妙、溫柔的存在方式……它意味著進入他人的私人感知世界，並完全融入其中。它就是對另一個人身上的感覺變化流動，時時刻刻保持敏感。

同理心的共鳴與接受能力，就是我們生而爲人的主要特質之一。只要有足夠的安全、食物和其他基本需求，人類的自然傾向就是同理和同情——與他人感同身受。

同理心的路障

雖然同理心是與生俱來的，但仍有各式各樣的條件會阻礙它。廣泛來說：在社會化的過程中，我們學會不同理別人；家庭、文化、社會要害怕或憎恨與自己不同的人。為了融入社會、保護自己，或在無法滿足自我需求的世界中生存，我們關閉了自己的同理能力。

與同理心脫節的代價非常高，就像米齊．卡什坦在《紡織出根本的活力》中所解釋的：

> 我相信，說我們「天生」就有相互認同和同理的能力，並不一定表示我們總是會以關懷、同理的方式行事。相反的，它的意思是，如果我們忽視關懷和同理心，而培養其他情感姿態，我們就會付出巨大的代價：在個人層面上是抑鬱、冷漠、惡夢、受害情結和憤怒；在社會層面上就是犯罪、忽視和孤立。

為了獲得幸福、健康的人際關係以及有效的對話，重新取回同理心的能力是至關重要的。許多使我們與臨在脫節的事物：疲憊、壓力或飢餓，也同樣會降低我們的同理心，讓我們情緒激動、生氣或無助；使我們強烈想要某樣東西或執著於某一特定結果。同理心可能會被強烈的觀點、恐懼、對痛苦的預期或極度的倦怠所阻礙。甚至有新的研究指出，我們花在電子產品上的時間越多，所感受到的同理心就越少。

當我們沒有從他人那裡得到自己想要的同理心，也不曉得（或忘記）有一些事物會**阻礙**同理心時，我們就會編造故事來解釋正在發生的事情。我們可能會認爲是自己有問題，或其他人有毛病，甚至是他們根本不在乎。與其去相信這些故事，我們應該認知到在這個狀況中，產生同理心的條件可能並不存在。這就留下了更多空間，給好奇和關心去探索這些情況，並發揮創意去解決❶。

我們感受不到同理心時，會有一些相當常見的反應。心理學家湯瑪斯．高登稱之爲「溝通路障」，因爲它們會阻礙連結和理解。

練習：辨識出同理心的路障

花點時間想想自己感到沮喪或停滯不前的時候。有可能是因為一些困難的事情（一段關係的破裂），或發生什麼平凡的事情（在車輛管理局東奔西走）。想像一下，把這件事

❶ 卡什坦進一步指出，現代社會存在著可悲的困境：人們需要同理心，但所處的環境阻礙了它。她寫道：「同理心預設了超越自我、與他人接觸的能力。由於它請求我們暫時放下自身需求，但在現代這樣的社會中，充斥著猖獗的資本主義和消費主義所帶來的即時滿足感、高度自我，既夾雜著暴力，又普遍缺乏慷慨，因此同理心不太可能成為一種廣泛存在的能力。在這種情況下，大多數人都會使自己的心腸變硬，以便繼續生存下去。在這樣的背景下，人們既迫切地需要同理心，卻又極度缺乏這種能力。」

告訴一位朋友，然後看看下面的各種回應。

怪罪、評判或批評：「這應該是你自己的錯吧。你老是把事情搞得一團糟。」

說教、教導：「你得學習怎麼為自己辯護。你應該要說……」

警告、威脅：「你最好快點把這件事搞定，不然……我跟你說過多少次……」

指示、指揮：「克服它。是時候往前走了。」

分析、診斷：「問題就是……我覺得這有種模式存在，大概跟你的童年有關……」

比較、強壓對方：「你以為這很糟嗎？我告訴你，有一次……」

分心、嘲諷、取笑：「喔！那你有空時要做什麼？你看過那部新電影嗎？」

質問：「你在哪？你為什麼會招惹這種事？」

讚美、認同：「你是我認識的人中最慷慨善良的……你說得沒錯……」

同理、安慰：「喔，可憐的你……你已經盡力了，一切都會沒事的。」

得不到同理心的時候，是什麼感覺？你生活周遭的人是採用哪些類型的回應呢？你自己又習慣採用哪一種？

同理心和其中一些反應之間的區別可能很細微。同理，通常被認爲是正面的，可能包含著一點憐憫的性質，特徵是不願見到他人的痛苦；質問，會打亂說話者的思路；讚美和認同，雖然表現出肯定，卻可能會忽略對方的情緒；即使是安慰，也不能提供足夠的空間去感受什麼是眞實的，而且這往往是由我們自己的不安所引發。

雖然其中一些反應在適當的時候可能很有用，但它們通常是習慣性和自動運行，並取代了眞正的同理心。如果反過來，去**感受**他人的經歷，會是什麼樣的感覺呢？該如何保持臨在，從自然的同理心做出反應？

有了同理心，我們便可以一起感受經驗。它的表現方式，經常是透過我們的語氣，而不是特定的詞語。在說「我眞的很遺憾」時，可以帶著冷漠的距離，也可以擁有眞誠的關心。同理心的核心，是以自己的方式，直接理解對方的體驗，而不是試圖去修正、改變或解釋它。這種與經驗共處的意願，才是同理心的關鍵。

同理心的三種維度

美國作家瑪雅·安吉羅曾經說過：「如果我有能力，我會讓每個人都成爲非裔美國人至少一個星期，去體會那是什麼感覺。」如果每個美國人都能**從內心深處了解**到，棕色皮膚的人在美國生活的日常經歷，將會有什麼影響呢？這種同理心可以治癒這個國家奴隸制度、種族主義的遺毒。

眞正的同理心是三維度的：它既是認知的、情感的，也是體感的。認知的同理心是以他人的角度去觀看，是一種設身處地從智識上理解他人感受的能力。情感（情緒）的同理心是指能夠和他人**一起感受**，它超越了對他人內心世界的認知理解，是一種情感體驗。正如絃樂器在和諧的共振中振動一樣，我們的心也能在與他人的痛苦或快樂共振中顫抖。

第三種同理心是體感同理心，是一種以具體方式感知他人經歷的能力❷，這是一種發自肺腑、根本層次的理解。非裔美國作家塔內西．科特斯（Ta-Nehisi Coates）的知名著作《世界與我之間》（*Between the World and Me*）裡，有一封他寫給十幾歲兒子的信，其中描述了一種強大的體感同理心：

但是，我們所有的措辭：種族關係、種族鴻溝、種族正義、種族歸納、白人特權，甚至白人至上主義，在在都掩蓋了種族主義是一種發自內心的體驗，它撕裂大腦、阻塞呼吸道、扯裂肌肉、提取器官、折斷骨骼、打斷牙齒。你永遠不能把目光從這裡移開。你必須永遠記住它（在這裡）……帶著極大的暴力，攻擊著身體。

加強同理心不僅僅是一種認知或智識方面的練習，儘管它是從這裡開始的沒錯，但它也是一種努力從情感和體感方面去理解他人的經驗。沒有這些互補的維度，我們的同理心就不是完整的。當認知同理心與情感同理心分離時，會被用來操縱或傷害他人，甚至使折磨更有效。眞正的同理心應該是這三個領域的融合，它可以帶來療癒、恢復和轉變。

同理心挑戰了「我們是獨立的」這一觀點，並邀請我們去接觸與他人共有的人性。第一步是透過正念，更深入地與自己的經歷連結起來。自我意識是同理心連結的基礎，當我們以更仔細、更豐富的方式體驗生活的內在風景時，理解他人內在生活的能力也會增強。

然後我們必須放下自己的故事，走出自己的參照框架。百老匯演員歐基瑞特・歐諾多萬（Okieriete Onaodowan）描述同理心在他的表演中所扮演的角色時，說得相當生動：「要穿我的鞋子走兩公里，你必須先脫掉自己的鞋子。」我們把自己的心和思想，延伸到自我觀點、意見和感受之外，去感受另一個人的內心世界。我們用想像力、創造力和直覺，去感知他們的內心世界是什麼模樣。

帶著同理心傾聽是發自好奇和關心的主要方式，也是對話的基石。這裡有三種方法，你可以綜合在這一章中學到的東西，開始練習把更多同理心帶入生活中。

❷ 美國心理學家理查・戴維森、保羅・艾克曼、丹尼爾・高曼等，將「同情的同理心」或「同理的關懷」描述為第三種同理心，這種同理心涉及一套不同於認知或情感同理心的大腦迴路。

●練習：同理心

試著在與你無關的對話中練習。當你未受到攻擊時，通常比較容易發揮同理心。記住，同理心並不存在於言語中，它是你內心臨在的一種品質。目的是理解對方的經歷，讓話語自然流動即可。

沉默的同理臨在：練習全心全意地傾聽，帶著用心感受的意圖，「深入感覺」對方在說什麼。這件事對他們來說怎麼樣？

改述：聽完之後，總結自己聽到的要點。他們說的主要特徵是什麼？有時候，簡單重複一、兩個關鍵字就足夠了。

同理反映：傾聽後，藉由反映你聽見對他們來說**最重要**的東西，來檢查你是否理解。這可能包括他們的感受，以及他們需要什麼。在這件事背後，對這個人而言最重要的是什麼？該怎麼做你才能讓他們感到被人傾聽？記得把你的反映用問句形式表達出來，檢查一下你的想法是否正確。

還有很多其他的方式可以表達同理心：可以透過友善的言語、充滿愛意的接觸，或者分享我們對所聽之事的感受。有時候，我們也可以用開放式的邀請，來表達我們的興趣：「多跟我說一點……」「還有呢？」

我的學員蘇珊在高中教美術，她告訴我下面這個故事：

愛弗禮是一名新生，平時開朗活潑，有一天很早就到教室。蘇珊開始和她談話，才發現愛弗禮的心裡充滿掙扎。她們約好當天晚一點碰面，等蘇珊有更多時間的時候再談。

「我不想再上這所學校了。」愛弗禮說自己在考慮退學。蘇珊注意到內心有種進入解決問題模式的衝動，這是她的舊習慣。但因爲她剛在我們這裡上完一個星期的同理心課程，於是她停頓了一下，決定先試著去傾聽。「妳繼續說，告訴我發生什麼事了？」

愛弗禮接著敞開心扉，原來是她被霸凌，覺得悲傷、孤獨又沮喪。每當蘇珊注意到自己產生想解決問題的衝動時，她就會開始去注意身體的重量和腳踩在地板上的感覺，並抗拒所有想提供解決方案的誘惑。蘇珊把注意力集中在愛弗禮的感受上，並把她聽到的反映出來。愛弗禮哭了起來，就這樣一下子說話，一下子啜泣，偶爾又不安地與蘇珊對視，彷彿是在確定自己這樣子可不可以。流了很多眼淚、抽了很多張衛生紙、過了很長一段時間後，蘇珊只是靜靜地凝視著愛弗禮的眼睛。

愛弗禮說了更多關於自己的悲傷、孤獨和不被重視的感覺。

「我從一年級開始就有這種感覺。」

「那是你第一次感到那麼悲傷和孤單嗎？」

「不是，三歲的時候就開始了，當時我爸爸離開了。」

她們看著對方，發現到他們已經找到了愛弗禮痛苦的根源。最後她們討論了一下，愛弗禮在學校可能需要什麼，並且想出一些策略來解決霸凌問題。愛弗禮決定留在學校，爲教室布置一幅關於憂鬱症的公共藝術作品。

這就是同理心的力量。我們可以用一顆傾聽的心，來接受每一個說出口的字，每一種表露出來的情感。當我們發自好奇和關心，而不是自己那些預設、習慣性的溝通策略時，就很可能產生療癒和轉變。

★原則

當人們感覺到被傾聽時，才會願意去聆聽對方。要建立起理解，就要在回應前先反映。

★重點

理解的意圖通常是藉由傾聽來表達的，這包括暫時放下我們自己的想法、感受、觀點和意見。我們能以許多方式來傾聽：

- 以完整、全心全意的臨在傾聽
- 理解對方說的內容
- 聽出內容背後的感覺與需求

在對話中保持連結，可以幫助我們建立理解與合作：

別讓對話中斷：在對話中建立與維持連結。

回應之前先反映：確認你真的聽懂對方的意思了，再繼續說下去。這樣能「完成一個溝通的循環」。

聆聽的核心是同理心，包括了：

・認知同理心：從他人的角度去看事情。

・情感同理心：感覺他人的情緒。

・體感同理心：感知他人的體感經驗。

★問與答

Q 問：如果對方想要我們給建議呢？這樣是可以的嗎？

A 當然，有人向你尋求建議時，你可以先試著表示同理心。我經常說：「我很樂意分享自己的想法，但首先我只想消化你說的話。」接下來，我會就自己聽到的內容進行同理心反映，確定我是否理解對方的意思。這可以幫助對方消化他們的經驗，並找出重點是什麼。之後我會回過頭詢問他們是否還需要我的建議，有時候根本已經不需要了。

如果形勢相反，是你想給別人建議，就先檢視一下，讓他們知道：「我有個想法，我覺得可能會有幫助。你願意敞開心胸聽一些建議嗎？」這尊重了他們的自主權，降低了他們因你的意見而感到沮喪的可能性，也避免了把提供建議做為抒解自我焦慮感的一種方式。

Q 問：我把這些同理心工具運用在親密的朋友和家人身上，但這個新方法製造出許多彆扭、尷尬。當別人希望你用某種方式交流時，你會怎麼做？

A 當我們試圖創造更多連結，卻產生與預期完全相反的結果時，可能會令人困惑。你所經歷的，有一部分是交流習慣的關係維度。它們是動態的，所以當我們改變時，它會影響到其他人，不過它也可能只是學習曲線。運用這些工具找到眞實的聲音，需要一點時間。

放下形式，專注於眞正的連結意圖。什麼能幫助這個人感覺到自己說的話有被聽進去？如果有人習慣我們透過提出問題或表示同意來傳達關心，而我們卻改用反映他們的需求來做出回應，這可能會造成不適應。試著調整到他們想要的狀態。

當其他方法都失敗的時候，讓他們知道你正在嘗試一些新的東西，希望這些新東西能讓你們更親密，並請他們在你學習的時候遷就一下。

| 第三部分 |

第三步驟
專注於重要的事

本書涵蓋的前兩個步驟，為有效的對話奠定了基礎：以臨在引導使一切變得有可能，發自好奇和關心指引我們正確的方向並引導對話。

第三步驟——專注於重要的事情，則決定了我們實際上要發展到哪裡去。這步驟是關於我們把**注意力**放在哪裡的訓練。對話裡面有很多要素，我們該如何區分哪些是相關的、哪些不是？我們怎麼決定要先處理什麼？訓練注意力就是駕馭這些複雜性的寶貴資源。

我想請你做一個小小的實驗。首先，把注意力放在你的雙手，感受任何你注意到的感覺：溫暖或涼爽，沉重或輕盈，乾燥或潮濕。然後，把注意力放在你的腳上，感受那裡的任何感覺：溫度、重量、質感。

可以把你的注意力從手上移到腳上，說明大腦的一個基本層面：我們能夠有意識地選擇注意力要放在哪裡。我們整天都在使用手和腳，所以我們可以隨心所欲地把注意力放到手腳上。這種訓練注意力的能力，是有效對話第三步驟的基礎。

馬歇爾．盧森堡指出了經驗的四個重要方面，只要清晰辨識出來，就可以幫助我們與自己的人性保持連結、促進合作。與其因怪罪、反應性的批判，以及狹隘解釋而有所局限，我們應該學會解析與該情況最相關的實際**觀察**、與事件相關的**情感**、會引發這些感覺的更深層關注和**需求**，和可能推動對話的具體**條件**。

換句話說，就是：發生了什麼事？你對此有什麼感覺？為什麼？那我們從這裡開始該怎麼做？

在第三部分中，我們將訓練注意力去辨識和統合四個部分：觀察、感受、需求和請求。隨著我們逐漸熟悉經驗中的這些方面，就會知道它們是如何組合在一起的。這一切就像舞蹈中的舞步一樣。我們可以運用它們更清晰地表達自己，也更能輕易地聽懂對方的意思。

在這個豐富的領域內，有效對話的第三步驟是非常靈活的。專注於重要的事，可以是對事物的廣泛看法，也可以是對某特定方面的狹隘處理。磨練了自己的注意力，就能在任何特定的時刻，持續辨識出什麼才是最重要的。這種技巧能讓我們在溝通中獲得極大的自由和彈性，把無關緊要的事物放在一邊、挑出重要的事物。當我們專注於重要的事情時，就能說出自己真正的意思，逐步打造出有效的對話。

7 開始注意重要的事

我的祕密是這樣的，非常簡單。一個人只有用心，才能清楚地看見。真正重要的東西，用眼睛是看不見的。

——安東尼．聖修伯里

想像一下，如果無論一個人說什麼或做什麼，你都能聽出他們的話語或行動背後更深的關切，那會是什麼樣子？能看到他們的內心，感覺到他們眞正渴望的是什麼，對那個人產生自然的同理心，會是什麼模樣？或是在任何情況下，憑著直覺就能知道：什麼**對你來說**是最重要的？

這是有可能的，它就是訓練我們用注意力辨識人類需求和價值觀的結果。也是一種同時具備變革性、強大性和自由度的行為。學習以這種方式看事情，需要時間和一定的紀律，但它完全在我們的掌握之中，而且結果非常深遠。

在第五章，我們探討了在溝通練習中一個核心的基本觀點：**我們做的所有事情，都是爲了滿足需求**。這一點是如此核心，以至於我想更深入探討這個觀點的含義，以及支持它的注意力訓練。

要理解這個觀點的變革力量，我們必須先認識需求和價值觀。善於辨識需求，並聰明地與之連結，能帶來更多洞見、自由和選擇，讓我們能夠駕馭各種關係，就連最困難的關係也不例外。

二十歲出頭的我，在一個溝通工作坊中首次聽到需求的概念時，感到非常震驚。當時我正經歷一段相當艱難的時期：感到孤獨、難以在世界上找到自己的定位、與同事和家人發生衝突。知道自己的情緒背後其實有一些眞切的原因，可說是眞相大白、如釋重負。我找到一種新的工具去理解直覺上很合理的行爲——我們每個人只是都在盡力滿足自己的需求。

在非暴力溝通和許多心理學家、社會理論學家的作品中，「需要」這個詞指的是某種非常具體的東西，跟一般的用法不一樣。我們通常會說「我需要你聽我說」，或「我需要你準時到達」。這些都是**策略**——滿足需求的想法。在我們的策略之下，需求才是最重要的❶，它們是驅動行爲的基礎價值觀。如果我想要你聽我說話，我可能是需要理解；對守時的渴望，則可能與尊重、團隊合作或效率有關。

「需求」是驅使我們行動的核心價值觀，它們是最重要的事，是我們為什麼想要這樣事物的根本原因❷。

我們能把需求看做是人性的各個層面，它們是普遍的、正向的品質，使繁榮的人類生活充滿活力。所有人都有同樣的需求，只是對它們有不同強度的感受，並且會以不同的策略去滿足它們❸。

❶ 在調解和解決衝突的領域中，立場（策略）和利益或關切（發揮作用的需要）也有類似的區別。

❷ 在本章中我交替使用「需求」「價值觀」「重要的」這幾個詞，指的都是人類經驗的基本層面。雖然需求和價值觀之間存在著哲學上的區別，但在這裡，我比較想要提供不同的說法，用較口語的方式描述驅策著我們的各種特質。

任何與特定的人、地點、時間、目標或行爲相關的東西，都是**策略**。有些策略成功，有些失敗；有些策略很明智，有些則很愚蠢。任何行動都可以被理解爲要滿足許多需求，比如我們散步是爲了健康、放鬆或讓頭腦清醒。同樣的，有許多策略可以滿足某種特定需求，像是我們可以藉由與朋友聊天、外出或做瑜伽，來達到放鬆的目的。

需求群集

亞伯拉罕．馬斯洛是提出人類需求概念的近代重要人物之一。在他的心理健康形成理論中提出了一個「需求層次」，也被稱爲需求金字塔。其中，最基本的生理需求在最底下；而關係需求，像是社群、歸屬感和尊重等，位於中間；而更高的需求，如意義、成就與和平，則位於頂端❹。馬斯洛的概念由人本主義心理學家卡爾．羅傑斯進一步發展，他後來也成爲馬歇爾．盧森堡的導師。

需求層次的概念指出，在許多情況下，當較基本的需求得不到滿足時，就很難滿足較高的需求。如果我們感到壓力和疲憊，可能就很難發揮同理心。如果我們連乾淨的水、藥物或人身安全都沒有，創造力可能就會退居二線。

然而，**沒有絕對的**需求層次。有無數方法能超越自我基本需求，好應對眼前的狀況。當我們有壓力時，仍可以用耐心來忍受艱難的對話；父母和伴侶每天都會爲孩子和愛人做出自我犧牲的行為；縱觀歷史，人們直至今日仍能在暴力和貧窮的糟糕處境中，找到力量、慈悲和寬恕。

每當我想到南非前總統納爾遜．曼德拉這樣的人，在牢獄中度過二十七年艱困歲月，錯過自己母親和兒子的葬禮，卻能說出這樣的著名言論：「我走出門，朝向能帶來自由的大門前進，我知道如果不把自己的痛苦和仇恨拋在背後，我仍然活在監獄裡。」這樣的言論總是令我非常感動。或者是猶太婦女艾蒂．希爾森（Etty Hillesum），在日記和信件中道出了二戰期間，她於被占領的阿姆斯特丹，以及後來被送往奧斯威辛集中營之前，那超乎尋常的內心轉變。她在前往集中營的火車上留下了一張紙條，上面寫著：「我們唱著歌離開集中營。」這幾個字充分展現了人類超越環境的精神力量。

人類有著非常強大的韌性。我們不是也永遠不可能完全自給自足，卻可以把自己內在的適應能

❸ 若要說所有需求都是普世皆準，這在哲學方面可是一個複雜的領域。有些需求（如真實性）是否更具有文化特異性？包括肯恩．威爾伯在內的一些理論家提出了一種發展模式，指出在不同的發展階段中，突出的需求也不相同。我在這裡提出的觀點，也是盧森堡方法的核心，是一種務實的觀點：需求比策略更普遍，而關注行動的潛在動機，能使我們彼此連結起來。

❹ 智利經濟學家、社會理論學家曼弗雷德．馬克斯尼夫（Manfred Max-Neef）將需求分為九大類：生存、保護（安全）、情感、理解、參與、休閒、創造、身份、自由。

力，發展到非常驚人的地步[5]。無論是普遍需求，還是個人內在需求，它都是流動的，沒有固定的層次結構。不過，這些都是每個人內在相關特質的集合。在每段特定時期內我們最重視的需求，都是由無數不斷變化的因素決定的。

然而，我們所有需求都很重要。沒有空氣，人類只能生存幾分鐘；沒有水，只能生存幾天；沒有食物，只能生存幾星期。無法滿足我們的關係和更高的需求時，也會帶來確切的損害，只是時間上能推遲得更遠一些。嬰兒沒有獲得充滿愛的觸動，就會死去；孩子的成長環境中沒有足夠的關愛和同理心，可能很難在生活中形成健康的人際關係。我們當中有許多人，因爲在生命早期缺乏這樣的核心關係需求，所

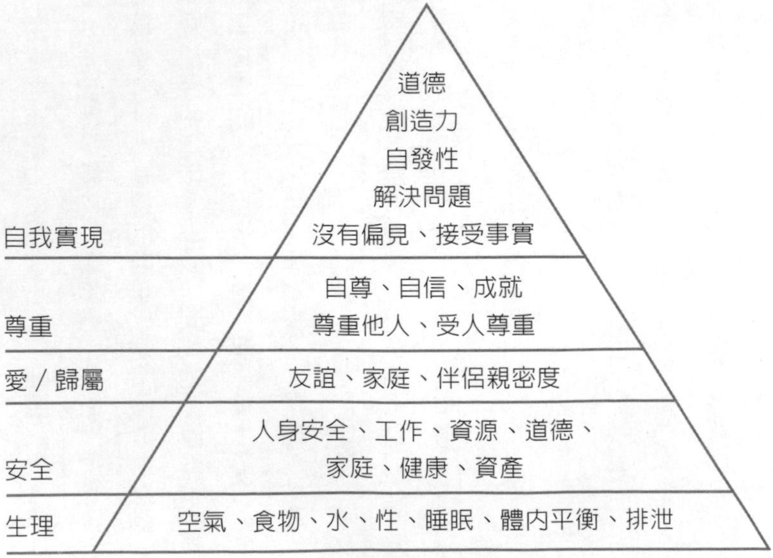

圖表 3　馬斯洛的需求層次理論

以必須非常努力才能得到充分治癒。沒有人類的溫暖和意義，成年人也撐不了多久，因爲其思想會因而扭曲，精神也會崩潰。

下面這個練習中有一張人類需求列表❻，它未必是完整的。不過它指出我們身爲人會有的各種需求，其中任何一種需求都可能隨時存在。非暴力溝通培訓師把某個版本的這種需求清單，給來自世界各地不同文化、不同行業的人們看，並詢問：「要活得豐盛富足，你需要這些東西嗎？」儘管有些細微差別，但答案都是肯定的。

練習：人類需求的反映

下面是人類需求的部分清單。在你看每個詞語時，注意一下自己的感覺。哪些會帶來開放、喜悅或舒暢的感覺？有沒有哪些詞會引發不安或焦慮？對你來說，生活中最重要的需求是哪些？在不同的角色中——在家裡、工作、和朋友相處時，會有所不同嗎？

❺ 米齊・卡什坦以「自給自足」和「內在適應」這兩個詞做出了優雅的區分。「自給自足」指我們可以獨立生存，不須任何外在資源；「內在適應」指調動內在資源來面對外在挑戰的能力。

❻ 根據印巴爾（Inbal）、米齊和阿尼娜・卡什坦（Arnina Kashtan）最初開發的版本，進行改編和重印。

人類需求清單

生存

[身體營養]
空氣、食物、水
住所
健康、藥物
人身安全
休息 / 睡眠
移動 / 運動

[安全]
一致性
穩定性
秩序 / 結構
安全（情緒方面）
信任

自由

[自主權]
選擇
紓解
獨立
權力
空間
自發性

[休閒 / 放鬆]
冒險
幽默
喜悅
玩樂
愉悅

連結

[情感]
珍惜
注意
陪伴
和諧
親密感
愛
性表達
支持
溫柔
溫暖
觸碰

[重要性]
接受
關心
熱情
體貼
同理心
善良
互相承認
尊重
被看見或聽見
被理解
被信任

[社群]
歸屬感
慶祝
合作
平等
包容
相互關係
參與
自我表現
分享

意義

[自我意識]
真實
能力
信心
創造力
尊嚴
成長
療癒
誠實
完整性
自我接納
自我關懷
自我連結
自我認識
自我理解

[理解]
覺知
明晰
發現
學習
合理

[意義]
活力
挑戰
貢獻
創造力
有效性
探索
整合
目的

[超越]
美
交流
信仰
希望
啓發
哀悼
和平（內在）
臨在

文化迷思：獨立、自給自足及需求

有些時候，我們會很不願意承認自己和他人的需求。我們可能對「需求」這個詞有很多聯想：軟弱、依賴、自私、貧窮等等。我曾經問過一個人他需要什麼，對方只是淡淡地、防禦性地聳聳肩：「我什麼都不需要，我很好。」其實我自己也說過同樣的話，那是當我努力保護自己不受情感傷害，或是想保持獨立的表象時。

當我們遇到他人有所需求時，我們可能會有義務、怨恨、窒息，或是冷漠等感受。而根據自身社會化的程度，我們可能會很容易迎合他人的需要和感覺，認爲必須要滿足他們（此時通常會犧牲自己的自主權、自由或福祉）。又或者，我們可能比較注重自己的需求，覺得別人的請求是一種威脅（此時通常會犧牲我們的敏感度、連結或親密度）。幾乎所有人都表現著一些社會制約反應的複雜混合狀態，而混合的方式又因環境而異。無論一個人展現的風格如何，令人遺憾的是，這種文化訓練總是導致我們在生活中感到不眞實、壓抑或無力。

性別就是這種社會制約作用特別顯著的領域，我們的需求受到具體化性別角色的限制。對我來說，這主要是來自當代西方的迷思，像是男性能夠自給自足（我什麼都不需要）、精英主義（一個人只要夠努力就能成功），和超個人主義（自己決定，自己去做）。從很小的時候起，這些故事就塑造了我的經驗和期望。

我身爲一名受到文化規範制約的男性，有時候會猶豫是否應該承認自己需要關愛、親密與支持。多年來，每當我需要幫助的時候，我總是不知所措、相當煎熬。在學校應該有的表現，還有電視節目、電影和漫畫呈現的形象，都展現出一種理想：獨立的英雄憑藉自己的力量戰勝各種困境。所以事情變得困難時，我把自己的情緒藏在心裡，努力靠自己去處理。這一切需要極大的耐心（以及無數愛我的人給我的提醒）才能理解，其實我們每個人有時都需要支持，而我其實是可以尋求幫助的。

到了某個時候，我才終於意識到不可能自己一個人完成所有事情。也許更重要的是，我爲什麼會想要這麼做？我看到那些獨立的幻象——成爲完美男性英雄的幻想——使得我和其他人疏離了。而承認自己的局限性並尋求幫助，可以將我們連結在一起，讓其他人有機會看到眞正的自己，並以有意義的方式予以協助。

至於對我生命中許多親近的女性來說，她們在成長過程中得到的訊息，大多是圍繞著照顧（生命的意義在於滋養他人）和自我犧牲（給予就是最高的善）。許多的女性被社會化，而忽視或否定自身需求，並被教導要相信自己的需求並不重要（對我祖母來說更是如此，她們不太能夠接受教育，也沒什麼機會，一輩子都是爲了丈夫和家庭而活）。女性朋友和同事必須非常努力去扭轉這種社會制約。對她們來說，通常在擁抱對自主權的需求、尊重自身經歷的眞相，並相信自己有能力充滿自信時，才能獲得平衡❼。

根據我們的文化和社會角色，某些需求會被視爲一種責任，而不是我們人性的自然表達，也不是賦予我們生命活力的內在價值。我們曾學到關於自身需求的許多信念和故事，儘管在心中根深柢固，但其實根本不是眞的。它們與我們人類存在的現實不符，完全是個迷思：徹底的自給自足是不可能的；不管什麼角色，完全的自我犧牲都很少是健康的。

身爲哺乳類動物，我們一出生，在生理方面就依賴周圍的人。在整個童年和青少年時期，神經系統是透過與成人的關係連結而形成的。我們是社會性動物，幾千年來，我們的心理、情緒和精神健康都得依賴親近社群的力量，更不用說賴以生存的環境了。每一天，我們都要仰賴成千上萬的人提供最基本的生活必需品，從食物、衣服，到電力和交通。這種依賴程度或許更甚人類歷史上任何時候。金錢掩飾了我們生活所依賴的，其實是一張互相連結的巨大關係網，卻也同時揭示了這個關係網的深度和廣度。

同樣的，美國偉大的精英統治故事，與自給自足和個人主義的迷思緊密相繫，沒有辦法解釋爲什麼根據膚色、階級、性別、性取向和身體能力等因素，在獲得資源和機會方面會嚴重地不平衡，以及這些因素對我們成功與否的隱性偏見。

這些迷思對我們個人、家庭和社會的影響是具毀滅性的。當我們發現自己在苦苦掙扎、當我

❼ 性別是流動的，我們每個人實際受到這些角色制約的差別很大。

們感到沮喪或孤獨時，該從哪裡尋找答案？我們的不安是否有部分來自貶低自己的核心需求，比如連結和歸屬感？我們是否意識到現代文化的精神貧乏？我們是否把社群的解體與源源不絕的資訊轟炸，當做消費的快樂與物質的成功？還是我們責備自己，認為這是個人的失敗，想知道「我到底怎麼了？」

我們不去承認身為人類就該相互連結，不去承認「我們與生活的其他部分不可分割」這般療癒人心的事實。每一次呼吸、每一口水、每一口食物、每一份愛，我們都依賴著彼此，依賴著這個星球。但我們只是拚命掙扎著熬過去，以為我們是分離的。

學會辨識和意識到更深層次的人類需求，表示要學習接受這一切，包括哀悼個人和社會所承受的損失。或許還會對制度、文化和媒體使我們對人類需求意識普遍脫節而憤怒。

當我意識到自己多麼努力強迫自己「獨自扛下所有事情」，這些公認的信念多年來如何阻止我尋求支持時，我哭了。

辨識需求的過程是為了恢復我們的人性。**我們是相互依存的**。無論受到怎樣的制約，我們的需求仍很重要。能帶給我們最大的喜悅和意義，以及最讓我們痛苦和心碎的，通常都是人際關係。因此，療癒和存在感，往往也都是來自關係。若是把範圍放大，我們會看到只有承認共同需求並進行合作，才能解決這個時代的嚴重問題。這般具結構性的問題沒有單獨的解決方案。

這個治療心靈、恢復需求，並共同努力創造更公正公平社會的過程，始於我們辨識出需求的能力。我們可以運用正念和理解意圖，去找出在特定狀況下，什麼對我們最重要。下面的練習 ❽ 可以建立這個核心能力。

練習：感受你的需求

想想某一件最近發生、無法滿足你需求的事情。記得要挑選某些比較不困難的事情，否則就很難學到這項技巧了。找出你真正想要什麼。這是一個具體的策略：發生什麼事、聽到什麼話，或去做什麼事會使你高興？

提問：為什麼這很重要？這件事對你的重要性在哪？或：若有了它，接著會有什麼？這是種調查需求的方法。別想太多，也別試圖用認知的方式去理解它。傾聽你的內心。

無論你的回答是什麼，再問一遍剛才的其中一個問題。繼續詢問並且傾聽，直到你找到一個感覺像是核心價值或需求的東西。當你辨識出什麼對自己最重要時，可能會有安定或內在清晰的感覺。

把你的注意力轉移到這個需求本身。獨立於情境之外，以身為人類的普遍角度來看。身體的哪個部位知道這是一件很重要的事情？這是一件不只是想為自己，而且想為所有人

❽ 改編自印巴爾・卡什坦和米基・卡什坦最初創造的練習。

做的事情嗎？你能欣賞這種需求的美麗和尊嚴嗎？你能感覺到它的內在價值嗎？那是什麼感覺？

你可能會發現找出自己需要什麼很容易，也可能會感覺事情相當晦暗難解。培養這項技巧需要時間，也要有耐心面對心中產生的各種想法和感受。重要的是提問本身，學習怎麼帶著好奇和關心去傾聽重要的東西。

當我們意識到這個根源層次的需求時，內在的某些東西就會發生變化。我們會更直接地接觸到生命的驅動力，而這將會影響到身體的感覺。當我們確定了一個核心價值或需求時，可能會有種安定、扎根或清晰的體感；也可能會有一種開放的空間感、一種內在的一致性，或是一種能量和活力的感覺。

達到這個程度的訣竅之一，是學習用積極的心態去意識到自己的需求，而不要太消極。需求是關於我們**想要**什麼，而非我們**不想要**什麼。爲了熟練這項技巧，我們必須克服消極偏見：演化的傾向是尋找威脅，並專注於起不了作用的東西。爲了改變我們的生活、人際關係和整個社會，我們必須想像並找出新的可能性。甘地提出「建設性計畫」，馬丁．路德．金恩則想像出一個「愛的社群」。

訓練我們的注意力去辨識需求（自己的和他人的），需要培養幾種不同的能力。首先，正如我們已經開始探索的那樣，要擴大關於需求的詞彙量。我們越熟悉這些表達需求的簡潔詞彙，就越容易在生活中注意到它們。第二，訓練注意力透過「需求的鏡頭」來看待生活，用「所有行爲都是爲了滿足需求」的觀點來看。一次又一次地練習把觀點從策略轉移到需求，直到它變得像把注意力從手轉移到腳一樣簡單。

我們越能夠區分策略和需求，所能擁有的清晰和選擇就越多。有一名學員在以色列進行了短暫的非暴力溝通培訓後，經歷了相當戲劇性的轉變。他坐在車裡，伸手要去拿一支煙。他剛學到所有的行爲都是爲了滿足需求，於是停下來思考自己的選擇。「如果這個論點是眞的，那麼我現在眞正需要的是什麼？」而他想要的是放鬆一下，轉移注意力。在那瞬間，他清楚地看到許多可以滿足這種需求的選擇，而這些選擇不會危害他的健康。從那一天起，他就不再抽菸了。

某次我帶領的靜修結束後，一位女士分享自己對需求的新理解，怎麼改變了她和成年女兒之間的困難局面。

她女兒回家過節，沒有多少錢買禮物，卻還急須買一些東西。想到獲得的比給予的還要多，女兒感到羞愧和不安。她們談了一下，女兒才意識到父母對於能幫上忙有多麼開心。看到自己對自尊和自主的需求，與渴望爲兒女做些什麼的父母並非相互排斥，羞恥感就消失了，也可以更自由地給予和接受。

原則：我們越能夠區分策略和需求，所擁有的清晰和選擇就越多。

我們總是有選擇的。即使外在的選擇有限，我們依然可以選擇內在要如何應對生活。那些我們告訴自己「必須去做」的事情，就是滿足需求的選擇。我們可能會留在討厭的工作崗位上，因爲我們更重視有地方住，或者必須養活孩子。我們會選擇自己不喜歡的策略，是因爲它能滿足更深層的需求。

意識到我們的這些需求，可以帶來新的能量和活力，或是促使我們重新評估自己的行動，做出不同的選擇。

練習：透過「需求的鏡頭」看生活

要讓自己熟悉這種集中注意力的方式，可以花一段時間（一小時、一天或更多）練習從人類需求的角度，來審視自己和他人。在一天的開始時，思考一下你想用選擇來滿足哪些需求。在觀察別人的時候，想一想：對這個人來說什麼最重要？是什麼在激勵著他們？有人坐上公車、有人情緒激動地講著手機、有人揮手道別——他們想要滿足什麼需求？

把這個問題擴展到你無意間聽到的對話、同事間的聊天、新聞報導等等。在每個陳述的背後，真正重要的是什麼？這個人可能需要什麼？什麼時候最容易辨識出可能的需求？什麼時候比較有挑戰性？注意用這種方式關注自己和他人經歷後，產生了什麼效果。

當我們開始透過需求的鏡頭看生活時，一些意想不到的事情就會發生。我們可能會開始看出共同點其實比差異點還要多；看到需求是通往同理的大門；開始理解口中那些充斥著責備和批判的事情，還有他人的憤怒和防禦言語，其實都是未滿足需求的表現。即使是極端的暴力行爲。無論所採用的策略是多麼混亂或扭曲，也可以視爲對更深層次需求的追求（比如自主、自由、同理）。正如盧森堡經常說的：「所有暴力都是未滿足需求的悲劇性表現。」

意識到這些需求，可以造成極大的改變。表達未滿足需求的內在機制，如責備和批判（無論對自己或他人），都是基於我們無意識的制約。知道是哪些需求在起作用後，我們就進入了一個更廣泛的意識領域，在那裡，各種新的理解和創造力形式都是有可能發生的。舉例來說，如果我想說某人很「自私」，我可以停下來問問自己需要什麼。與其把我的不滿情緒以責怪的方式投射出去，現在我可能會意識到，其實我需要別人的體諒或更多支持。

脆弱的力量

討論需求時，感到脆弱或彆扭是很正常的。我們可以擴大自己展現眞實的能力，並同時認識到不是每段關係都能討論自身的所有需求。我們可以挑選要分享的內容、和誰分享，以及什麼時候分享。例如，當我們察覺到某人沒辦法滿足我們對同理心的需求時，可以從別人那裡尋求同理心。

這裡有幾種方法，可以培養我們的洞察力，決定該在何處展露出脆弱。首先，建立信任和相互尊重的親密關係是最重要的。在這種關係中，我們才會覺得夠安全，可以去探索需求。在一個總是不去面對人類需求的世界裡，即使是這樣的連結也是無價的。

以我來說，在二十歲出頭時遇過幾個人，他們能看到我的痛苦並以同理心對待，這對我來說是極大的滋養。這在我的內心營造出足夠的空間，讓我打破孤立的循環，開始向他人敞開心扉。

其次，我們可以根據實際狀況，熟練地調整自己展露的脆弱度，直到可獲得理解和合作。艾雯在一間醫院工作，那裡缺乏珍惜的文化。她每天辛苦工作的工時很長，但在人手不足和假日期間時，也願意去支援。她的貢獻沒有被人看到，使得她產生了痛苦的恐懼：她覺得自己能力不足，並且不信任自己的價值。在家裡，我們可以討論她渴望被人看到、希望他人知道她很重要。而在工作中，艾雯就選擇不那麼脆弱。她選擇的表現方法是：把注意到每個人的貢獻，做為增強動力和團隊合作的一種方式。因此，她沒有跟經理討論她深層的心理需求，而是以一種經理比較想要聽到的方式，提出了部門中對貢獻、意義和團隊合作的共同價值觀。

第三，我們可以把關係轉變為體驗脆弱本身，並把它視為力量的來源，而不是一種負擔。感受我們的脆弱就是去接觸現實，當我們超越不安，就會發現清晰和尊嚴。能夠敞開心扉，帶著愛說出眞相，就是一份偉大的禮物。

在我出生前，我爸爸參加了兩場戰爭，並在第二場戰爭中失去了他的弟弟。後來，這些事件的創傷和離婚的痛苦不斷折磨著他。他變得肥胖、久坐不動、情緒低落。媽媽、哥哥和我，各自盡了最大的努力給他支持、同理心、鼓勵和提供節食計畫等，你能想到的方法都試了。儘管有這麼多人插手，他總是會回到同樣的習慣裡。

我實在別無選擇，只好嘗試另一種方法。

有一次，我們就像往常一樣坐在餐桌旁。我發自內心說出自己內心所有的脆弱：「爸，你知道我有多愛你。我想讓你在這裡、在我的生命中待很長、很長一段時間。但是當我看到你的生活方式，我很害怕、很生氣、很擔心，也很無助。我希望你能把自己照顧得更好一點。我已經試過所有知道的方法來幫助你，但沒有一個有效。我不知道還能做什麼，所以我要把這件事告訴你。你聽到這一切之後，有什麼感覺？」

他看著我，握住我的手。他說他了解，不過不知道自己該說什麼。我們都掉了幾滴眼淚。我的話並沒有治癒他的憂鬱症和肥胖，卻讓我們更加親近。我心中的憤怒和痛苦開始消散。直到今天，我們仍然享受著溫暖和愛的關係。

當一個人說出眞實的話語時，脆弱中往往蘊含著巨大的力量。

需求之美

隨著時間累積，我們與需求的關係逐漸成熟。一開始，我們常常是以個人的方式在考慮它們；需求屬於某個人（我或你），我們根據滿足的程度來衡量它們。演化迫使我們的大腦不斷評估：我的需求得到滿足了嗎？填補了多少？在這種模式下，我們的幸福主要由需求的完成程度來決定。

這種方法限制了我們掌握對話的能力，也限制了內在生活。它使我們狹隘地只關注自己，而且永遠受到環境的影響。不管我們的溝通技巧如何，還是無法控制生活中的絕大部分。有時候我們的需求能得到滿足，有時候不能。內在的自由並不在於有能力控制結果，而是來自於了解自己的價值觀、開發內在的資源來平衡生活，然後放手。

這個成熟的過程始於培養一種能力，使自己能夠在未獲滿足的需求中保持平靜：無法在生活中獲得渴望的東西時，我們學會哀悼、學會帶著溫柔去感受無論大小的失落痛苦。這可能包括療癒與需求長期得不到滿足的某些相關核心創傷，而這些創傷通常來自童年時期。當某種需求多年來都無法得到滿足時，可能會對它產生一種絕望的情緒。就像被困在沙漠中，人就會對水著迷，只要一有水的跡象，就會死命抓住不放！即使到達了綠洲，可能也不相信這裡會有足夠的水；就像渴望愛與感情，當以不成比例的強度抓住一個又一個伴侶時，自然會因此經歷許多關係的破裂。

轉向內在就像打開一扇門，開啓一種新的觀看方式。當我們願意有意識地去體驗未獲滿足的需求，就能帶來極大的改變。在爲痛苦帶來同理心之後，我們可以學習拓展自己的視野。與其關注需求被**滿足的程度**，我們可以把注意力轉移到**需求本身**。

需求有個吸引人的特性：它既是個人化的，又很普遍。因爲我們貼身感受到它、直接體驗得到滿足或不滿足的結果；也因爲每個人都有共同的需求，只要身爲人，就必定受到它的影響。

另外，每一種需求的存在，都是我們的內在價值，與它是否得到滿足沒有關係。當我們以這種方式去接觸內在世界時，需求的滿足與否，沒有我們意識到並欣賞它的價值那麼重要❾。每一種需求，就其存在本身而言，都包含著一種美和一種充實，它就是人性的一個層面❿。在戰爭期間，對和平的需求尤其強烈；在暴力壓迫中，人們能更深切感受到公平和愛的願景。

這是一種比較進階的意識，然而，當我們觸及這個更普世的需求維度時，也會碰到更大的自由。無論需求是否得到滿足，仍然可以「面對」它們，可以面對面地迎接它們。當我直接面對自己對和平的需求時（我體會到它是我人性中古老的一部分），無論這需求是否得到滿足，我都能感覺到它

❾ 我在這裡講的，主要是關係和較高層次的需求，絕對不是認同干擾或阻止基本需求得到滿足的社會制度。

❿ 關於這方面的更多資訊，請參見非暴力溝通訓練師羅伯特．貢札勒斯（Robert Gonzales）的作品，他區分了需求的「不足」和「滿足」意識。我們可以把一種需求認為是一種缺失，是我們內心尚未得到滿足的東西，也可以認為它是一種完整、普遍的特質。做為人性的一個層面，它本身就是完整的。

是自己內在的一種價值。這讓我能夠積極熱切地宣導和平，也不會因爲沒有達到渴望的結果而精疲力盡，因爲我的行動是發自正直和內在的一致，而不是對結果的執著。

問題不在於是否有需求，畢竟需求是我們存在的事實，而是在於如何與它們連結。當唯一的觀點是對「滿足需求」的個人看法（「我的需求」或「你的需求」得到滿足）時，會傾向與它們建立帶有掌控的連結。根據我們受到的制約，可能會忽視他人有需求的事實，或是抹煞自我需求的重要性。我們可能會縮小主要目標以滿足某些需求，而忽視其他的，但這經常會導致衝突和緊繃。當我們把觀點擴大到更普遍的角度，去欣賞需求本身，就可以繼續全心全意地努力滿足自己和他人的需求，不會受到結果的限制。

放手並不表示放棄我們的價值觀、不再關心，或停止爲改變而努力，而是意味著：了解努力的結果並不完全掌握在自己手中，因爲就很多方面來說，我們無法控制整體環境。

我們可以運用周邊的需求，來練習培養這種進階的意識。舉例來說，如果職場中的其他人因爲太忙，沒有時間說出他們很欣賞你做的報告，你能不能因爲知道自己很努力、知道自己的價值值得被欣賞，而不需要得到來自外在的滿足？試著按照下面的指示，把你的注意力從個人需求轉移到普遍的需求，從滿足需求轉移到體驗它的內在價值和美⓫。

練習：放手與面對你的需求

想想在過去的幾星期內，需求沒有得到滿足的情況。在這個練習中，你必須選擇一些難度比較低的東西，這樣才能學會在個人需求和普遍需求之間轉移注意力的技巧。如果你選擇了太難的東西（想想「沙漠中的水」），情緒方面的痛苦可能會阻礙你的學習。

確定這個情況中的關鍵需求，提問：「對我來說，這件事哪裡重要？我想要什麼？」傾聽你的內心，然後再問一次：「如果我有了這個，接下來會得到什麼？」持續這樣提問，直到你明確認識了自己渴望的需求或價值觀。

把注意力放在這項需求的個人層面：它沒有被滿足的事實。你可以在心裡對自己說：「我對＿＿＿的需求沒有得到滿足。」注意一下，把需求當做一種缺乏，一種個人的、未得到滿足的東西來體驗，是什麼感覺。

接下來，把這個情況放下，看看你是否能把注意力轉移到需求本身。把注意力集中在這種需求是身為人類的普遍內在價值。你可以在心裡對自己說：「我非常珍惜＿＿＿。」「就像我渴望＿＿＿一樣，所有人都需要它。」你可以感覺到這種需求的美與尊嚴嗎？你能夠體驗它的完整，無論它是否得到滿足嗎？

如果你感覺不到需求的普遍性，試著回憶（或想像）當這種需求得到滿足的情境，記

[11] 採用印巴爾・卡什坦和米基・卡什坦最初創造的練習。

住那是什麼感覺。然後試著把注意力轉移到此一需求的普遍層面，把它視為你希望所有人都得到的東西。

對話中的需求

辨識出自己的需求並與之建立平衡的關係，是我們能夠表達自己、有效進行對話的基礎。當我們理解了什麼是最重要的，就能緩和緊張局勢、培養同理心，並且促進合作。我們越了解自己的需求、越相信自己有能力滿足它們，就有越多空間去傾聽別人的需求。與此同時，辨識他人的需求，可以讓我們在分歧之間建立眞誠的連結。我們獲得了一種能力，能夠感覺到與自己截然不同的立場背後，蘊藏著什麼更深的價值。表面上看似無法理解的觀點，變成了我們共同人性的表達。

衝突發生在策略層面，而了解利害關係可以讓我們走出衝突的策略框架，走出非此即彼、非贏即輸的兩極分化模式，產生更多空間來運用想像力，一同發揮創意思考。

在最近某一次溝通靜修活動中，克莉絲汀講述了一個反覆出現的情境：她的母親會糾正她的育兒方式，在她兒子面前做手勢、評論。克莉絲汀既憤怒又受傷，過去的對話都變成了關於誰是誰非的爭吵。在探索她的需求時，我們辨識出身為一名母親，她希望自己的決定能受到尊重和支持，而她也想讓兒子和外婆建立良好的關係。考慮到她母親的行為，我們推測她應該是想為孫子的學習和成長做出貢獻。闡明這些需求，爲對話帶來了新的可能性。與其爲她們各自的信念爭論不休，她認爲不如來討論養育孩子的策略，有哪些方面不可妥協、哪些方面願意妥協，以便達成一致的看法。

專注於對話中的需求，仰賴我們已經看過的一個非常簡單原則：我們對彼此了解越多，就越容易找到解決方案。在討論任何問題時，把這個原則牢記在心，會相當有幫助。我們的目標是把所有需求都攤在桌面上，然後一起從各個角度審視整體形勢。

原則：我們越了解彼此，就越容易找到適合所有人的解決方案。因此，在解決問題之前，要盡可能相互理解。

這種相互理解能夠改變我們在對話中的立場。當我們理解彼此的內心生活時，重視的優先順序往往會重新調整。接觸到需求的普遍性之後，會軟化「我的需求」或「你的需求」之間的區別，而且能從不同角度來感受眼前的情況。這裡出現的所有需求，不管出現在誰身上都很重要。從這種更深層次的連結中，我們對同理的需求可能會浮出水面，得以創造空間來產生不同的結果。

有一年感恩節，蘿拉非常生氣，覺得自己實在受不了了。因爲除了烹調和主持晚宴外，她先生還自行替她答應在晚宴前一天晚上和當天晚上，連續兩天照顧他年邁的祖母。在跟他丈夫討論這件事時，蘿拉了解到他一直在努力尋找讓每個人都開心的方法，而且對於「指派」這個額外責任給她的自己感到很糟糕。因爲祖母覺得在晚上接受男人的照護很不自在，但他又想不出另一種能讓家人團聚的方法。看到他內心的衝突後，蘿拉的憤怒轉移了，他們針對未來如何合作，以及如何分擔節日的責任，達成了一些協議。

之所以會產生這樣的結果，是因爲蘿拉對話的立場發生根本性的轉變：從習慣性的衝突策略，轉到理解的意圖。在我這裡接受一些訓練之後，蘿拉已經能夠檢查自己的預設立場，以及她想要怪罪對方的衝動。取而代之的，是能帶著好奇進行對話。這種轉變的關鍵是要重視眼前呈現的所有需求，並讓對方知道，我們很想找到一個對雙方都有效的解決方案。當對方相信我們眞的有興趣了解他們想要什麼（而不只是按照我們自己的方式去做），就可以開始合作了。這種動力從彼此對立的力量，轉變爲好奇地一起研究謎題，肩並肩相互配合。

原則：衝突通常發生在策略層面——我們想要什麼。我們越能深入辨識出自己的需求（為什麼我們想要這個），衝突就越少。

我的另一名學員諾佳，她喜歡在早上進行靜心，但室友經常早起準備上班。諾佳覺得被困住了。如果堅持自己需要安靜，雙方就沒有什麼對話的空間；但如果不處理這個情況，她就只能配合對方的行程。而當她意識到，自己是眞心重視**雙方**的需求時，她的態度發生了轉變。她想要一些安靜的空間並且受到尊重，也希望室友能自在地準備上班，而不會感到焦慮或得踮著腳尖在房子裡走動。她知道自己想要找到一個能滿足雙方需求的解決方案，於是以一種開放而好奇的態度和室友對話，一切就變得容易多了。

要做出這種轉變，取決於我們辨識出他人需求的能力。在下面的練習中，我們將藉由把注意力往外集中在對他人最重要的事情上，來精進之前學過的同理心練習。

練習：傾聽需求

這個練習有三個部分，能培養我們辨識出他人需求的能力。找個朋友，在風險比較低的對話中進行練習。

一、讓自己落實於臨在，帶著理解的意圖，以及一些真摯的好奇和關心。

二、傾聽時，把注意力集中在對方可能需要的東西上。你可以在心裡問自己：「這裡重要的是什麼？這件事對他們來說最重要的是什麼？」

三、有些時候，在「回應」之前藉由「反映」來完成一個溝通的循環。用自然的方式詢問：「對你而言，這是重要的事嗎？」記住，這個問題是為了檢查你是否理解，而不是分析或告訴對方他們的感受。

注意一下，以這種方式聆聽感覺如何？檢查你是否真的理解這是什麼感覺？這能帶來更多的連結嗎？當你的臆測不完全正確時，發生了什麼事？

把注意力集中在需求上，一開始可能會覺得有些彆扭。有時候，最簡單的方法是先全心全意傾聽，對方說完後，再考慮什麼才是最重要的。

許多人發現，當他們以這種方式傾聽時，彼此的連結度會更好。提供同理心的反映，可以產生明顯的身心緩解。這就跟我們辨識出自己的需求時，會感受到一些體感變化一樣。對方可能會自然地吐出一口氣、嘆氣，或是給予口頭的肯定：「沒錯！就是這樣！」另外，猜測什麼是最重要的，並不在於猜對與否，這不是能力測試，重要的是我們眞心理解對方的意圖。如果理解得不正確，對方會澄清，依然可以爲關係帶來更多的理解，甚至可能揭示出說話者都沒有意識到的另一個層次的解釋。

以同理心傾聽，是我們在任何情況下都能提供的禮物。它可以強化任何關係的品質，在友誼、家庭和親密關係中，製造更多的信任和親密度；即使當情勢變得緊張時，它也是至關重要的。在衝突中仍記得傾聽對方的需求，就像打開了一扇通往他人世界的窗戶。當我們看到對方的人性時，他們的負面形象就會開始崩解：「喔，他們想要……尊重、支持、自在……**就跟我一樣嘛**。」開始意識到別人的需求時，我們的心就會打開；憑直覺去理解什麼對他人很重要時，內心的某些東西就會軟化。這是非常重要的一點，如果我們不能支持自己在對方身上發現的東西，就無法從需求的層面上建立連結。如果你不能肯定它：「是的，我希望他們得到這個。」這就不是需求。需求是普遍的，也是與我們相連的。從定義上而言，它們是我們想讓每個人都擁有的東西，是我們內心深處都能認同的東西。

真實與需求

隨著需求意識的增長，我們會開始尋找一種真實的方式，來討論人類經驗中的這個層面。在對話中，用正面的、口語的方式去陳述需求，可以較輕易地建立起連結、傾聽對方。看看下面圖表中的例子，在讀這些陳述句時，你覺得它們有什麼差異？

你會注意到，負面的句型結構往往帶著一種怪罪，這可能會阻礙別人傾聽你的意願。這些例子也比較口語化，避開了「需要」這個詞。下面還有更多小

以負面方式陳述需求	以正面方式陳述需求
「我沒辦法忍受到處又髒又亂。」	「我很喜歡乾淨與整潔。」
「我不想被困在我們的關係裡。」	「我想在這段關係擁有空間和彈性。」
「我不想被控制該做什麼。」	「自主和自由對我來說很重要。」
「我不想再感覺疲倦不舒服了。」	「我渴望感覺健康舒適。」

技巧，教你如何用口語方式表達需求。在你運用這些工具時，試著找到自己談論需求和價值的方式。

丟掉「需要」這個字

由於我們的文化，「需要」這個詞可能並不實用，你可以改用比較自然的詞彙去表達。

如：與其說「你是否需要更多尊重？」你可以說：「聽起來你眞的很重視尊重？」或「你想要更多尊重，對嗎？」

更多詞彙：「我（你）很愛／重視／眞的很喜歡／渴望……」「……能給我滋養／……讓我充滿活力」「……對我（你）很重要／……對我（你）很有趣／……對我（你）很有意義」

用短句描述需求

需求的單詞對訓練注意力很有幫助，可以直達問題的核心。不過要理解整體內容並具體說明的話，就用短句來描述需求。

如：與其說「聽起來你需要更多秩序？」你可以說：「你眞的很想知道一切是否都在該在的位置上，對嗎？」

用正面的方式陳述需求

需求是我們想要什麼，而非我們不想要什麼。以正面的方式陳述需求，可以增強和肯定它，並推動我們找出創造性的解決方案。用某人渴望什麼來重申重要的事情。

如：與其說「在我聽來，你很不喜歡收到混雜的訊息，對嗎？」試著這樣說：「在我聽來，你很想要清晰明確的訊息，可以從表面上就理解對方的意思，對嗎？」

詢問，不要告知

很少有人會喜歡別人重述他們的感受，因爲聽起來好像對方自以爲高人一等。當你在傾聽什麼是重要的，用詢問的方式進行反映，是要確認你是否理解，而不是告訴對方他們說了什麼。

如：與其說「你想更進一步參與工作。」不如改用問句：「你是不是想更進一步參與工作？」或者是在反映句的後面加上一個疑問句，像是：「這樣對嗎？」

隨著時間過去，你會發展出更多能力，可以用自然、非強迫的方式談論需求。這個基礎是教你把注意力集中在需求和價值觀上，看見對自己或他人而言，什麼才是最重要的。

盧森堡教導我們，隨著技巧和覺知的進步，我們可以學會聽到每句話都像在說「請」或「謝謝」。在某種程度上，我們可以將所有溝通的本質歸結成以下兩種訊息：「請你滿足我的需求。」或「謝謝你，滿足了我的需求。」我們不就總是在說這兩句話嗎？

當我們以這種方式傾聽彼此時，內心會產生兩種深刻的情緒。「請」引起同理，而「謝謝」引起感激。在這些時刻裡，我們能體會到，需求就是彼此連結最根本的表達。我們的生活與彼此息息相關，而不是一個人被卡在困境中自謀生路。需求指出了我們與彼此、環境和生活的相互連結。

★原則

我們越能夠區分策略和需求，所擁有的清晰和選擇就越多。

我們越了解彼此，就越容易找到適合所有人的解決方案。因此，在解決問題之前，要盡可能相互理解。

衝突通常發生在策略層面——我們想要什麼。我們越能深入辨識出自己的需求（爲什麼我們想要這個），衝突就越少。

★重點

需求就是爲什麼想要這樣東西最基礎、根源的理由。當我們能夠辨識出自己的需求後，就可以：

- **連結**：雖然我們感受需求的強烈程度不同，並以不同的策略來滿足它們，但我們全都有相同的需求。
- **選擇**：意識到我們的需求可以帶來新的能量和活力，也能夠促使我們重新評估自己的行動，做出不同的選擇。

- **改變責備和批判的模式**：知道是哪些需求在發揮作用，我們就會轉向一個更寬廣的意識領域，讓新的理解和創造形式成為可能。
- **合作**：共同努力，盡量為更多需求找到有創意的解決方案。

訓練我們的注意力去辨識需求（自己或他人的），需要以下能力：

- 擴充需求方面的詞彙量
- 訓練注意力透過「需求的鏡頭」去看生活
- 創造信任與相互尊重的親密關係，才會有足夠的安全感去探索需求
- 根據實際狀況，把展露出的脆弱多寡，調整到可獲得理解與合作的程度
- 學習與未獲滿足的需求和平相處
- 培養將我們的注意力從個人需求轉移到普遍需求的能力，從滿足自身需求的狹隘觀點，轉移到更廣泛的欣賞人類需求之美

★問與答

Q 問：當我試著找出自己需要什麼時，我迷失了、怪罪其他人、生氣、計畫接下來要說什麼。針對這種狀況，你有什麼訣竅嗎？

A 我們在處理的是幾十年來的制約，若情緒因此被撩撥，這些模式的力量就會更強。所以給自己一點時間。基本的正念練習能穩定注意力，是一種很有效的支援。

隨著你繼續學習注意感受和觀察的相關技巧，你將擁有更多工具來整理這些事情

非暴力交流的基本形式——觀察、感受、需求、請求，提供了一種路線圖，可以連結到我們的內在經驗。你越常按照這些步驟練習掌控自己的注意力，就越能夠即時且輕易地做到。

把這一切錨定到身體裡也是非常重要的。需求有一種概念性的成分，但它們也是一種內在的認知，可以從身體去感知需求。隨時傾聽內在。

最後，我還是得強調，尋求他人的幫助非常重要。我們學習在關係中思考和說話，而那些模式在關係中產生轉變的效果是最好的。

Q 你說了很多關於共同合作以滿足當前的所有需求，但是如果是需求起了衝突，該怎麼辦呢？或者，如果沒有任何辦法可以滿足所有的需求呢？

A 檢視一下到底是需求本身，還是滿足需求的策略有衝突。大部分狀況下都是後者。不過，當需求產生了衝突，如一方想要親密和連結，另一方想要空間和自主權，那麼就要努力加深相互理解。眞正和全面地理解對方，可以帶來轉變。因爲在這種深度的理解中，一個人對同理和貢獻的需求，可能超過一開始對空間或連結的需求，所以其中一人（或兩人）都可能改變。

在某些情況下，不可能滿足雙方的所有需求。但仍然可以在重視彼此的需求中，找到親密和睦的感覺，並一起努力盡量滿足彼此的需求。當我們無法完全發揮創意思考、找不到滿足更多需求的策略時，可以一起哀悼。即使是在找不到適當解決方案的過程中，也能有一種連結和關心的感覺。

Q 可以多說一些關於「放下需求」的部分嗎？我覺得自己卡在這裡了。

A 「放下」需求並不表示否定、拒絕，或是以某種方式擺脫它們，而是把我們與需求的關係，從請求和收縮轉變爲接受和開放。

第一步就是先知道你的需求是什麼。然後開始檢視自己與特定需求的關係，一次一個。你的內心是否緊緊抓著「**必須**以某種方式讓需求得到滿足」？你有把它推開或拒絕它嗎？還是你感覺這需求周圍有一種空間感？放下需求表示我們接受自己的需求，就算它們得不到滿足，我們也不會受到損傷。雖然可能會因此難過或失望，但我們有足夠的韌性來應對，心裡也有空間去感受那些情緒，爲沒有得到渴望的東西而哀悼。

這種轉變發生得很慢，而且來自於找到內在的平衡和同理，與抓緊的緊張不適共存。如果我們感到依戀執著，那就從這裡開始。被絕望掐住的感覺糟透了，但如果我們能帶著這種體驗，輕輕呼吸，找到平靜和舒緩疼痛的方法，疼痛就會開始自行軟化和釋放。同樣的，在很多這樣的狀況中，請求他人的支持是很有幫助的（有時甚至是必要的）。從對方身上得到對渴望之苦的同理心，一同思索其他方法來滿足這些需求，並從緊抓不放的狹隘空間中解脫出來。

8 情緒靈活度

感覺到情緒讓生活更豐富。
——丹尼爾·高曼

人的一生是由不斷變化的情緒編織而成。

我們能夠培養的一種最重要技巧，就是有能力聰明地與這種情緒流聯繫。一旦情緒得到了理解，它就會給我們非常珍貴的資訊：關於自己和他人的需求、周圍環境送來的關鍵訊息，以及引導對話的有力指導。我們的情緒是心靈和身體傳送訊息的古老方式，它會針對我們與世界的關係，傳送即時、有形的訊息。

無論是自己的還是他人的情緒，我們處理它的方式，既可以促成，也可以毀掉一段關係。強烈的感受會令我們說出或做出一些事後會後悔的事情，也可能壓抑我們不說出眞相或眞正渴望的東西。甚至從一些習慣用語中，也能看出情緒驅動行爲的力量：「失去理智」「哽咽難言」「怕到腿軟」「暴跳如雷」。

在一天之內，我們會有多少種情緒？雖然不太能選擇自己會產生**什麼感覺**，但我們可以選擇**如何處理**這些情緒。在這一章中，我們將探討情緒從何而來、它在對話中的角色，以及如何培養情緒的靈活度。如此一來，當情緒強度增大時，我們就不會被擊垮。

心靈的一課

三十五歲左右，我對工作和生活的狀況不滿足，我很幸運地跨出了一成不變的日常，更加專注於我的靈性修練。我去了僧院，幾個月後決定暫時成爲一名出家僧侶，這是佛教修道的第一步❶。

當我把這個決定告訴我那猶太人媽媽時，事情並不順利。一想到她的兒子要剃光頭、身穿白袍、捨棄這個世界，她就受不了。在我生命中最重要的時刻之一，她嚇壞了，憤怒又哀痛，感覺人生淒涼。

我們都感覺受了很重的傷。對她來說，我似乎拒絕了她所相信的一切，以及在我成長過程中她教導給我的價値觀——用道德行動讓世界變得更美好。對我來說，她的拒絕正中我的要害，我迫切地想讓她看到這個選擇背後的眞實意圖。我盡力去聽她說話，但我們之間的痛實在太難以忍受，導致她完全退出，拒絕和我說話。這樣的情況持續了差不多一整年。

我出家兩年半，這期間我有充足的時間思考母子間的關係：哭泣、寬恕與療癒。媽媽和我最後終於和解了，我們能夠談論彼此的觀點和感受。因爲這段時間下來，她看到佛教修行使我有能力去幫助世界上的其他人。最後，我們的關係更加親密了。這個過程激發我們兩人內在的強大特質：勇

❶ 關於我選擇成為出家僧侶的理由，想知道更多，請見 www.OrenJaySofer.com/blog/finding-the-middle-way。

氣、誠實的脆弱、耐心，以及謙遜。這件事教了我很多關於感受的意願，以及在另一頭等待的禮物。

中間道路

情緒是豐富而複雜的現象，它們發生在我們的身體裡，通常包含著精神或心理的成分。正如我們將看到的，透過思想和理解來區分情緒中的感受，這樣的能力是可以熟練處理和表達情緒的關鍵。基於本書目的（並與盧森堡在非暴力溝通中使用的語言保持一致），我將交替使用「情緒」和「感受」這兩個詞❷。

「情緒」是多方面的，是身體感受到的情感體驗。

我們表達出情緒的程度，落在一個光譜上。在光譜的一個極端，潮水沖進來淹沒、沖垮了我們，造成衝動發言。一剎那的憤怒、恐懼或痛苦情緒襲來，我們就可能會因此突然發怒，常常會傷害到我們所愛的人。我們也可能是接受這些傷人言論的一方，就像佛陀曾經說過的那樣，遭到「言語利刃」所刺。反射性的表達情緒，代價可能會高到令人難以忍受。可能得花幾星期、幾個月，甚至幾年的時間，來修復那些只說了幾秒鐘的話。有些時候，我們永遠也無法彌合裂痕。不那麼強烈的情緒也會入侵對話，降低我們選擇如何回應的能力，或者讓我們更難以聆聽對方。

看到這一切，我們可能會移動到光譜的另一個極端：壓抑情緒。因爲擔心情緒會壓垮我們、破壞關係，或使對話變得複雜，我們可能會試著忽視或避開它們，假裝沒有發生，或試圖繞過；我們可能會試著把事情憋在心裡，直到崩潰；或是就讓情緒無限期受到壓抑。然而，儘管我們這麼努力，情緒還是有辦法滲透到對話中，往往還幫了倒忙。

不被承認的情緒，可能會讓你更難以聽進對方的話，導致困惑或不信任。我們的肢體語言、臉部表情和語調，都藏著更深層的感受。情緒表現在我們使用的詞彙裡、在我們迅速的反駁中，甚至在我們的沉默間。我們可以自己爲某個人建構出一個完整的故事，想像他的動機或觀點，全都是爲了理解藏在表面之下的情緒。

佛教教誨給了我們一個指引。這片陰暗地帶的道路，是反射性表達和習慣性壓抑的中間道路。要培養情緒的靈活度，包括三種能力：辨識情緒、找到與情緒內在體驗的平衡、以及不帶怪罪或批判的坦承表達。正念的工具和非暴力溝通的框架，能幫助我們控制情緒的強度，更加理解它們，並將它們強大的能量導向更有用的目標。

❷ 一些心理學系統會區分主要情感（affect，身體上的，不一定是有意識的）、感受（feeling，有意識的），和情緒（emotion，比較傾向社會構建的，包括故事）。

情緒的迷思

在探索這領域的過程中，研究我們如何學習表達情緒可能會很有幫助。每個人都有某種情緒繼承，無論在什麼地方出生，都會從家庭、文化、宗教和社會中，承襲世世代代的想法、信念和行爲。在社會化的過程中，我們一次又一次接收到特定的訊息，告知根據自己所屬的社會位置（性別、年齡、階級或種族），可以感受和表達哪些情緒，

在西方，理解人類情緒的基礎範本始於兩千多年前。自希臘哲學家和早期諾斯底主義❸以來，西方哲學和宗教的某些方面，就認爲理性和情緒之間是分裂的。內心的「激情」被視爲「非理性」和「卑劣」的，驅使我們去做有害的事情，威脅社會秩序的結構，所以它們必須被理智壓抑、馴服與控制❹。今天，情緒總是會讓人聯想到脆弱、女性化、軟弱與危險，甚至是操縱和微妙的脅迫。

在我所接觸的學校教育中，這種二分法奠定了大多數的思想基礎。學校是我們學習理性的地方，情緒在這裡通常不受歡迎，很少被討論，更不用說整合了。在你還是小孩子時，老師有多常問你感覺怎麼樣嗎？

我是猶太人，在紐澤西郊區長大。在家裡，表達豐富多樣的情緒是很自然的事。到了學校，我以慘痛的方式學到了社會可以接受哪些事情，不能容忍哪些事情。

我因爲大聲說話和罵人被趕出教室，才開始明白表達憤怒是有風險的；我因爲哭泣被老師羞

辱、被其他男孩嘲笑，於是我學到在公共場合哭泣是不安全的，尤其是在其他男性身邊。雖然每個人接收到的訊息，都是根據自己所處的社會文化環境而異。但幾乎所有人在孩童時期，都會根據自己被認知的性別，吸收某些關於情緒的社會規則，像是：「不可以哭。」「成熟一點，像個男人。」「大女孩不哭。」

我們受制度化的訓練來避開和壓抑自己的情緒。這些規則不僅是理論上的，我們每天也都可以透過不斷減弱的生命活力，或是在現代社會普遍存在的羞恥、沮喪和焦慮裡、那種無能爲力管理人際關係中的情緒間，感受到它們對個人的影響。

儘管有這些經驗，我還是吸收了一個訊息，那就是——感受是很重要的。我媽媽藉由持續努力鼓勵敏感度和情商，爲我打下了重要的基礎。身爲敏感的異性戀男性，我所感到的孤獨，成爲了一個很重要的動力來源，能幫助我理解和轉變從社會繼承的情緒角色。

❸ 編按。Gnostics，在希臘語中意為「知識」。諾斯底的核心信念關鍵就是要透過個人經驗所獲得的一種知識或意識，使其脫離無知及現世。

❹ 古典西方哲學在這個領域有著複雜的細微差別，而現代情緒的概念與早期概念並不完全一致。早期的希臘人（尤其是柏拉圖）有一種思想體系，其中理性、意志和欲望是共同作用的，理性是其指導原則。斯多噶學派認為，「激情」本身是危險的，需要用理性來組織、規畫和理解。早期的基督徒和教會教父（西元二、三世紀）重新詮釋了這些觀點，他們將激情視為撒旦和邪惡力量的表現，而這進一步影響了現代的觀點，認為情緒是危險和非理性的。

練習：尋找迷思

要與情緒建立聰明的關係，其中一部分是要意識到對它們抱持的觀念。花點時間回想一下你對感受的看法。從家庭、文化、宗教或社會中得到什麼樣的訊息？你今天經由媒體或社群收到了什麼訊息？哪些是顯性的（「不要哭」），哪些是隱性的（透過範例或行為）？

列出你注意到的觀點和信念。是否有某些情緒比其他情緒更容易為人接受？在一整天當中，注意你對於感受自己的情緒或其他人表達的情緒中，是否有任何恐懼。

重新取回感受的權力

這些關於文化、歷史和宗教的迷思讓我們相信，情緒是人類天生有缺陷的象徵，它們是異常事件，可以被忽略、克服或搪塞過去。然而，我們內心的深處還有一些東西，那就是我們每個人都承襲了一份比家庭、文化或社會所賦予的概念還更古老、更偉大、更強大的遺產。

情緒是人類在生物方面不可改變的表達方式，它們就像身體的免疫系統一樣，是自然且必不可少的。我們的感受絕對不是非理性，而是其來有自。**如果這裡產生了情緒，必定表示這裡有很重要的東西**。情緒是身心在傳遞需求信號的主要方式，當需求得到滿足時，我們會感覺到愉快的情緒；當需求得不到滿足時，不愉快的情緒便油然而生。

我們的感受建構了自己獨特的體驗方式和資訊系統。比起家中的煙霧探測器，任何情緒都不是什麼嚴重的「問題」。因爲當煙霧探測器的警報響起，我們了解這個訊號，並開始尋找其原因。同樣的，我們可以把情緒視爲生活的回饋訊號，學習去體驗和理解它們。這些訊號告訴我們什麼？與其把它們當成迫切的事件，我們可以把它們看做是一種資訊。

當然，記憶、思想和社會條件的回饋迴圈，會使體驗情緒的方式變得複雜。有時眞的有火，有時沒有，但不會因爲電池該更換了，就把煙霧探測器丟掉！所以我們可以學會傾聽情緒中的智慧。

從這個角度來看，無論感受到什麼情緒，都是可以接受的。我們怎麼回應、如何處理這些情緒才是重點。如果沒有意識到自己的情緒，或者當我們被情緒淹沒、任由它們占據時，就可能會造成傷害。**問題不在於情緒本身**，而是我們對情緒的反射性表達或習慣性抑制。當我們反射性地釋放時，直接的傷害是外在的；反射性抑制時，則會轉而傷害內在，時間一久，還是可能傷害到他人。

我們感受情緒的能力，是透過數百萬年演化而來，並深植於我們的神經生物系統中❺。我們是敏感的生物，生來就有感知事物的能力，被周圍的世界實實在在地觸碰著。經過身體和內臟的神經，確保我們從身體、心理和情緒的環境中得到精確且即時的回饋。

❺ 情緒可以解釋為一種特殊的狀態，是自然選擇所塑造的，可以在特定的情況下增強適應性。一種特定情緒的生理、心理和行為特徵，可以視為一種可能的設計特徵並加以分析，以提高在相應的狀況下，處理威脅和機會的能力。

現在有大量的研究在說明情緒生活的內在價值和智慧❻。從照顧者和孩子間的荷爾蒙大量釋放以幫助健康關係，到面對威脅時的憤怒沸騰或恐懼顫抖，感覺是人類不可或缺的一部分。當我們理解情緒是自然的資訊來源時，就能打破我們已經內化的迷思，開始允許自己覺知情緒，並更完整地感受它們。

情緒調色盤

正念是培養情緒認知與情緒調節的主要工具，能幫助我們辨識情緒，並以平衡的方式感受它們。情緒認知一開始要注意並說出我們的感受——這部分有時被稱爲**感覺標籤**。起初，我們對情緒的詞彙可能還很初級，會發現自己只有少數幾個詞彙可以描述感受：快樂、悲傷、瘋狂、困惑。這就像試著只用幾種少數顏色作畫一樣。

練習：反映情緒

以下這張清單❼是我們在需求得到或得不到滿足時的一些感受。花點時間全部看一遍，並想想哪些感受最熟悉？哪些最不熟悉？在一整天當中，你從自己或他人的經歷中注意到哪些感受？在心裡把它們念出來。特別注意自己的情緒在一天當中如何變化。

人類感受清單

需求獲得滿足時

平靜	愛	開心	玩樂	興趣
寧靜	溫暖	快樂	精力充沛	發問
平和	深情	興奮	生氣蓬勃	豐富
滿足	溫柔	希望	振作	警覺
專心	珍惜	喜悅	調皮	心動
安詳	友善	滿足	活著	驚訝
愛	敏感	愉快	活潑	關心
成就感	同理	感恩	旺盛	好奇
滿意	感激	自信	愛冒險	渴望
滿足	信任	啓發	眼花撩亂	熱切
放心	開放	感動	淘氣	著迷
放鬆	感恩	驕傲	滑稽	感興趣
安靜	熱情	振奮	活躍	驚訝
無憂無慮				

需求未獲得滿足時

生氣	難過	害怕	疲倦	困惑
沒耐心	寂寞	害怕	筋疲力盡	不知所措
惱怒	受傷、傷痛	緊張	疲勞	猶豫
沮喪	不開心	驚嚇	昏昏欲睡	陷入困境
不高興	陰鬱	焦慮	冷漠	不舒服
激動	難以承受	擔心	疲憊	退縮
暴怒	疏離	恐懼	難以承受	冷漠
嘔心	氣餒	不安全感	煩躁	分離
仇恨	陷入困境	痛苦	睏	尷尬
苦楚	沮喪	敏感	沒興趣	無助
懷著惡意的	心灰意冷	震驚	不情願	不安
惱火、憤怒	絕望	憂慮	無聊	懷疑
生氣	悲傷	嫉妒	無趣	迷惑
敵意	抑鬱	恐慌	乏味	不穩定
激怒	憂鬱	驚駭	無精打采	焦躁不安
	悲慘	絕望	沉重	懷疑

這些限制通常不只是概念上的，也是可以感覺上的。也就是說，我們感知情緒生活細微差別的能力，可能會減弱或萎縮。長時間的封閉或迴避情緒，會讓一切變得沉默 ❽。無論我們目前狀態如何，這絕對是可以改善的，但首先要把覺知帶到各種經驗中。

我們與情緒都有不同的關係，不知道自己有什麼感受其實是很常見的，甚至會感到麻木。有時候，也可能會有很強烈的感受，沒有哪一種才是「正確」的。我們的目標是辨識自己當下的感受，清除心理與感官的通道，這樣就能從周圍環境和人際關係中接收到回饋。

爲自己的情緒找到形容詞，是正念溝通的必要基礎，也是情緒認知的首要組成部分。而我們藉由在身體裡感受它們，可以讓這種能力更完善。

你曾經靜下來直接審視過一種情緒嗎？這種像颶風一樣，可以席捲我們的能量到底是什麼？如果你仔細觀察，就會發現每一種情緒都是身體、心靈和頭腦的相互作用，是思想和意義所產生的混合體。

如「悲傷」或「喜悅」指的是內心體驗的豐富世界。感官是情緒的主要成分，悲傷可能包括胸口感受到的壓力、喉頭的緊縮，或是眼睛的沉重。喜悅的感覺是廣闊、寬敞、溫暖或輕盈。

情緒也有具體的形態。悲傷使我們低下頭、垂下肩膀；憤怒使我們咬緊牙關、握緊拳頭；自信使我們抬頭挺胸。反之亦然：擺出一種情緒的身體姿勢，會刺激相關的神經化學反應，比如把臉部肌肉調整成一個微笑，就可以提振我們的精神，站得直一些就可以激發力量。

我們越能夠清楚感覺到情緒的體感經驗，就越能警覺和熟練地辨識出自己的感受。經由富含耐心的專注與留意，隨著時間累積，我們的情緒調色盤會開始擴充，從四種顏色到十種，再到二十種，最後就會變得非常豐富。就像畫家用不同色調的藍色、薰衣草色和灰色來描繪天空一樣，我們可以學會辨識和感受所有的情緒。

然而，光是我們的情緒調色盤擴大了，並不代表知道如何作畫。我們可以覺知到自己的感受，但仍然會受其驅使或壓抑。它們的強度能轉移注意力，讓我們團團轉。

練習情緒靈活度的下一個階段，是學習如何管理它們：以一種非反射性的方式來體驗它們。這有時被稱爲**情緒調節**，比起控制，它跟內在的平衡比較相關。讓我們回到剛才的比喻上，如果情緒認知是擴充調色盤，那麼情緒調節就是教我們正確地運用畫筆。

每種情緒都有一種基調，一種開心、不開心，或介於中間的基本「特色」。這種潛在令人愉快或不愉快的調性，通常是我們前進的動力，是我們渴望的、試圖避免的，或者抗拒的感覺。情緒也

❻ 美國心理學家保羅．艾克曼認為，情緒演化為人類快速解決危險問題的一種方式，而不須依賴相對較慢的思考過程。

❼ 要參考更多感受，請見 www.baynvc.org and www.cnvc.org.

❽ 心理學家羅洛．梅提出了另一個比喻：「一個人的感受不會像軍號能吹出的音符那樣受限，成熟的人能夠區分出感受的各種細微差異，強烈充滿激情的體驗，或是精緻敏感的經歷，就像交響樂中的不同樂章一樣。」

有能量成分，一種能遍布全身的感官體驗。憤怒通常有一種攪亂、奔湧的感覺；關愛有一種撫慰、柔軟或溫暖的特質；興奮和快樂可能像是冒著泡泡；焦慮則會讓人感到尖銳或刺耳。

情緒的調性和能量往往會把我們拉進去，推著我們到處跑。就是因爲無法忍受令人不快的調性強度，才會激發各種反應。我們可以用正念來注意感受的這個層面，並且穩住自己的注意力，而不是被餵養它們的想法和故事拖著走。情緒調節不是抑制或切斷與情緒的連結，而是邀請自己充分去感受它們 ❾。我們發展出耐心、力量和寬廣的心胸，讓這些調性和能量的波浪沖刷我們，不會被它們擊倒 ❿。

我們的情緒幾乎總是伴隨著一個故事。雖然我們可能會沒來由地就感到快樂或悲傷，但絕大部分，我們都是根據內在或外在環境中的某些特定事物而有所反應。情緒的最後一個維度是最複雜的：與情緒相關的想法、故事和意義。

想法和情緒之間的相互作用，是個令人著迷的探索主題。它們經常相互滋養：想法和故事爲情緒提供了燃料，而情緒反過來又會激發更多的反覆思量 ⓫。穿過層層思考，我們通常會在情緒的核心上，發現一些與深層需求相關的意義或信念。把注意力集中在重要的事情上，表示要抓住這個關鍵時刻，找出任何相關的意義和需求。像是在悲傷當中，我們可能會找到「我只有孤單一人」的感覺，以及對陪伴、友誼或社群的渴望；羞恥的核心可能是「我不夠好」的信念，以及對自我接納、尊嚴或認可的需求。

當我告訴媽媽自己被任命爲佛教僧侶時，所有這些元素（意義、調性、能量和感覺）產生的風暴撕裂了我們的心。要處理情緒，必須培養注意到這些因素並充分感受它們的能力，與情緒的所有維度協調，而不被它們拖著跑。我們的內心越平衡，就越能夠輕易談論自己和他人的情緒。

原則：覺知自己的情緒，有助於我們有意識地選擇如何進行對話。

練習：感覺情緒

花點時間練習正念，徹底探索一種情緒的不同成分。首先把注意力集中在身體上，用呼吸來穩定覺知，讓事情盡量穩定到任何你可以做到的程度。然後回想一個會讓你產生一些感覺的情境（不要選擇太複雜的）。讓它在你的腦海中變得清晰。使用下面的步驟來探索呈現出的任何情緒，一次一種：

❾ 研究（和經驗）顯示，當我們有意識地覺知情緒最初的湧現，就比較能保持平衡。正念有許多正向的社會益處（情緒調節、執行控制等），都來自於這種感知自己情緒的能力。

❿ 除了體感成分，情緒調節還包括其他策略，像是調整想法或行為，以便更加妥善處理負面情緒。

⓫ 這種想法與情緒之間的關係，是許多認知療法的基礎。

情緒：說出你的情緒。你感覺如何？

位置：你在何處感覺到它？是在臉上、胸口、背部嗎？還有其他位置嗎？

感覺：那個位置是什麼感覺？你感受到什麼與這個情緒相關的實際體感？是否覺得壓迫、緊繃、疼痛、沉重？還是溫暖、開闊、輕盈、流動？

調性：這種情緒的基本調性是什麼？是開心的還是不開心的？你能放鬆、軟化與拓寬你的注意力嗎？

意義：有無與這個情緒相關的思緒、故事或意義？若把它濃縮為一個詞，會是什麼？

需求：這個情緒連結到什麼需求？在這件事上，什麼對你很重要？

爲我們的情緒找到詞彙，並辨識出它們的成分，可以幫助我們自我調節⓬。運用正念來分辨正在發生的事情，能產生新的視角。一旦我們爲某種情緒找到了名字，就不再跟它是一致的，而是和它有某種關係。有了這個視角創造出的空間，情緒就會開始穩定下來。

有時候，情緒是如此強大，以至於我們無法區分上述任何一種成分，更不用說容忍它們了。我們的思想和身體充斥著強烈的情緒，這種狀況不只會發生在如憤怒或厭惡的不愉快情緒，愉快的情緒也一樣會如此，比如愛或熱情。

在這裡，我們可以用呼吸的正念來舒緩這些情緒的強度，完整欣賞愉快的經驗，平衡不愉快的體驗。就像我們用身體的一個參照點來錨定注意力一樣，在強烈的情緒風暴中，我們可以用呼吸或身體來穩定覺知。

練習：舒緩強烈的情緒

下次你感到一股強烈的情緒湧現時，試著用呼吸來平靜和撫慰你的身心。做幾次緩慢深長的呼吸，吸氣時，感覺空氣充滿你的腹部和胸部，微微噘起嘴唇，長而緩慢的呼氣，在一股稀薄的氣流中，將這口氣完全放掉。注意身體有什麼感覺，特別注意任何程度的安定或平靜。

所有的情緒都只是需要我們的關注，它們渴望被知道、被感受、然後被釋放。當我們觀察自己的情緒，充分感受它們時，會開始看到一個深刻的事實：它們轉瞬即逝。即使在它們向我們發送重要訊息的時候，也像氣象訊號一樣來來去去。情緒這個詞來自拉丁文，字面意思是「移出去」。當我們讓自己有意識地感受情緒時，它們就能發揮該有的作用，幫助我們照顧好自己。它們告知能如何對事情做出反應，然後就消失不見了。

⓬ 活化前額葉皮質，擾亂杏仁核的活動。

破解怪罪遊戲：根本的責任

隨著我們以情緒找到更多的內在平衡和穩定時，我們的人際互動能力也會增強。有了一個完整的調色盤和合適的運筆技巧，就可以開始作畫了。情緒靈活度的最後一個階段，是培養傾聽和表達情緒且不怪罪的能力。重要的不只是我們說什麼，還包括我們是怎麼想的。

關於情緒，一個最普遍、毫無爭議的迷思是：**它們是別人的錯**。媒體和娛樂產業每天都在強化這個觀念。「我生氣是**因爲你……**」這就是一種無意識的溝通訓練，讓我們陷入怪罪遊戲。我指責你，你反駁我，不斷爭論與辯護。

我們的思想和語言有能力塑造我們的經歷。爲自己的感受負責，並讓自己從指責中解脫出來，需要敏銳關注產生和強化怪罪遊戲的感知機制。下頁圖說明了怪罪遊戲背後的邏輯。一個朋友跟你相約，卻遲到十五分鐘，你說：「你的遲到讓我很生氣。」這眞的是一種直接的因果關係嗎？眞的是他們的行爲引發你的情緒嗎？

不同的日子，可能會有不同的反應。你或許會覺得受傷、擔心。或者，如果你已經忙了一整天，有幾分鐘屬於自己的時間，反而能夠讓你喘一口氣！

我們的感受從來不是由別人或其行爲**直接引起**的。雖然彼此之間當然有關係，卻是一種**間接關係**。外在事件是情緒的**刺激物**，以感受反應來說，這是必要條件，但光有刺激物還不夠。最直接的根本原因，是我們如何看待事件。在下面的圖中，我們的需求和價值觀由 B 點表示。這包括事件的背景——我們這一天過得如何、文化制約、個人和社會歷史、懷抱的期望，以及我們告訴自己的故事，還有我們從情境中塑造出的意義。這所有的因素，都與我們的需求有關。

怪罪遊戲試圖讓別人對我們的情緒反應負責，讓我們陷入爭論之中。眞的有人能**強迫你**感覺到什麼嗎？你怎麼可能該爲我的反應負責？反之亦然，我怎麼可能該承擔你的反應呢？

每個人都要爲自己的行爲和反應負責。記住，我們的感受是需求的一種作用。爲我的反應負責，意思是訓練我的大腦追蹤情緒，追溯到使情緒產生的需求。每一次，我的注意力轉到外在，準備去責怪別人時，我就會停下來審

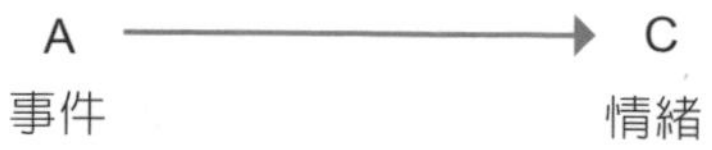

圖表 4　怪罪遊戲

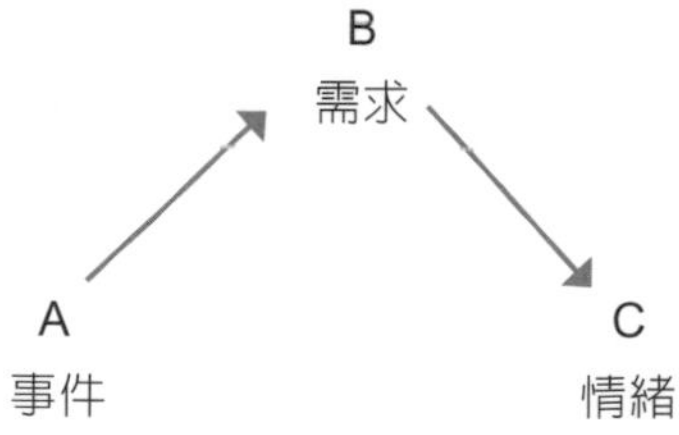

圖表 5　感受是需求的一種作用

查：自己會有這種反應，是因爲全部的責任都在這個人身上嗎？我賦予這件事的意義是什麼？我需要什麼？我生活的大環境或自己的社會位置，是如何構建的經驗？

當我們走出怪罪遊戲，爲自己的感受承擔起根本的責任時，我們就爲自己的自由開闢了一條通道。如果你是我這些情緒的原因，表示你有力量，而我依然無助。當我們了解情緒是需求的一種作用，而不是他人行爲的直接結果時，我們就重新獲得了自主權和能動性。這就是人類在面對殘酷對待、折磨或其他恐怖行爲時，爲什麼還能對壓迫者產生慈悲，而不是仇恨的原因。我們的情緒生活成爲我們價值觀的延伸、需求的氣壓計，而不是一種責任，或我們必須保護的弱點。

讓內在自由的文法

你曾經試著把花園裡的雜草拔乾淨嗎？如果有，你就知道爲什麼行動主義者們會把他們的工作稱爲「草根」工作了。我們習慣將自己的感受歸咎於他人，這種習慣就如雜草般頑固。這是一種觀察什麼東西深植於內心的方式。

有一些跡象顯示你正在玩怪罪遊戲，也指出一個使遊戲短路的方式。首先，也最重要的是，觀察我們的話語如何構建出關於怪罪的敘述。如果你發現自己把感覺的原因放到外在，心裡想或說出：「我覺得——，因爲你（他們）……」，不妨把它反轉回來，連結到你的需求上。如同盧森堡所教的，用下面的結構來定位你內心感受的來源：

我感到＿＿＿，**因爲我**需要／想要／重視＿＿＿。

你感到＿＿＿，**因爲你**需要／想要／重視＿＿＿。

注意主詞的一致性：我的感受連結的是我的需求，你的感受連結的是你的索求。不斷反覆練習，直到它成爲你對情緒的預設觀點。這可以削弱怪罪遊戲的基礎，使你更容易表達自己和傾聽他人。

怪罪遊戲出現在言語中的另一種方式，是把想法僞裝成感受：

我**覺得**你不愛我。

我**覺得**這整件事太荒謬了。

我**覺得**你好像沒在聽我說話。

這些「覺得」的後面，跟著的是一種**想法**，而不是眞正的**感受**，而且通常是責怪、批判或詮釋。同樣的，在「我感覺」後加上代名詞或名字，經常會把我們帶到自己的頭腦中去分析或評估：

我感覺**我**不太擅長這個。

我感覺**他們**是故意拖延的。

我感覺**艾咪**不能勝任。

這些都是我們情緒的間接、異化表達。它們阻礙我們完整覺知自己的感覺，防止我們表達自己，阻礙我們以建立理解的方式傾聽他人。

怪罪遊戲的最後一個把戲是最鬼鬼祟祟的。有很多詞彙口語上指的是情緒，但表達出來的是怪罪，把矛頭指向另一個人。「我覺得被攻擊了」表達出來的就是一個正在發生的故事：**你在攻擊我**。更重要的是，它沒有說出最關鍵的資訊——我的眞實感受，那可能是害怕受傷、生氣或困惑。如果我們覺得某人在攻擊我們，可以用其他哪些方式來表達？以下有一些例子：

「我覺得難以招架又困惑，我想用一種更容易讓自己接受的方式來談論這件事。我們能稍微慢下來一點嗎？」

「我有點吃驚，而且有點震驚，因爲我完全不知道發生了這樣的事。你是說……（以同理心猜測）嗎？」

「喔，這很傷我的心，我眞的很希望大家看到我在這方面付出了多大的心力。我們能倒回去幾步，先回顧一下哪裡做得很好嗎？」

這些話語全都表達了我們的需求，加入了真實與事件的來龍去脈，並以一個請求做結束（這部分將在第十一章中更深入探討）。

● 練習：注意擬似感受

有很多詞彙都屬於「擬似感受」的範疇，也就是說，藉由指責他人來表達情緒。在下表中，你會用哪一個來表達情緒？在用這個詞的時候，你心裡有什麼感覺？

● 練習：解釋感受——「我內心是什麼感受？」

在一整天當中，注意自己如何思考和談論情緒。注意尋找怪罪遊戲的跡象：「因為

擬似感受詞彙

被遺棄	被削減	被忽視	被不公平對待
被虐待	被打發	施捨	被威脅
被攻擊	不被尊重	受到壓力	不被珍惜
被背叛	被打斷	引發	不被傾聽
被霸凌	受到恐嚇	鎮壓	不被看見
被欺騙	失望	被拒絕	不被支持
被強迫	操控	被占便宜	不被需要
被逼到絕路	被誤會	被視為理所當然	被利用

你」「覺得這樣、那樣」的詞彙。（同時也要注意責備自己的傾向！）

當你注意到任何一種跡象的時候，停下來問問自己：「我在告訴自己這些時，內心是什麼感受？」不斷問這個問題，直到你能分辨出正在經歷的真實情緒。然後試著把你的感覺和重要的事連結起來：你重視或需要什麼？

用這種方式傾聽別人。試著去辨識他們的感受，並懷著真實的意圖去理解對方，想想什麼對他們來說很重要？連結到這些感受的需求是什麼？一開始在心裡練習就好，訓練你的注意力去辨識感受和需求。

如果你發現自己陷入怪罪的感覺之中，請記住，它們只是另一種形式的資訊，是我們學習覺知自我需求的一種特定方式。把你的注意力轉移到字裡行間的情緒上，專注於你的感受，然後傾聽它們連結到的需求。什麼對你來說很重要？

表達感受

美國電視節目主持人弗雷德．羅傑斯（Fred Rogers）在談到他的節目《羅傑斯先生的鄰居》（*Mr. Rogers's Neighborhood*）時，曾對美國參議院的一位委員說，他的目標是「讓觀眾明白感受是可以表達，也可以控制的」。這種觀點奠定了對話的基礎，讓我們可以針對包括情緒在內的重要事物，進行成功且有效果的對話。

當我們以這種方式訓練大腦時，就擁有一種強大的技術，可以將責怪和批判轉譯為心裡的感受和需求。在「你很冷淡」這句話背後，我們聽到的是渴望更多愛或親密的痛苦；在「不要那麼敏感」這句話裡，我們本能地感覺到沮喪，也許這個人渴望更輕鬆、更靈活。無論他人如何表達自己，我們學會對他們有同理心，並以一種更容易為他人理解的方式，坦承地分享自己的感受。

用這種方式分享我們的感受和需求，是很有分量的。最近，我朋友莎拉的母親突然在醫院去世了。由於缺乏明確的診斷，她的家人做出了一個很艱難的決定——他們要進行屍檢。在處理這些事情時，莎拉接到葬禮承辦人打來了一通很令人難受的電話。對方嘲笑他們的選擇，而且還沒說明最重要的時程資訊。

莎拉因對方缺乏同理心感到非常煩悶，於是請求親自與承辦人碰面。莎拉坦率而真誠地說話，沒有責備他的意思。

「我對我們昨天的互動感到沮喪，失去母親對我的家庭來說是一個極為艱難的挑戰，盡可能平靜且清楚明白地處理這些事情非常重要。」她解釋屍檢這個決定讓家人的情緒起伏很大，「基於所有這些原因，我對你回答我們問題的方式，感到失望和沮喪。」

她鼓勵對方尊重家人的意願，並以更多的同理與他們互動。對話要結束時，她清晰、穩定的語調和坦率的態度產生了效果。葬禮承辦人道歉，表示他理解了，未來將努力以更多的同理來與他們溝通。

原則：我們越能為自己的感受負責，將之連結到自己的需求，而不是連結到他人的行為，那麼對別人來說，傾聽我們的話就會比較容易。

原則：我們越能夠從他人的感受聽出他們的需求，就越容易理解對方，而不需要聆聽指責、不需要同意對方，或對他們的情緒負責。

就像談論需求一樣，討論情緒也會讓人感到脆弱。在選擇何時、何地，以及如何討論這些話題時，運用智慧是很重要的。根據事件的整體狀況和文化，可能會產生很大的差異。一般來說，比起大多數的專業工作環境，在我們的私人生活、親密關係和友誼當中談論情緒，會有比較多的空間。然而，當呈現出感受時，不管事件的整體狀況如何，重要的是找到一種方法來承認並接納它們。否則，它們就會開始在檯面下演出小劇場了。

若狀況不適合公開討論時，我們可以透過降低其程度，將它們放入對話中。要承認憤怒又不暴露太多脆弱的話，可以選擇一些情緒強度比較低的詞彙，或者用「一點」或「有點」等詞語，將它最小化。例如：把「你生氣是因爲想讓事情進展得更順利嗎？」改成「聽起來你因爲想讓事情進展得更順利，所以有點沮喪是嗎？」

練習：傾聽與表達情緒

找個風險比較低的情境，試著承認自己的情緒。傾聽的時候，用一種自然、真實的方式，反映你聽到的任何情緒。你可以簡單地說：「喔，聽起來真令人沮喪。」或是帶著同理心去猜測：「你是不是（感覺）……？」可能的話，把你感覺到的情緒連結到需求上，猜猜真正重要的是什麼。

當你感覺到情緒時，把覺知放到身體裡，給自己一些時間去感受正在發生的事情。試著說出你的感受，並把它們連結到對你重要的事情。你能覺知到這些感受反映了你的需求嗎？你能找到方法公開而誠實地表達出來，不指責任何人，而是把它們連結到你**真正想要**的東西，而非**不想要**的東西嗎？

覺知到自己的感受和需求，讓我們在應對生活方面有了更多選擇。當我們的需求得到滿足，我們可能會品味、慶祝或表達感激之情；當需求無法達成時，我們可以讓別人知道，他們的言語或行為影響了自己，把我們的情緒連結回到自己的需求；當別人表達讚揚或責備時，我們可以去注意他們正在體驗的感受和需求。

我與媽媽和解之後，我們終於能夠分享彼此的感受，以及出現這種情緒的原因。她希望我快樂，過一種她能理解的、與她價值觀相符的生活。而我希望被人看到，希望她相信我的正直、支持我找到自己的路。這種理解使我們更加親近了。

在某些情況下，我們可能需要做出改變，甚至是結束一段對我們無益的關係。無論採取何種行動，都可以根據對需求的明確認識、對話的開放態度，選擇有意識地做出反應，而不是被動回應。

不需要害怕我們的情緒，我們可以學會靈活地處理它們、傾聽它們的信號，並在其強度範圍內找到平衡。當我們超越「迴避和壓抑」「認同並表達」的二元選擇時，允許情緒流經我們吧！那是生而為人不可或缺的一部分。我們可以接收到情緒提供關於我們內心的資訊，也可以從生活軌跡中追溯更深層的需求和價值觀。

★原則

覺知自己的情緒，有助於我們有意識地選擇如何進行對話。

我們越能爲自己的感受負責，將之連結到自己的需求，而不是連結到他人的行爲，那麼對別人來說，傾聽我們的話就會比較容易。

我們越能從他人的感受聽出他們的需求，就越容易理解對方，而不需要聆聽指責、不需要同意對方，或對他們的情緒負責。

★重點

我們處理情緒的方式，傾向於壓抑或與之糾纏，然而情緒是人類的一個自然組成部分，它爲我們提供了關於需求的重要資訊。正念是培養以下能力的主要工具：

- 辨識情緒（情緒認知），注意並爲自己的感受找到形容詞
- 帶著平衡去感覺情緒（情緒調節），讓內在擁有空間，去珍惜愉悅的情緒，容忍不愉悅情緒帶來的不適

．不帶責怪地聆聽與表達情緒（情緒表達），將之連結到潛在需求與價值觀

為自己的感覺負責，並把自己從責備中解脫出來。這需要敏銳關注產生和強化怪罪遊戲的感知機制。當我們有這些跡象時，就知道自己在玩怪罪遊戲了：

．構建一段責備的敘事，把我們感受的原因放在外面

．把我們的感受直接與他人的行為連結起來

．把想法偽裝成感受

．使用擬似感受的詞彙，這些詞表面上是說情緒，實際上卻在指責，將矛頭指向別人

★問與答

Q 我沒有注意到任何情緒，身體也沒有任何感覺，怎麼辦？

A 這其實滿常見的，我們生活在一個不太重視身體感覺的社會，所以要感受自己的身體、體驗自我的情緒，需要一些時間。如果在成長過程中，我們的情緒沒有得到證

實，表示可能已經學會壓抑或迴避它們。或者，可能在經歷創傷之後，將自己與情緒隔絕。不管原因是什麼，你都可以重新喚醒感覺的能力，跟自己，也跟生活建立更豐富的關係。

注意那種「沒有任何感受」的體驗，它是空白、空虛、麻木的嗎？它位於你身體某個特定的區域嗎？維持這樣的專注，繼續去覺知。運動、瑜伽、舞蹈或運動都有幫助。和朋友聊聊，問問他們覺得你會有什麼感受。有時候，得到朋友的反映，可以幫助你辨識自己的感受。

最後，對你的心說話。這聽起來很做作，但確實有效。告訴你的潛意識，你可以感覺到更多。在睡前或剛起床時，對自己說幾句話，意思大概是：「我有興趣感受自己的情緒。我在這裡。我願意去感受。」這會在你的心靈播下種子，成爲你敞開心扉的催化劑。

Q 我的問題正好相反，我有太多感覺，以至於自己很容易承受不住，我可以怎麼處理呢？

A 注意到這種模式，是改變它的第一步，能夠具體說出發生了什麼是很重要的。研究潛在的力量，是否有一些特定的情況會導致你承受不了？什麼能幫助你重新取得平衡？使用舒緩強烈情緒的練習或第三章的導引練習。許多的情緒創傷都是在人際關係中產生的，因此，在一個安全的、具支持性的環境中，無論與朋友、心靈導師，還是專業諮商師一起探索這些模式，也是有療癒效果的。

Q 我們不需要爲其他人的反應負責，但是我們確實會彼此影響。當你做了一些傷害他人的事情，你如何處理它而不陷入怪罪遊戲？

A 當我做了一些不符合他人需求的事情時，我希望自己有能力看出來，並修補對這段關係造成的任何傷害。眞誠的道歉和承擔罪責是不一樣的，前者是承認自己的行爲造成影響，並表示眞摯的關心或後悔；後者是解釋自己的意圖，或批判自己是壞的或錯誤的。

Q 若我眞的覺得自己被操控或背叛呢？在正念溝通中，憤怒的角色是什麼？

A 憤怒是一種完全自然的情緒。它是一個強烈的信號，表明我們的需求沒有得到滿足。從演化的角度來看，當我們感知到環境中的威脅時，它能保護我們。憤怒的破壞性影響，是來自我們如何處理它，而不是憤怒本身。當我們能把怪罪的故事跟未被滿足的需求區分開來，就能更有建設性地表達自己。

覺得「被操控」或「被背叛」，表示你對他人意圖的詮釋，影響到自己的情緒。爲了尊重這種經驗的強度，而不陷入怪罪遊戲，把這些話看做是指向你感受和需求的資訊，審視一下你的心裡有什麼。當你告訴自己：「我被操控了。」你內心是什麼感覺？你需要什麼？

一旦弄清楚這一點，就努力表達感受的深度，不用怪罪任何人。表達你的原始情緒，並把它們連結到對你重要的事情。如果你找不到其他詞彙（而且如果你認爲對方會理解），你可以承擔起怪罪的責任：「我對自己編了一個你背叛我的故事。」表明這是你的主觀解讀，同時爲對方的經歷留出空間。

Q 如果在一天當中，我沒有時間去感受我的情緒呢？

A 這就是正式的正念練習眞正有益的地方。花時間做冥想練習，能給我們機會整理這一天的事情，這樣我們就不會帶著情緒反應的殘餘物。它也會讓我們更有覺知，幫助建立能力。我們越常在「坐墊上」探索強烈的感官和具挑戰性的情緒，就會越擅長在生活中「坐墊外」的地方處理情緒。正式的正念練習也在內心創造出更多空間，以忍受不愉快情緒帶來的不適，而不會做出反擊。這使我們能夠在當下，以更多的關心和體貼來回應別人。

9 加強同理心與內在韌性

學習站在別人的立場上，透過他們的眼睛去看，和平就是這樣開始的……同理心是一種可以改變世界的特質。

——美國第四十四任總統，巴拉克．歐巴馬

我們在本書中探討的溝通，涉及靈巧地轉移注意力，從我們的內在經驗轉移到另一個人的經驗。這種靈活度能賦予我們極佳的對話技巧。當我們訓練自己發揮同理心時，就有可能如此靈活。

在正式的靜心中，吸氣和吐氣的節奏感，就是一個相當可靠的方法，讓人穩定覺知，培養正念、專注和智慧。在溝通練習中（這也是靜心訓練的一種形式），對感受和需求的覺知，可以支持我們「活在當下、清楚明白地表達自己、以同理心傾聽他人」的能力。

在有效對話的第三步驟中，有時候同理心是最重要的。正如我們所見，帶著同理心的傾聽，是讓我們真正聽見彼此的方式。它是療癒和韌性的豐沛泉源，而且是溝通中不可或缺的一個層面，因此我想探索一些額外的方法，來精進這種能力。

讓好的東西進來：感恩、喜悅與慶祝

當我們想到同理心的時候，通常會專注於處理痛苦、衝突和分歧。同理心確實適用於處理難熬的情境，但它也是強化美好的重要工具：加深友誼、加強連結，以及珍惜生活的美好。同理心是我們內心的共鳴能力。當我們把這種能力轉化爲滋養，我們的心就會快樂。當我和家人分享自己即將成爲佛教僧侶的消息時，我渴望他們對我的快樂感同身受，和我一起慶祝。

這種特質（在佛教中稱爲「喜心」〔mudita〕，或「欣賞的喜悅」，指爲他人的喜而喜，爲他人的樂而樂）會加強我們的幸福感，並建立韌性。我聽人說過，達賴喇嘛曾說：「當你把別人的快樂當成自己的快樂時，你得到快樂的機會就會增加六十億倍。」

這種滋養生活健康層面的能力，是療癒過程中一個很重要，卻常常被忽視的部分。要把步調放慢到可以享受成功、在需求獲得滿足時體會快樂、感受一種肯定的感覺，有時是需要勇氣的。藉由練習，我們可以擴大發揮同理心的時刻，來品味美好、培養對自己生活中幸福的感激，以及慶祝他人的快樂或幸運❶。隨時都可以試試下面的練習。

練習：感恩、喜悅與慶祝

花時間想想某件你生活中很珍惜的事情，盡可能具體一點，比如你吃的某一頓飯、最近見到的一位朋友等，讓這個情境在腦海中鮮活起來。注意任何溫暖、感激或珍惜的感覺。你注意到這些情緒在身體裡的哪個部位？那裡有什麼感覺？

接著，想一想你的哪些需求已經得到滿足，在這個情境、事件中，或這個人身上，最重要的是什麼？花點時間品味一下需求得到滿足的快樂感受，就像泡在浴缸裡一樣，讓自己完全吸收這些感覺。

把這種感激的目光轉向外面。當你聽到好消息，或者和一位正在享受快樂或成功的人相處時，去感受他們的幸福。你能和他們一起慶祝嗎？注意有沒有這些傾向：比較、貶低，或認為他們的好運在某種程度上減少了你所能獲得的快樂。如果這個人是你的孩子，你會有什麼感覺？你能擴展同理心為他們的幸福慶祝嗎？

自我同理心：溫柔的力量

二十歲出頭那段艱難時期，我在麻薩諸塞州鄉村的一間靜心中心工作，感到越來越孤單和疏

❶ 關於享受美好的更多資料與練習，請見瑞克．韓森博士的《大腦快樂工程：發現內在的寶石，像佛陀一樣知足》。

離。當冥想練習把我的注意力帶到內心時，我開始覺得自己陷入了對連結的渴望之中。我希望別人問我過得如何，但很少有人能提供那種我需要的連結感，讓我感覺安全到可以分享自己的感受。每一次連結失敗，都加深了我的疏離感，加劇了我渴望被人看到的迫切感。陷入這種惡性循環，令我動彈不得。

痛苦會阻礙同理心。當我們陷入自己的困境時，很難讓同理心觸動我們，更不用說傾聽他人的心聲或給予他人同理心了。若沒有辦法處理自己的痛苦，溝通就會變得越來越艱難。

最終，我找到了一、兩個以我能接收的方式提供同理心的人。這減輕了我強烈的渴望，並促成了一個效果持續數年的轉變。有時候，接受同理心是治癒傷痛的良藥。透過他人的關心，我們學會對自己溫柔。自我同理心增強了內在的韌性，將我們與自己的關係從嚴厲與批判，轉變爲溫和與自我同理。它可以處理壓力和情緒方面的痛苦，在未獲滿足的需求中找到平靜，治癒內心的批判。

這不僅能使生活更愉快，也讓我們在對話中有更多選擇。自我同理心增加了耐心，帶著有意識的自我同理心，我們可以承認自己的內在體驗，然後暫時把它放在一邊，創造出傾聽他人的空間。

原則：對自己有同理心，可以增加我們傾聽他人的能力，不管對方是否有能力傾聽我們。

練習：自我同理心

經常使用這個靜心練習來培養自己的能力，把同理心的關愛態度帶給自己。

剛開始時，以任何你覺得真實和自然的方式安定下來，建立起臨在——錨定到身體裡，或是緩慢、有意識地呼吸。接下來，想像一個你要培養自我同理心的情境或事件（不要找痛苦到無法開始的事情）。

現在是什麼情緒？感受它們在你身體裡的感覺。如果情緒很強烈，就把注意力擴展到身體的其他部位。你能把溫柔的感覺帶到痛苦之中嗎？

接下來，詢問你的需求和價值觀，往內心傾聽什麼才是最重要的。問自己：「如果我有這個，接下來就會有什麼？」或者，「對我來說，什麼才是最重要的？」直到你覺得已經很清楚自己的需求是什麼為止。再一次，看看你是否能把溫柔的感覺帶到你對它的重視程度。把所有你能找到的、對自己的關心，全都帶出來，並用這種和善的感覺，讓你的注意力得以休息。

最後，把你的注意力轉移到這種需求或價值觀本身在人性中的普遍層面。你能從這種價值觀中，連結到任何完整、美好或尊嚴的感覺嗎？

同理心的河岸：處理同理心痛苦

人類有一個「同理心光譜」，指獲得同理心的範圍和我們感受它強度的範圍❷。有時候，同理心來得如此容易，以至於我們會感到不知所措，或者被其深度所淹沒。事實上，同理心疲勞的一個常見原因，是對另一人的痛苦產生過度認同，這有時被稱爲「同理心痛苦」❸。

在這些情況下，運用同理心的技巧，包括了學習管理我們的痛苦並且感覺自身的分離。如果情緒強到我們招架不住，就失去了技巧性參與的能力。這樣一來，爲了自我保護，我們可能會試圖控制自己的痛苦而做出某些反應，或是因爲害怕迷失在別人的經歷中而退縮。

練習：面對身體裡的同理心痛苦

這三種同理心（體感的、情感的、認知的）提供了一個實用的框架，建構出一個強大的內在容器，就像有了可以支援同理心流動的河岸❹一樣。

試著運用下面的體感練習來重新取得平衡：

- **適應**周圍環境，確保身體安全。
- **錨定**你的注意力，連結到重力或另一個具體的參照點（中心線、呼吸或接觸點，比如手或腳）。

- **感覺**皮膚的邊界。做任何能刺激身體感覺的活動，比如運動、按摩、輕輕按壓四肢或洗個熱水澡。
- **注意**你和他人之間的實際空間，或注意你周圍的空間。

在情感方面，盡量暫停進一步的輸入。舉例來說，由於新聞媒體的關係，目前有許多人過度接觸全世界的巨大創傷，正在承受同理心的痛苦。要恢復並且與同理心發展出一種更平衡的關係，通常需要限制一段時間的新聞攝入量。

在對話中，如果你開始感到難以承受或失去臨在，就找個方法巧妙地暫停對話。先確認你想保持連結的初衷，然後提出休息的需求。以下是幾個例子：

- 「我需要一點時間來整理思緒。」
- 「哇，我需要一點時間消化一下，可以先在這裡暫停一會兒嗎？」

❷ 目前已開發出心理學量表，用來衡量我們感受同理心的程度。請見：https://greatergood.berkeley.edu / quizzes / take_quiz / empathy and https://psychology-tools.com / empathy-quotient

❸ 最近的研究顯示，同理心關懷和同理心痛苦連結到大腦的不同區域。

❹ 「自我調節的河岸」這個類比、接下來的體感練習，以及這些背後的基礎原則，都來自於體感體驗。

・「我真的很想要繼續討論，但我覺得有點承受不了。可以休息一下明天再繼續嗎？」

在你按下暫停之後，以下有幾個方法可以整合與消化情緒方面已經受到的刺激：

・從朋友或導師身上獲得同理心
・採取自我同理心的練習
・使用正式的靜心練習來舒緩強烈的情緒
・使用健康愉快的方式平衡激動情緒，如待在大自然裡、參加藝術活動或聽音樂。

最後，在認知方面，探索是否有導致過度認同他人感受的潛在信念。與朋友談談，試著找出在這種情況下，你對自己所扮演角色的任何假設，關心這個動作表示著什麼，或者是如何發生療癒的。以下是一些可能會有的常見看法：

・你可能認為照顧他人是你的責任，無論這是出於責任、恐懼，還是無法處理你因他們的痛苦而引起的不適。
・你可能認同自己是名照顧者，而且因為有可能離開這個角色而迷惘。
・你可能認為關心等於痛苦，覺得自己不可能一面真正同理別人的痛苦，一面自己仍然活得很快樂。

· 你可能認為自己比對方更清楚他們需要什麼。
· 如果你覺得對方沒有足夠的內在或外在資源，你可能會自動承擔更多責任，而不是支援他們的自我照顧能力。
· 你可能懷抱著其他有意識或無意識的信念，迫使你承擔他人的痛苦。

這些看法可能根深柢固，迫使你出於幫助他人的欲望，而「身陷」他人的痛苦之中。研究一下你的同理心痛苦可能出自什麼原因。如果退後一步，你會意識到，當你擁有平衡和充足的資源時，能提供他人的更多。

眞正的同理心建立在一種中心的基礎上，它產生於對生命的深深信任，以及頭腦和身體與生俱來的智慧。當我們試著修復、改變或解決他人的痛苦時（我們甚至相信自己能做到），其實是助長了對方的恐懼和無助，這種行爲就是在說：「你無法解決這個問題，讓我來爲你解決吧。」相反的，同理心的反映允許經驗保持原來的樣子。同理心的接受、信任和眞誠關懷，會給人一種獲得力量的感覺，其中通常還包括療癒的力量。正如卡爾．羅傑斯所寫的：

當有人真的傾聽你，而沒有對你做出批判、沒有試著為你承擔責任，也沒有試圖塑造你時，那感覺真是太棒了。當我被傾聽時、被人聽見時，我就能夠以一種新的方式重新認識自己的世界，並且繼續前進。令人驚訝的是，那些似乎無法被溶解的元素，在有人聆聽之後，竟然溶解了。當一個人被傾聽時，那些似乎無法補救的困惑，竟然能夠變成相對清晰的溪流。

這種平衡的關鍵，是要能夠一直保持觀察的視角。我們來回顧一些基本事實：活著本來就是脆弱的，我們都在承受著痛苦。人生就是一連串的起起落落，難免會有挑戰和失落。我們最終既不能阻止，也不能消除他人的困難。這是長者的智慧，它使人在面對困難時，保持鎮定和溫柔。

當我們的同理心能力在這三個領域中都整合起來時——認知同理心充滿智慧、情感同理心與資源達成平衡、體感同理心以臨在獲得踏實——結果就是，在面對痛苦磨難時，產生適應力和平衡感。我們的心可以與他人的喜怒哀樂產生共鳴，而不會被壓垮。

不同意的同理心

當我們不同意別人的觀點時，可能就會拒絕向他人敞開心扉，因爲我們擔心同理心表示同意，或是被理解成同意別人的觀點。然而，表現出我們理解他人的感受或對他們而言重要的事情，並不等於贊同他們的想法，或支持與我們價值觀不一致的行動。

這是同理心的一大優點：可以在沒有達成一致的情況下，找到連結的可能性。當我們把注意力集中在他人的感受和需求上時，它能幫助我們融入他們的經歷，以同理心建立連結。試著運用下面的練習來增加同理心，增強你從自己的經驗轉移到他人經驗的能力。

練習：同理心地圖

用這種反映方法來探索分歧，或為對話做準備。從簡單的、不那麼情緒化的情況開始，逐步發展到比較困難的情況。在一張紙上畫四個象限，如下圖所示。

一、探索你的感受，填在左上角。

二、每一種感受各與什麼需求有關？什

同理心地圖

我的感受	你的感受
我的需求	你的需求

麼對你最重要？充分探索你的需求，直到出現一種安定下來的感覺。在左下角中填入這些需求。

三、把你的注意力轉移到對方身上，探索他們的感受。想像一下他們可能會有什麼情緒，把那些感受填在右上角。

四、敞開你的心扉去思考他們的需求。對這個人來說，什麼很重要？他們的感受可能與什麼需求有關？如果你沒有出現支持的感受，就是還沒有碰觸到他們真正所求。提問：「如果他們有了這個，接下來會有什麼呢？」將這些需求填入右下角象限。

五、比較左右兩邊，你有產生什麼變化嗎？做完這個練習之後，你將如何處理這個情況呢？

精進同理心：超越你我

在這一章中，我們探索了幾種方法，來駕馭人際關係領域中的同理心：透過喜悅、感恩和自我同理心，來建立內在的資源之泉；用強大的「河岸」支持同理心；當彼此意見不一致時，擴大我們連結的能力。

這些技巧的核心基礎，是願意受到影響。同理心挑戰了我們分離的概念，敞開心扉去感受別人的快樂或痛苦，意味著我願意去感受、願意被感動。

我結束兩年半的佛教寺院生活，回到世俗生活以後，一切突然急速惡化。在一個星期之間，我得了萊姆病❺、離開修道院、爸爸因爲全身性敗血症住進醫院。我自己的萊姆病併發症從幾個星期延長到幾個月。有一次，我向一位好朋友訴說自己的極度疲憊時，她看著我。關於萊姆病的事，她只簡單說了一句：「我真的非常、非常難過發生了這樣的事。」

這是一個真正的同理心時刻，一個真摯懇切的關懷時刻。她沒有在「反映感覺與需求」，不是在進行同理心猜測，也不是在確認自己是否理解我的意思。她只是單純地允許自己去感覺我的掙扎，直接感受我的痛苦，真實地表達出自己內心。在那個瞬間，我不再孤單了。

在心理諮詢、心理學和人際交往領域中，我們有時會談到「給予」和「接受」同理心。只要有一種給予者和接受者的概念，一種我和你的固定感覺，我們就不會完全沉浸在同理心中。真正的同理心，超越了說話者和傾聽者這種二元性。我們不是在參與一種交流，而是進入了同理心臨在的境界——一個有覺知、溫暖和關心的境界。在其中，所有的體驗，不管它在當下是我的還是你的，都是被彼此知道、感覺到的。藉由任何能讓我們向他人敞開心胸的工具，我們能進入那個空間。

❺ 編按。Lyme disease，為透過壁蝨叮咬而傳播的人畜共通疾病。最常見的早期症狀為慢性遊走性皮膚紅斑，中晚期出現神經系統、心臟、關節等損害。

我認爲，現在的社會和當今的世界非常需要這種眞正的、深刻的同理心。從我們個人對連結和療癒的渴望，到彌合政治、階級和種族分歧的迫切需求；從日益嚴重的全球難民危機，到氣候變遷的危險影響，同理心可以將我們的認同感擴展到傳統的邊界之外，甚至超越人類族群，將其他物種和整個生物圈都視爲一個整體。

完形治療法（Gestalt therapy）的創始人、精神病學家弗里茨．波爾斯（Fritz Perls）曾經說過：「接觸是有療效的。」我們發展同理心和眞誠接觸他人的能力，是我們這個物種進化和這個文明生存的關鍵。

練習：同理心的方式

下面是對同理心練習的回顧。運用以下方法來獲得、分享與表達同理心：

沉默的同理心臨在：全心全意，全神貫注地關注他人。

重述：對於對方所說的內容提出理解，總結他們的故事或重述其關鍵細節。

同理心反映：在你做出回應之前，通過反映來完成這個循環，專注於當下最重要的事情。如果感受是最強烈的，那就針對別人的感受，提出一個同理心的猜測。如果他們的熱情似乎與某樣重要事情有關，那就猜測他們的需求是什麼。藉由把他們的感受和需求連結起來，來練習內在自由的語句。盡量自然一點，一定要以問句的形式表述你的猜測，因為你是在檢查自己是否理解正確，而不是在告訴別人他們的經歷。

同理心表達：發自內心，誠實且真摯地回應。讓自己接受別人說出來的內容，他們的話對你有什麼影響？

同理心/同情心行動：允許自己用行動來回應。可以是肢體觸碰、也能詢問他們是否有任何特定的請求，或者確認對方是否歡迎你用其他方式支持他。

★原則

對自己有同理心，可以增加我們傾聽他人的能力，不管對方是否有能力傾聽我們。

★重點

同理心挑戰了我們分離的概念，敞開心扉去感受別人的快樂或痛苦，意味著我們必須願意去感受。要加強我們發揮同理心的能力，可以這樣做：

- 透過喜悅、感恩和自我同理心，來建立內在的韌性
- 透過整合三種同理心：體感同理心、情感同理心和認知同理心，來管理任何痛苦、潛在的壓力，或是分離的感覺
- 當彼此有不同意見時，把我們的注意力集中在別人的感受和需求上，以此來擴展自己的連結能力

我們可以藉由以下方法進一步平衡同理心的痛苦：

- 從談話中休息一下
- 獲得同理心或練習自我同理心
- 透過健康的愉悅方式（運動、音樂、藝術）自我舒緩
- 探索是否有讓你對他人的痛苦產生責任感、糾纏或扭曲責任的看法

★問與答

Q 問：我在發揮同理心時，是不是只是把自己的經驗投射到對方身上？

A 這就是同理心的悖論，它請求一個人完全活在當下，扎根於自己，同時又要超越自己的經驗，走出自己的經歷，去想像他人的內心世界。在某種程度上，我們總是參照自己的主觀經驗在理解彼此。每個人的經歷都是獨特的，但我們有表達情緒和需求的詞彙，因爲這些東西具有普遍性。雖然我永遠無法精確知道你的悲傷是什麼樣的感覺，但我可以找到近似的感覺，因爲我也曾經感到悲傷。但眞正的同理心中有一種謙遜。缺乏這種特質的話是：「我完全了解你的感受。」

而帶有謙遜的話則是：「我**無法**確實體會你的感受，但我關心發生在你身上的事情，我會試著去理解。」這種謙遜蘊藏著對他人經歷的深深尊重和榮耀。

Q 同情心和同理心的差別是什麼？

A 我使用這些詞彙的方式是：同理心比較廣泛，指的是心靈共鳴的能力。它是一種接受的特質，可以協調到人類的所有經驗中，無論愉快或不愉快，喜悅還是悲傷。同情心是同理心的一個子集，特別指對悲痛苦難的關心。同情心的接納層面，就是將同理心協調到痛苦上；而積極的層面，是準備做出反應以減輕痛苦。同理心和同情心都仰賴平靜，我們需要平衡和智慧來意識到他人的內心體驗，而又不會過度融入。

Q 我很努力嘗試同理我那十幾歲的女兒，但似乎無濟於事。我會說：「我聽得出來妳今晚很想出去，但是我必須完成這項工作，所以我不能帶妳出去。」然後她就會生氣，或說我根本不在乎她。

A 我很高興你努力把這些工具用在家庭裡。當我想到孩子們在學習這些技巧時，就對我們的世界有更多的希望。

我從你的方法中看到了一些東西，可以說明爲什麼你的女兒可能覺得自己沒有被看到或聽到。你似乎已經得出這樣的結論：你沒辦法同時滿足自己的需求和她的需求。心中如果有一個固定的結果，就會減少連結和合作的空間。從同理心轉移到你自己需求的速度有多快，就可以看得出來。

把提供女兒同理心和表達你的需求這兩件事分開來，給她全部的注意力，反映她的感受或需求，直到她覺得被傾聽了。**然後**，你再說出自己的想法，並且邀請她一起進行發想，找出對雙方都有幫助的方法。也許她先幫你，然後你就可以帶她出門？她可以先坐計程車，之後再還你錢嗎？就算你無法找到一個方法來滿足所有需求，傾聽和開放的合作意願，也會強化你們的關係。

10 如何在不引起爭執的狀況下提出某個議題

觀察而不評論的能力，是人類智力的最高形式。

——吉杜．克里希那穆提，印度作家、演説家、靈性導師

我們已經花了許多篇幅探討傾聽的過程：運用臨在與意圖、用平衡和開放的心態去與他人相處、辨識情緒、感知需求，還有培養同理心。這些練習增強了我們的傾聽能力，並形成了說話的基礎。

我在教正念溝通時，通常會先介紹聆聽的技巧，然後才介紹說話的技能，這是有原因的。首先，傾聽通常就是對話中的瓶頸。當兩個人都聽不進去時，理解就會停止，談話也就中斷了。其次，這就是我們學習說話的方式。每個嬰兒都是藉由聆聽母語的聲音、節奏和句法來學習說話的。當我們練習聆聽時，就會開始直覺性地學習如何表達自己。

現在讓我們談談等式的另一邊：自我表達。怎麼說出自己眞正的意思？我們需要先**知道**自己的意思。我們必須能夠傾聽內心，弄清楚自己所經歷的：我們想讓別人知道什麼？要怎麼以一種他們能眞正聽到的方式，完整而確實地溝通呢？

盧森堡的非暴力溝通模式核心：觀察、感受、需求和請求，提供了一個強大的範本，可以讓我們審查自己的經歷、想法和情緒，並確定我們希望溝通的基本要素。在討論自己的感受和需求之前，我們可能需要就相關事件達成共識。觀察有助於我們談論情境的整體狀況，如果不進行觀察，可能會在無關緊要的事情上爭論不休，或者對要討論的主題感到非常困惑。

在這一章中，我們將這場溝通之舞的注意力，從聆聽轉到訴說。我們將探討在對話中進行觀察的作用，看看一些訓練注意力的工具，以便於清楚地觀察，並學習如何將批判轉變爲有用的回饋。

你加入了什麼？

佛教教師西希薇雅·布爾斯坦（Sylvia Boorstein）講了一個故事：有次她打電話給一家禪宗靜心中心，爲即將到來的靜修進行註冊（那是在網路註冊之前的日子）。櫃檯說她必須先和一個叫史蒂夫的人談談，但是他今天已經離開了。於是第二天她又打電話過去，卻發現再度錯過了史蒂夫，並被告知明天早上再試一次，史蒂夫九點就會進來。第二天早上九點剛過，她便馬上打了電話，但櫃檯卻對她說：「很抱歉。史蒂夫還塞在路上。」

希薇雅感到很沮喪：「嗯，我想這表示我不應該用你們的靜修處！」櫃檯相當冷淡地回答：「不，這表示史蒂夫不在這裡。」

我們總是很快就對事情下結論！約瑟夫．戈德斯坦描述他在一次靜心靜修中，和一名學員進行面談。他注意到學員的下顎繃得緊緊的，並開始編故事告訴約瑟夫：「我是一個非常焦慮的人，總是很緊張、緊繃。」

約瑟夫回答說：「聽起來你好像有注意到你的下顎很緊。」

學員繼續說：「我總是很緊繃。這可能就是爲什麼我的感情都不長久，我永遠不會有一段長期的關係，因爲我實在太焦慮了……我永遠都會是孤單一人。」

約瑟夫又一次指出：「聽起來你感受到的是下顎有一種緊繃的感覺，剩下的都是你的想法而已。」

體驗到的是一回事，我們加進去的是另一回事。了解這兩者的區別就是關鍵所在，讓人能以一種建立理解的方式，去談論發生的事情。

原則：清楚陳述發生了什麼事，而不做判斷或評論，能讓別人更容易聽懂我們的意思，並朝著解決方案努力。

你是否曾經試著與人溝通，卻發現才說不到一句話，就已經陷入了爭論之中？或許你是這樣說：「我想談談最近廚房有多亂……」但在你還沒來得及說完這句話之前，對方已經開始爲自己辯護，或指責是你有潔癖。「剛剛到底發生了什麼事？」你眞的搞不清楚。

如果我們用一種別人不認同的主觀陳述來開頭，對方很可能會提出質疑。怪罪遊戲就是從「混亂、忽視、攻擊」的陳述開始的，清晰的觀察能讓我們在比較不會起爭執的狀況下，去討論一個事件。沒有觀察，我們就只能靠自己去解決問題。

你可能也有過這樣的經驗：有人走近你，一開口就是諷刺譴責，態度明顯不悅。你很困惑，猝不及防，心裡可能會想：「他們到底在說什麼？」

觀察提供了一個共用的參照點，爲我們提供了一個情境，讓我們以一種對方更有可能理解而無須爭辯的方式，去談論自己的感受和需求。

「觀察」有別於評價或解釋，它是對我們在環境中看到或聽到的東西，對某個事件的具體、明確與中立的陳述。

清楚而中立地訴說發生的事情，可以讓彼此更容易達成共識。我們可以透過篩選掉解釋、批判和評估，建立對事件的共同理解，從而在對話中涵蓋更多內容。

清楚地看

我的好朋友哈努曼知道如何區分觀察和詮釋。某天下午在波士頓，他在行人穿越道旁等待時，遇到一位迷人的年輕女子，他們有了短暫卻很溫暖的交流，彼此交換了電話號碼。幾天後，他打電話過去並留了言。幾星期過去，他都沒有收到回應，於是決定再打一次。又過了更久的時間，依舊沒有回應。哈努曼堅持自己的觀察：他們相遇時，他感覺到一種眞實的連結；他留了幾封訊息，沒有收到回音。

在接下來的幾個月裡，他又打了幾次電話，留下簡短友好的資訊，並明確邀請對方聯絡他。幾個月後，電話響了。原來她這段期間一直忙於住院醫師通宵達旦的工作，她很高興哈努曼仍持續打電話給她。他們相約去划獨木舟，最後約會了三年多。

詮釋我們的經驗並得出結論，這是很自然的行爲，也是我們如何掌握生活的一部分。大腦會持續評估，區分安全與危險、朋友與敵人。這樣清晰的區別是有用的，但反應性的、自動的或習慣性的判斷則不然。問題在於：當我們在沒有覺知的狀況下進行評論時，會把詮釋誤認爲現實。把觀察和評論混爲一談，進而在內心產生壓力，而且可能嚴重損害我們的人際關係。我們可以把一個臉部表情詮釋成任何意思，甚至不檢查自己是否一開始就理解對方，反而就此建構出完整的對立敘述。我們的思想從一個事件跳到一種解釋的速度如此之快，以至於很容易忘記這是兩樣不同的東西。

正念通常被定義爲沒有扭曲或偏見的覺知。它闡明了解釋的過程，明確點出我們的直接體驗和間接撰述之間的區別。一篇佛教經文請求修行人「見的時候，就只是見；聽的時候，就只是聽」。我們可以用正念來解構自己的信念和解釋。經由仔細的關注，我們從加入的層層想法、解釋和反應中，分離出實際的事件——所處環境中的實際資料。

清楚認知這種差異，能帶來相當深遠的影響。許多最痛苦的核心信念和心理模式，都根植於一些看不見的、沒有接受過質疑的故事，比如我們是誰、別人如何看待我們，或生活能提供什麼。

在這個過程中，要盡可能直接辨識出發生了什麼事。要確定某件事是否爲觀察，你可以問問自己：「這能被拍下來嗎？」攝影機記錄的是動作和聲音，它無法拍下一個人的「表現很冷漠」，它不能證明某人「從不」或「總是」做任何事情。攝影機記錄的是一個人「無視我」，還是一個人雙眼看著前方從另一個人身邊走過？

觀察的另一個關鍵指標，是它產生防禦態度的可能性。請記住，如果我們想要創造理解，總體目標就是要使用能產生連結的語言。要怎麼中立陳述這件事，其他人才能在不產生異議的狀況下理解你的意思？比起「當你無視我時」這句話，「當我看到你走進來打開電視時」比較不容易引發爭吵。

在非暴力溝通的注意力訓練過程中，提出觀察的基本形式之一是：「當我看到/聽到……」以「我」開頭，不要用「你」，將注意力從對方身上轉移到自己的直接體驗上。像「看」和「聽」

這樣的動詞，可以幫助我們專注於特定的事件，而不是我們的解釋。（這也顯示我們對事件的記憶可能有所不同。）

以下是一些觀察的要點：

- 用正念來辨別這起事件的原始資料。
- 把你實際知道的，和假設或詮釋分開來。
- 檢查時，問問自己：「這能被拍下來嗎？」
- 避免使用誇張或註解的詞語：總是、從不、一直都、無論何時、極少。
- 以第一人稱陳述經歷：「當我看／聽／注意到……時」，而非「當你說／做……時」。
- 確認是否有信心讓對方理解你的意思，且不會產生戒心。若無法，進一步完善它。

下方表格裡是一些例子，可以比較評論和觀察之間的差異。評論的詞語用粗體表示。哪一個比較可能

評論	觀察
「你幾乎沒有準時到家過。」 「你總是遲到。」	「我注意到你回家的時間，比你說的晚二十分鐘。」
「你實在太棒了。」	「我看到那些你完成的事情時……」
「當你對我很魯莽無禮時……」	「當我聽到你說……」 「當我聽到你說『隨便啦』，然後別開視線時……」 「當我看到你臉上那種表情時……」

或比較不可能建立理解？

一旦我們做了觀察，就會把它與我們自己的內在體驗（我們的感覺和需求）連結起來，分享出內心的感受。這三個組成部分：觀察、感受和需求，提供了一個簡單的地圖來表達我們的意思，往內判斷我們的狀況，然後往外分享出來。**發生了什麼事？你對此有什麼感覺？爲什麼？**訓練我們的注意力來識別這些特定的組成部分，可以提供清晰有力的資訊，來陳述我們的經驗。

練習：具體一點

想想最近發生的具有特定意義事件，無論是正面或負面。想想以下問題：

觀察：發生了什麼事？陳述越具體越好。如果你要把這件事告訴另一個人，他們會同意你的描述，還是會開始防禦？

感受：你有什麼感受？你心裡有什麼情緒？把責備的想法或擬似感受的字眼，看做是顯示情緒的資訊。

需求：重要的是什麼？對於每一種情緒，都要發自內心傾聽，並把它連結到你的需求。試著去意識到什麼才是你真正想要的，而非去注意你不想要的。

這樣做是否能讓你更清楚認識這些事情，或改變與他人討論這些事情的方式？

觀察也包括知道對於同一個情況，往往會有不只一種看法，而且我們的觀察幾乎總是受到自身主觀經驗的影響。一個著名的佛教寓言說明了我們的觀點是多麼有限。

國王召集了一群盲人，讓他們每個人去觸摸大象身體的不同部位。一人握著耳朵，另一人觸碰象牙，第三人撫摸尾巴，以此類推。之後詢問他們是否知道自己摸的是什麼東西時，每個人都信心十足的回答：「是籃子……」「是犁……」「是繩子……」

我們對自己的觀察是如此確定，彷彿自己清楚看到了全局。在個人層面中，我們強調的東西因個人主觀經驗而有所不同，然而這不只發生在個人層面，也擴及集體層面。在此層面上，我們對制度壓迫、權力和特權的不同經歷，也會產生截然不同的觀察結果。

例如，我自身享有的特權，可能會讓我對某些族群的動態視而不見。在一次會議上，一位女同事溫和指出，我率先發言的習慣，反映出我對自己社會地位固有的權力動態缺乏覺知。對我來說，我是觀察到大家都沉默了一陣子，所以我開口說話。而她注意到的是，在場的有色人種都還沒有發言，一名白人男性就在短暫的沉默之後發言了。我只從個人的角度看事情，而她是用更開闊的視野去觀察。由於白人男性的聲音幾乎在社會上所有方面都占主導地位，我選擇率先發言，從制度和個人的角度來看，會被理解爲非常不同的意思。

我們不只觀察到的東西不同，對它們產生的影響之解釋——我們賦予它們的意義——也會因環境不同而有極大差異。我的一個女學員最近抱怨說，她的律師事務所目前持續發生這樣的情況：一位男性同事常常在不經請求的狀況下，主動給她意見回饋。他從個人層面看自己的行爲，覺得自己是想要做出一點貢獻。她從男權壓迫女性的集體歷史視角、在一輩子被男性視爲下等人的背景下，體驗了他的行爲。她能看出他的意圖，但他看不見自己行爲的影響。爲了充分建立相互了解，並且處理這種情況，他可能需要去認識她的參照框架，並在更廣泛的背景下，審視自己的行動。

同樣的，有些人可能會把非裔美國人的成功（比如歐巴馬和歐普拉），視爲美國夢和消除種族主義的證明，而另一些人則把同樣的觀察，理解爲在更大的鬥爭背景下取得的非凡成就。以謙遜看待一件事，並知道有其他觀點的可能性，有助於開拓我們的視野，敞開大門迎向更多理解。

推論階梯

當我們對自己的詮釋（以及所依據的整體狀況）缺乏覺知時，就會傾向於把它們表述爲事實，並把我們看待事情的方式當成是現實狀況。這可能會引發爭辯，導致幾乎沒有對話的空間。

爲了有效溝通，我們必須研究感知的過程，看看自己的感受和需求是怎麼爲事件染色的。就像我們把敏銳的觀察力帶到周圍的具體事件上一樣，我們也能把一種徹底的誠實，帶到我們加入經驗的解釋當中。越能覺知到自己的批判和評估，表達自己的方式就越靈活。

著名商業理論學者、哈佛商學院名譽教授克里斯．阿吉里斯設計了一種名爲「推論階梯」

（Ladder of Inference）的視覺比喻，來說明我們如何做出解釋，並跳到結論的過程。

你可以在下方圖表六中看到此模型的一個版本。階梯底部是所有可觀察到的資料：構成我們生活的豐富圖像、聲音、思想、情感和感覺。（內心的事件，如思想和情感，也是這些資料的一部分，因爲對於有技巧溝通而言，觀察我們的內在經驗是必不可少的。）從這些資訊中，我們的大腦會自然選擇一些多少相關的資料。舉例來說，如果我們在餐廳裡交談，我們會把注意力集中在對方的話語上，過濾掉其他對話和周圍的聲音。

然而，我們傾向於根據自己的觀點和偏見來選擇資料。所謂的消極偏誤，就是這樣的例子，也就是我們會比較關注環境中感知到的威脅。在典型的室友關係中，喜歡整潔的人通常只會注意到室友那些不符合他們整潔偏好的行爲，因而忽

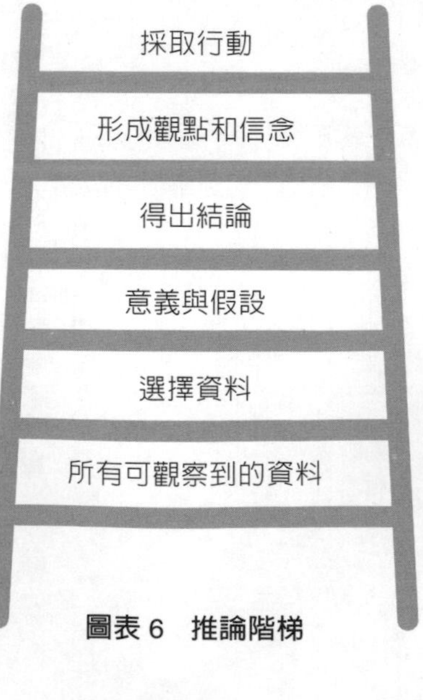

圖表 6　推論階梯

略室友也有乾淨的時候，或是在其他方面做出的貢獻。這個選擇過程本身就是一種解釋的形式，扭曲了我們的觀點。

透過關注那些存在的美好，來對抗這些消極偏誤的傾向，就是加強戀愛關係的一個重要部分，並進一步建立了心理學家暨作家約翰·高曼所說的「喜愛和欣賞」系統。伴侶的行為、行動或性格中，是否有一些正面特質，被我們認為是理所當然的？更有意識地關注這些特質，而不是只注重在困難或煩擾上，能帶來什麼效果？正如我們在上一章探討過的，品味美好也能改善心理健康、適應力以及情緒的美滿。

從我們選擇的具體事件和資料中，大腦會開始做出各種假設和意義。希薇雅說：「我想這表示我不應該用你們的靜修處。」靜心中心的學員說：「我一直很緊張。」這個過程會繼續自然爬上推論階梯，就像樹上的猴子一樣毫不費力。我們得出結論、形成固定觀點，然後根據這些信念說話或行動。

一般而言，這整個過程通常在我們的覺知雷達之外，是自動發生的。從定義上來說，我們完全沒有察覺到自己的假設。正念練習就是教導我們更仔細地觀察這些知覺的內在運作。它拉開帷幕，看到意識的精靈在操縱和塑造我們的經驗，將其分門別類，建構出我們的生活。

不只如此，正如在圖中所看到的，這個過程有回饋的迴圈。我們的觀點和信念使我們更容易選擇特定的資料；我們的每個選擇和行為，都會影響之後要接觸哪些資料、決定要與誰共度時光、參加哪些活動等等……

這個過程也是集體發生的。新聞和娛樂媒體是強大的社會過濾機制，根據要銷售的內容，去選擇和呈現資料。社交媒體運用的演算法，創造了線上同溫層，讓我們只能接觸到確認自我現有觀點的資訊。這些偏見的影響，在我們的意識中根深柢固。試想一下，當一名年輕同性戀者的學校裡，沒有一個班級讚美肯定LGBTQI（非異性戀同志：女同性戀、男同性戀、雙性戀、跨性別、酷兒、疑性戀、雙性人等各種非傳統異性戀者），或那些來自貧困家庭的人，在電視上只能看到財務成功的故事，這會對他們產生什麼樣的影響。

這過程在我們的生活中如何發揮作用，其影響是巨大而深遠的。這些篩選縮小了我們的視野，也因爲消減了建立多樣化關係的機會，助長了恐懼和對立。正如馬丁．路德．金恩博士在一九六二年的一次演講中所說：

我確信人們憎恨彼此，是因為他們害怕彼此；他們害怕，是因為不認識彼此；他們不認識，是因為不與彼此交流；不交流，是因為他們彼此分離。

我們可以利用推論階梯來催化自己的覺知。當我們捲入衝突時，往往處在階梯的高層，對自己與對方的動機或意圖，抱持著固定的成見。當我們試圖理解別人的行爲時，痛苦的情緒也會驅使我們爬上梯子。不同「梯級」之間的具體區別其實並不重要，重要的是覺知到我們已經爬上了高高的階梯，並培養往下走的技巧，這樣我們才能做出對方認可的觀察。

練習：使用階梯

在一整天當中，注意內心的各種想法。當你注意到對自己或他人的解釋，位在比較高的階梯上時，看看是否能爬下來。哪件事正在使你有所反應？

注意對話。當你或其他人爬上階梯中較高的位置時，要特別注意。眼前的具體資料點是什麼？將對話轉向這些具體問題，而不是彼此的解讀，會產生什麼影響？

轉譯負面的評論

從階梯上爬下來不會總是很容易，尤其是在那些帶有強烈負面解讀的事件中更是如此。就其原始形式而言，這種直覺反應的判斷很可能會讓我們陷入爭論。但只要剝離從具體觀察、我們的感受和與之相關的需求中產生出來的判斷，我們可以把自己從它們的控制中釋放出來，走出怪罪遊戲。這讓我們在與他人對話時能有更多選擇，而且可以改變很難聽到對方真正意思的指責陳述方式。

原則：將評論轉變為觀察、感受和需求，可以得到珍貴的資訊，知道哪些方法有效、哪些沒用，並為如何前進提供線索。

在訓練自己進行觀察的過程中，我們也培養誠實。當我們在思考觀察和評判的區別時，哪個才是眞實的？那個人眞的「粗魯無禮」嗎？還是說，「他做了或說了一些你不喜歡的、不符合你尊重他人請求的事情」，才是比較眞實的敘述？說「你從來不表現感情」準確嗎？還是「你沒有表現出我想要的那種感情」？當我們以這種方式對自己誠實時，可以爭論的部分就會減少，而有更多空間去傾聽彼此。

轉譯負面評判的第一步，是要認識我們的判斷，把它視爲重要的資訊並予以尊重。判斷和評估只是我們學習與內心世界溝通的一種方式，它們反映了我們自己未得到滿足的需求。

練習：轉化批判與評論

用這個練習來處理你對自己或他人可能抱持的批判。從一個比較不困難的情況開始，感受一下這個過程。你可以用這項活動來為對話做準備，或者隨著越來越熟練，也可以在對話進行當中使用。

首先讓頭腦平靜下來，開始感知你的呼吸。盡量確實地連結到你發自好奇和關心的意圖。回想某一次情境，當時你下了一些希望可以轉化的評論，然後：

說出你的評論：大聲說出來或者寫下來。讓自己真正感受它。如果有很多，選一個去探索就好。記住，這是一項有價值的資訊，表達了某樣對你很重要的事情。

調查：實際的事件是什麼，讓你做出反應的直接觀察是什麼？如果有好幾個，先選擇一個集中注意力。

觀察：你有辦法盡可能清晰、中立地觀察嗎？這能拍下來嗎？對方可以理解你的意思而不起爭執嗎？

感覺：你對這起事件產生什麼情緒？在這裡多花點時間，讓自己充分感受。如果最初的評論回來了，或出現新的評論，承認它們的存在，並重新感受你的情緒。

需求：傾聽內心的需求。在這件事情上，什麼對你很重要？你確實想要什麼，而非不想要什麼？是否有不同的需求連結到不同情緒？仔細檢查，直到你找到一、兩個核心需求。你渴望什麼？

反映：回顧你的觀察、感受和需求。這個過程對你針對這起事件的體驗，有什麼影響？重複這個過程去審視你的其他評論，一次一個就好。

在理想情況下，我們應該在說話之前，就把自己的評論轉化為觀察、感受和需求。然而有時候，尤其是很痛苦時，就無法做這個轉譯的工作。在這些情況下，從朋友或導師那裡尋求同理心是很有幫助的。有時候，一名值得信賴的同伴，可以幫助我們辨識自己的情緒，以及其背後激發出來的強大價值觀。

如果仍然無法得到觀察（或是如果我們沒有時間和精力去做），可以透過承認它們的主觀性，來爲自己的評論負責。換句話說，我們可以觀察自己的評論。以下有一些例子，說明我們如何分開觀察和評論，對這些評論和批判負責（用粗體表示）：

- 當我聽到你那樣說的時候，**我告訴自己，你是在批判我**。
- 當我聽到你說要幫忙的時候，**我覺得你人實在太好了**。
- **我很少看到**他做出一個決定後，沒有三心二意、改來改去的。
- **我覺得**他很迷人。
- **我認爲**她很棒，她主持會議的時候，我們就能安排好整個議程。
- **我不覺得**他有辦法持續做這份工作超過幾個星期。
- **我根本不記得**他有哪一次是不必提醒就全部做好的。

讚美、意見回饋與感恩

將評判轉化爲觀察、感受和需求，是一個靈活的範本，可以爲我們生活中的許多領域帶來清晰、豐富和意義。

讚美是正面評論的一種常見形式，雖然它可能讓人感到愉快，但我們從讚美中學到的東西卻很少。更重要的是，讚美使一個人的權力地位淩駕於另一人之上，決定了他人行爲的價值。我們可以改說出正在慶祝的具體行動，以及我們的哪些需求已經得到滿足。

將讚美：「表現得很好！你實在太棒了！」

轉變爲：「當我聽到你得到這份工作時，我對於你有能力達成的目標感到很驚喜。」（口頭上說出進步或意義的需求）

我們也可以使用這種格式，爲彼此提供準確的意見回饋，說出什麼有效或無效（觀察），以及爲什麼（我們的需求）。在與工作相關的情況下，根據團隊的共同價值觀或目標來確定需求，通常是最有用的。

原則：在提供意見時，要明確說出什麼有效、什麼無效，以及為什麼，這讓對方更容易學習。

在親密的關係中，我們可以用溫柔的話語「我愛你」，來表達我們的快樂和對彼此的關心。雖然這可以表達一定的感情深度或承諾力量，但若詳細說明，可能會更有意義。我們說的話是什麼意思？我們是否會對某些特定的特徵、言語或行爲做出反應？我們到底是什麼感覺？爲什麼會有這種感覺？想想這類話語的濃度，比如說：「當你握住我的手時，我感到很安全、溫暖和自在。我很高興有你在我的生命中作伴。」

當需求得到滿足後，就有機會表達我們的感激之情。以下的練習爲我們提供了一種表達方法，讓我們敞開心扉，透過說出別人對自己生活的貢獻，來慶賀讚頌之間的關係。我們可能必須跨出自己的舒適區，坦白而眞實地說出口。但這樣做能獲得的回報，就是彼此的連結程度更加深厚。

練習：表達感激

下次有人做了你喜歡的事情，要讓他們知道。與其說「謝謝」，不如冒個險，完整分享你的感激之情。明確說出他們說了什麼或做了什麼、你的感受如何，以及為什麼。發自內心地說，專注於表達為什麼這件事很重要，或是它對你有什麼意義（而不是簡單地遵循格式與結構）。

在我們學習這些工具時，覺得某種溝通方式才是「正確的」是很常見的狀況。「別再誇獎我了……這是一種評論，不是觀察！你正在使用擬似感受！」我們越是認爲有正確和錯誤的說話方式，就會越遠離眞正的好奇和關心。

這些練習的重點、精煉我們思想和措辭的方法，最終是爲了**建立理解和連結**，以滿足需求。如果你發現自己在想：「這是一個觀察嗎？在正念溝通中，我能說這樣的話嗎？」請後退一步，重新連結你的意圖。想一想：「另一個人會怎麼聽這些話？這些話可能帶來連結和建立理解嗎？」如果答案是肯定的，那就去做吧！如果不行，那就用另一種對方比較可能聽進去的方式，眞實表達自己。

開口的勇氣

開口說出我們的觀點並不總是那麼容易，我們可能有過不被看見或聽到的痛苦經歷，甚至可能曾經被強制保持沉默。要找到我們的聲音，可能需要耐心、勇氣，還要來自充滿愛的朋友與社群的支持。

無論是內在的還是制度結構上的困難，只要辨識出這些根源，都是可以獲得釋放的。

凱倫在國際上致力於永續發展和農村發展的議題，她的工作表現很好，但她發現在工作中辨識出自己的需求並表達自己，是很困難的事。在一次培訓課程後，她意識到在成長的過程中，家人一直不接受她的觀點，她因而學會了懷疑自己的經歷。這種領悟幫助她開始療癒這些挫敗底下的傷痛，爲自我表達開啓了新的可能性。

我曾經提過自己對開口這件事的掙扎。大約在我接觸非暴力溝通的同時，我也在學唱歌和彈吉他。這一切幫助我找到自己的聲音，這既是字面上的意思也是比喻。在我唱歌時，我能感覺到喉嚨和胸部的緊縮鬆了開來。這種放鬆延伸到人際關係領域，給了我勇氣去分享自己的感受和需求，並開始填補我和他人之間的鴻溝。

個人對自我表達的困難，通常會因結構制度問題而複雜化。當我們屬於歷史上一直受壓迫的群體時，往往會內化過去世世代代因開口說話而被制度性地忽視、懲罰甚至謀殺的影響。可悲的是，這可能會導致社會中那些最需要被傾聽的聲音，最沒有站出來開口的能力，持續著那個看不見又滿是壓迫的迴圈。

對個人生活經歷的背景有批判性的認識，可以帶來強大的靈感和洞察力，使我們從各種個人失敗感中解放出來。我們可以尋求支持，去療癒這種遺毒的內在痛苦，並與他人合作，轉化那些使我們無法被傾聽的權力系統。要克服外在與內在的障礙需要時間，也需要堅定的支援。儘管如此，就算是再根深柢固的模式也能改變，讓道給偉大的自由和清晰的自我表達，以及讓所有人真正自由的承諾。

★原則

清楚陳述發生了什麼事，而不做判斷或評論，能讓別人更容易聽懂我們的意思，並朝著解決方案努力。

將評論轉變爲觀察、感受和需求，可以得到珍貴的資訊，知道哪些方法有效、哪些沒用，並爲如何前進提供線索。

在提供意見時，要明確說出什麼有效、什麼無效，以及爲什麼，這讓對方更容易學習。

★重點

觀察的小訣竅：

・用正念來辨別這起事件的原始資料。
・把你實際知道的，和假設或詮釋分開來。
・檢查時，問問自己：「這能被拍下來嗎？」
・避免使用誇張或註解的詞語：總是、從不、一直都、無論何時、極少。

・以第一人稱陳述：「當我看／聽／注意到……時」，而非「當你說／做……時」。
・確認是否有信心讓對方理解你的意思，且不會產生戒心。如果沒有，進一步完善它。
・使用推論階梯來分辨你是在觀察還是在評論。

★問與答

Q 我有位親戚，只要一生氣就會非常好鬥、大吼大叫。我要怎麼在不讓他們變得更生氣的狀況下，進行觀察呢？

A 我聽得出你很想找到一種方法和這個人對話，又要盡量減少激怒他們的機會。然而，其實不管我們怎麼說話，都無法控制別人的反應。我們能做的，就是從一個健康的意圖出發，盡可能巧妙地處理這種情況。

你能以「從朋友獲得同理心」開始。如果你覺得自己獲得傾聽和理解，你就能帶入更多清晰和平衡到眼前的狀況中。然後找個時間，在那些模式還**沒有發生**的時候就去談論它們，這能增加對方聽你說話的可能性。我的建議是，你喜歡這段關係裡的什麼部分，就用這個來引導，或是用你想要建立的東西，來構建對話的框架。例如：「我非常希望我們能夠以一種輕鬆的方式，在家庭聚會上共度時光。」

在處理模式時，從一個特定的實例開始。要做觀察時，你可以參考自己的方式或偏好，來描述對方的行爲：「你表達自己的某些方式，讓我很難聽出你的意思，我感到害怕和不知所措。能談談當意見不一致時，要如何處理事情嗎？」聽聽對方的想法，看看你們是否能一起討論出如何駕馭這種動態。

Q 當我在陳述觀察、感受和需求時，感到非常彆扭。即使當我設法說出來了，它聽起來也非常不自然，反而導致連結減少，而不是增加！

A 這種格式只是個骨架，而不是劇本，沒有必要嚴格遵守它。以任何你感覺眞實的順序去運用這些基本要素。要讓這些要素眞正成爲你的，需要一些時間。我們是在重新訓練注意力，以便看得更清晰。剛開始的時候，你當然可以堅守這些原則，然後只要靜靜地隨之發展就好。

馬歇爾．盧森堡常說：「不要把習慣和自然搞混了。」我相信，對我們來說，去意識自己的感受和需求，比互相指責更自然。責備和批判是學來的，當嬰兒肚子餓或疼痛時，他們會哭，而不是去責怪父母。那些話感覺起來不自然，是因爲我們沒有練習過。

Q 如果我沒辦法轉化評論呢？我看得出自己在評論，甚至對自己的感受和需求有一定程度的覺知，但是心裡還是會怪罪對方，該怎麼處理這樣的困境？

A 有時候怪罪的感覺很眞實，對吧？批判的強度，與我們的感受和需求強烈程度成正比。情緒越強烈、需求越深，批判就越激烈。這就是頭腦和心靈運用的方式，讓我們知道：「嘿！這眞的很重要！」

獲得同理心是轉化這種能量的最好方法之一。找個眞正能傾聽的人，能對你的經歷提供眞實的反映，而不需要對方的同意、安慰，也不需要試圖解決問題或制定策略。

在某些情況下，取決於你們之間的關係，你說不定會從自己批判的那個人身上得到支持。如果他們有一些工具，能看出你陷入評判之中，就尋求他們的幫助吧！如果他們能傾聽並提供同理心，將是非常有益的。

Q 你如何處理那些不承認某些事實、擁有不同資料，或擁有「另一種事實」的人？如果一部分的問題是你根本不能同意某一種觀察時，該如何進行對話？

A 如果這些工具只在我們意見一致的情況下才有效，那麼它們的效果就很有限了。它們的力量在於，在任何情況下都有建立連結的可能性。關注需求，在共同的價值觀上達成一致，是我們能夠進行有意義對話的原因。我們眞正在做的，是建立共同使用的框架和標準，在其中找出解決的方法。例如，如果我們是政策制定者，雖然在氣候變化的科學看法上不能達成一致，但我們仍然可以一同探索可行的經濟規定、聰明使用資源等需求。

當我們深切關注眼前的問題時，這樣的對話會很具挑戰性。因此，提前盡量多做一些內在工作是很重要的。對於受他人觀點影響而產生的各種痛苦、恐懼、絕望或憤怒，要具有同理心。然後試著去看他們的人性，用同理心舒展你的心，試著去理解他們的選擇。對於表面上看起來不可理解的東西，去接觸其背後更深層次的需求。這可以打造出重要的橋梁，讓我們彼此傾聽，並可以保護我們不退化到只能根據刺激有所反應。

你也能直接探究分歧之處。你可以這樣問：「我想我們都很在乎有沒有正確的資訊，都認爲好的資料可以幫助我們做出更明智的決定，對吧？」我想大多數人都會同意。你可能會繼續說：「對我來說，我擔憂的是自己認爲你的資料是有偏見的；而我認爲，你對我呈現的內容也一樣擔心吧？」在此基礎上，你們也許就能對共同的擔憂，以及審查資料的策略，展開更豐富的對話。

Q 有時候我不願意做中立的觀察，尤其是當有人造成傷害的時候。如果有人說了一些種族歧視的話，或做出具侵犯性的小動作，我根本不在乎他們是否會感到不高興或防禦。我爲什麼要特意讓他們聽懂我的意思呢？

A 我聽到你有強烈的意志要表現完全眞實，也清楚認知到你不爲他們的感受或反應負責。我猜在這種互動的個人層面之下，這一切都被種族主義的歷史動力所強化。做中立的觀察並不代表要降低一個人的眞實性，或要表現「友善」，也不是要照顧別人，或小心翼翼地對待他們的感受。中立的表達是一種**策略**，是爲了滿足需求——理解、清晰、連結。

如果你的目標是給這個人一些誠實的意見回饋，或是經由對話改變他們的行爲，那麼問題就變成：什麼方法最有效？什麼最有可能創造理解並激發改變？當有人做了傷害我們的事時，我們傾向直接把這種痛苦扔回他們身上。然而這些工具提供了一種方法來說出你的經驗，在某種程度上打開他人的心，催化他們意識的轉變。這樣做是爲了在表達完全眞實的同時也表達關懷，分享你內心深處的感受，而不用怪罪他人。觀察可以達到這個目的。

11 如果你想要某樣東西，就去請求

人必須張開手才能接受，也必須張開手才能給予和觸碰。心也一樣，必須敞開，去給予、去觸碰另一顆心。

——琳恩・崔斯特，全球行動主義者、資深慈善募款人

前陣子，我和一位來學習靜心的學員萊拉聊天。有慢性疼痛問題的她和父母住在一起，而他們目前正在搬家，因此她必須收拾行李。但正在忙碌時，她的關節和肌肉疼痛不已，光是躺著就會痛，更不用說打包裝箱或搬東西了。

聽了之後，我表現出同理心並問她：「萊拉，我可以問你一個問題嗎？你爲什麼不向家人或朋友尋求幫助呢？」聽起來或許很奇怪，但她從來沒有想過要尋求幫助。這種最基本、最簡單的可能性，卻埋藏在她的意識底下。在接下來的對話中，我們針對她爲什麼看不見這種可能性，去探索她的假設和信念。我能理解她的抗拒。小時候，家庭聚餐時，我經常感覺自己是隱形的，我花了很多年才鼓起勇氣開口說話，並請求別人傾聽。

提出請求的能力，是訓練注意力集中在重要事情上的最後一個核心部分。在對話中，「請求」

能讓事情一次向前推進一步、建立理解，並提出對每個人都有幫助的解決方案。在本章中，將探討我們可以提出哪些不同類型的請求，以及其中的一些條件。

需求的禮物

「我不想請求別人，我不想要加重他們的負擔。」

「我可以處理，沒事的。」

「這沒什麼大不了，我不希望他們覺得有義務要……」

有時候，一個人獨自扛下負擔，比在尋求幫助時出現的彆扭、恐懼或不舒服中掙扎容易得多。我們的意圖可能相當健康：我們眞心**不希望**別人覺得有負擔，我們尊重他們的自主權、時間和精力，並希望確保他們能夠自在地說「不」。

然而，不需要因爲這些價值觀而不肯提出請求。事實上，它們使我們能夠提出眞正有效的請求，支持雙方的合作。當我們無法考慮他人的需求時，我們會提出命令。這是因爲缺乏**表達**這些價值觀的技巧，也缺乏運用這些反應的能力，才讓自己因此陷入困境。同樣的，如果我們不能想出一種以上的策略來解決問題，我們的請求可能會帶著迫切的絕望，令對方感覺彷彿沒有選擇。在這一切的背後，我們的恐懼、信念和脆弱，都會阻止我們開口請求。

提出請求就是在尋找方法滿足需求，請求就是承認我們之間的相互依賴，以面對失望或被拒絕的可能。我們可能都有過這樣的經驗：去請求自己所需可能是危險的、可恥的，或是徒勞無功的，所以何必自找麻煩呢？又或者，我們一直以來學到的是，給予是滿足需求的唯一途徑，來自他人的幫助必定會附帶隱藏的事件和附加條件。

正如我們探索過的，文化迷思中那些自給自足或個人成就理想主義的信念，會進一步限制我們尋求支援的能力。在集體層面上，根深柢固的制度可能引起無用和絕望的感覺，或使暴力看起來像是可行的策略。這些訊息和經歷常常帶來複雜而混亂的關係，讓我們不知道如何滿足自己和他人的需求，以及如何為改變而努力。

看到我們的文化、社會與教養如何扭曲和複雜化給予及接受——最基本、最美麗、最自然的人類衝動——我的心都碎了。花時間和孩子相處（有好好休息、好好吃飯的孩子），你就會知道他們在給予、分享和幫助身邊的人時，所感受到的快樂❶。

互相幫助是我們最基本的動力之一：這樣做會帶來快樂。想一想，當你做了一些簡單的善意舉動，比如撐著門、微笑或跟某人問候時，會感到多麼放鬆和振奮。回想一下，自己最近一次幫助有需求的朋友，並不是因為你**必須**幫忙，而是因為你**可以**幫忙。

那種感覺很好，對吧？

需求可以是個禮物，而不是負擔。當我們能夠調整選擇和意願，尊重彼此時間和精力的限制時，所有的需求就成了邀請，招待你體驗給予和接受的喜悅。

練習：給予與接受的反思

反思給予和接受的感覺，可以經由請求你需要的東西，或是幫助別人，而改變你的人際關係。花點時間讓身體平靜下來，讓注意力隨著呼吸的感覺聚集起來。當你感覺準備好了，就想想以下問題：

回憶一下，你在生活中幫助別人的一次特定經驗，不是因為你覺得有義務，而是因為你想這麼做。認真思考伸出援手的感覺，現在回想起來是什麼感覺？如果你後來知道他們需要幫助，但你沒有伸出援手，你會有什麼感覺？

接下來，回憶某次你需要幫助時，某人在你身邊。你相信對方的幫助不是因為他們覺得有義務，而是因為他們真心選擇幫助你。得到他們的支持是什麼感覺？現在回想起這件事是什麼感覺？

想起自由給予和自由接受的感覺後，當你需要幫助時，是什麼阻礙你尋求幫助呢？

❶ 研究人員注意到，一歲大的孩子就有能力「安慰他人的痛苦、參與家務勞動、幫助成年人拿取或指向擺在遠處的物體」。

一個小祕密

二十歲出頭的時候，我的一個好朋友說了從他爸爸那裡得到的建議。高中畢業時，他爸爸說：「我要告訴你一個生活的小祕密：如果你想要某樣東西，就去請求。」

這就是提出請求背後的核心原則。

提出明確的請求是相當罕見的。去聽任何對話，看看說話者有多常在結束一段陳述時，提出他們希望聽到什麼回應，或說出希望看到接下來發生什麼事。有多少次，你在說一些很重要的事情，卻讓對方把對話引到一個完全不同的方向？如果不告訴別人自己想要聽到什麼，他們就只能自己猜測，或隨心所欲地回應。

原則：我們越清楚自己想要什麼、為什麼想要，就越能發揮創造力來實現它。

相反的，在陳述之後加上一個請求，可以讓其他人知道該怎麼提供幫助，並爲接下來的對話方向提供具體的想法。了解提出請求的力量，是很有啓發性的。正如我的一名學員所評論的：「最令人沮喪的是，後來才知道，我沒有得到想要的東西，只是因爲我沒有讓別人知道我需要什麼。」

「請求」是個問題，關於一人是否願意執行特定行動來滿足需求。請求是策略，與命令不同。

「不要灑出來」：提出請求

有一次，我在機場等候登機，看到一位媽媽帶著兩名小女孩。比較大的孩子，不超過五、六歲，正拿著一大杯插著吸管的飲料。媽媽的聲音裡帶著煩躁和激動：「不要灑出來！」我看著小女孩的身體因焦慮而緊繃，試著想辦法「不灑出來」，以避免又被責備。

如果這位媽媽說：「寶貝，那飲料很大一杯，我擔心它會灑出來。**妳能用兩隻手小心地拿著它嗎**？」狀況會怎麼樣呢？有了這樣的請求，女兒就能得到具體的指示，可以更清楚、更容易地達成媽媽的請求。

請求可以衡量對方是否願意幫助我們，或同意我們的策略。爲了盡可能清楚說明這一點，在提出請求時，最好涵括這三種特質：

一、**積極**：表明我們**想要**什麼，而非**不想要**什麼。

二、**精確**：請求是具體的、可行的，而不是模糊或抽象的。

三、**靈活**：請求與命令不同，它們提供如何前進的建議，同時對其他想法持開放態度。

提出請求可能很有挑戰性，但我們已經培養了這樣做的技巧。提出積極請求的能力，是根據我們辨識需求，並提供策略來滿足這些需求的能力。提出精確的請求，取決於是否有能力找到清晰的觀察結果及具體行為。而請求的核心、靈活度，則來自於理解我們的需求、對他人的需求保持敏銳，並具有足夠的創造性，能夠找到一種以上的策略，來滿足當前的所有要求。以下有幾個例子可以說明這些特性。

不積極：「不要那樣跟我說話！」

請求時：「你願意降低音量，或是我們可以休息一下嗎？」

不積極：「你會更愛我嗎？」

請求時：「你回家時，能試著記得看著我的眼睛跟我打招呼嗎？這對我意義重大。」

不積極：「我們必須談談。」

請求時：「我們能找時間坐下來好好談談嗎？若不行，你有能解決這事的想法嗎？」

練習：聆聽請求

在一整天當中，注意是否有任何請求。人們（包括你自己）有多常讓別人知道他們想要聽到什麼回應？什麼時候是含蓄的表達？當一個人確實提出請求時，它是積極、精確、靈活的嗎？

請求的種類：尋求同理心

對話中有兩種基本類型的請求：針對連結的請求、提出解決方案的請求。「連結請求」就像在檢查連線有沒有斷掉，實際上則是在說：「你還在嗎？」它們完成了一次溝通的循環，確認發送的訊息已經收到，並爲信任和善意的種子澆了水。「解決方案請求」則是提出具體的策略，以滿足雙方的需要，並就未來的方向達成協議。

在簡單的情況下，解決方案請求可能就足夠了。「這個怎麼樣？你有辦法撥出時間做XYZ嗎？」但對於較具挑戰性的問題，就需要在討論解決方案之前，先打好基礎。畢竟，另一個人的合作意願，是基於我們建立的理解和連結品質。在第七章中，我們曾提過在提出解決方案之前，建立理解、信任和善意的重要性。

原則：我們對彼此的了解越多，就越容易找到對所有人都有幫助的解決方案。因此，在解決問題之前，盡量多相互理解。

當我們從整體狀況或肢體語言中看不出對方是否理解時、當事情特別緊張時，或者當我們感覺被理解很重要時，尋求反映是很有幫助的。這裡有幾個例子：

反映／同理心的連結請求

- 「你能告訴我，你（從我說的話中）聽懂了什麼嗎？」
- 「我不確定自己是否完全清楚。你現在理解了什麼？」
- 「你能告訴我，針對什麼東西對我很重要這點，你的理解是什麼嗎？知道這一點眞的會幫助我感覺獲得理解了。」
- 「我想要確定我們現在的想法是一樣的，你從這當中聽到了什麼？」

如果我們感覺到對方是和自己在一起的，那麼可能就只想知道他們會有什麼反應。

回應／資訊的連結請求

・「聽到這一切，你感覺怎麼樣？」
・「你覺得如何？你對此有什麼感覺？」
・「我能說些什麼或做些什麼，讓你感覺更受到理解嗎？」

做出連結請求並不總是很容易，也不一定是自然發生的。一開始可能會覺得很彆扭，這需要練習。然而，隨著時間過去，讓別人知道我們眞的有興趣傾聽彼此，會是一種讓大家團結起來的強效方式。

在我二十幾歲的時候，由於持續使用這些工具，我和爸爸的關係變得相當親密。我告訴他，我非常想讓他更了解我的生活，如果他只傾聽就好，那將會非常有意義。他會先同意，但隨後還是不免打斷我、提出建議或解釋爲什麼我「不應該有那種感覺」。我耐心聽著他的話，因爲這是他關心的表現，然後再提醒他，對我最有意義的是他的專注傾聽。他會聽我說，我也會不時確認他是否還在聽我說話。每隔一段時間，我會問他對我分享的東西有什麼感覺。感覺被傾聽了之後，我通常也會更願意接受他的建議。

我和家人建立連結的嘗試，並不總是那麼優雅。我最初練習非暴力溝通的另一個受害人，是我的爺爺。我都叫他薩巴。他在波蘭長大，十幾歲時搬到當時的英屬巴勒斯坦。我認識他的時候，他幾乎全盲了，住在他爲家人建造的房子裡。

最後幾次見到薩巴時，有一次我坐在他床邊，爸爸替我們翻譯。我告訴他自己有多愛他，回到家之後會多麼想念他。我小心翼翼地在每個句子結束時都加上請求，問他是否聽懂我說什麼。過了一會兒，爺爺的臉色變得非常陰沉，顯然很不高興。

「怎麼了？」我問道。

爸爸解釋說：「他說自己不是小孩子，他明白你在說什麼。」

在我對於建立連結的熱情、翻譯的尷尬、跨文化的交流中，我沒有意識到爺爺完全能理解我的意思。我還沒有培養出直覺，知道什麼時候須請求反映，什麼時候須請求回應，什麼時候要相信自己的直覺、順其自然。如果我能回到過去，我只會發自內心說話，然後問他兩個問題（都是連結請求）。第一，「薩巴，你聽到這一切後，感覺怎麼樣？」然後，「你有什麼想讓我知道的嗎？」

最後，我們解決了這個問題。我道了歉，並解釋我的本意。我相信他有聽出他那奇怪的美國孫子是多麼愛他。

◐練習：提出連結的請求

說話的時候，思考一下你想從對方那裡得到什麼。你想被傾聽和理解嗎？你信任它必定會有效發生嗎？如果不信任，試著大膽提出一個反映的請求。可以相當簡單：「你知道我的意思嗎？」或者非常精確：「你從我剛才說的話中聽到了什麼？」如果你想知道對方內心的反應，就去問。

要相信自己有能力判斷出對方的理解程度，以及與你的連結程度，觀察眼神交流、臉部表情和肢體語言的線索。在提出連結的請求時，使用對你來說自然和真實的方式。如果是身邊親近的人，甚至可以告訴他們，你正在試驗一些新的東西，問他們是否願意和你一起試試看。

即使我們無法達到更深層次的人際關係連結，在制定具體策略前，討論潛在的需求和目標仍然是至關重要的。如果不了解對雙方都有利害關係的是什麼，我們創造的解決方案就不太可能處理到所有的要素，也不太可能是發自眞正的意願。因此，關鍵在於從相互了解到解決問題的轉化過程。

向解決方案移動的請求

- 「還有嗎？你還有什麼想讓我了解的嗎？」
- 「現在可以開始討論我們接下來要怎麼做了嗎？」
- 「你有什麼對我們雙方都有幫助的想法嗎？」

在探索策略時，我們越有創意，就越有可能找到可行的解決方案。在達成協定之後，爲了把成功的機會最大化，一定要檢查對方是否有任何顧慮或保留。

原則：先對「滿足越多需求越好」的策略擁有自己的想法，能讓他人也尋找有創意的解決方案。

桌上的鮮花

請求最基本的因素，是它背後的意圖。它包含了一個有靈活度的內在方向，會考慮到其他人的需求，並且與命令是不一樣的。本質上，它是一個提議：「這個怎麼樣？」這是對話的**延續**，是對下一步走向的最佳猜測。

另一方面，「命令」是對話的終結，是當我們看不到其他選擇，才運用力量或脅迫來達到目的。「請求」是邀請合作，命令是威脅一定要這樣的結果。我們可以用聲音的起伏變化或特定的詞彙，來表現請求的合作性質，表明我們願意探索其他可能性，並希望獲得關於他人需求的資訊。你要提出請求時，下面是一些可以運用的方式：

- 「你願意做……？」
- 「你可以……嗎？」
- 「如果……的話你可以嗎？」

盧森堡博士以一種相當有詩意的方式，抓住了提出請求的精神：「請求別人滿足你的需求，就像為桌子擺上鮮花，而不是為肺呼吸空氣。」如果我絕望又迫切地拜託你去做一件事，你感覺自己有多少選擇？同意幫忙的喜悅有多大？但如果我帶著開放與輕鬆的心情請求你，就像在說：「這樣不是很好嗎？」這得根據將關係轉化為需求，並依據滿足需求的快樂來構建提出的請求。回到室友或戀人的例子，請注意以下請求之間的差異：

肺裡的空氣：「拜託你洗碗後把流理檯擦乾淨好嗎？我需要屋子裡整潔一點！」

桌上的鮮花：「你能在飯後盡快把流理檯擦乾淨嗎？當廚房乾淨時，我感覺輕鬆很多。」

肺裡的空氣：「我需要更多在一起的時間，我們什麼時候再出去？」

桌上的鮮花：「我們共度的美好時光，對我來說是如此甜蜜。我們可以確認行程表，看什麼時候能再安排一次約會嗎？」

即使在眼前需求很緊迫的時候，如果我們能夠建立連結，在提出請求時同時考慮到對方，那麼我們也會有更多的優勢。

一位非暴力溝通的女訓練師半夜醒來，發現一名陌生男人站在她的臥室裡。由於受過非暴力溝通訓練，她最初的想法之一是：「我的安全和這個男人的安全是相互關聯的。」她拒絕把此人視爲敵人，因爲她知道兩人的安全取決於她能否建立連結，於是她自然地問他現在幾點了。措手不及的入侵者看了看手錶，告訴她時間。

「你怎麼進來的？」她問。一扇窗戶被打開了。爲了搞清楚他爲什麼闖進來，她大膽猜測：「喔，今晚外面一定很冷吧？」

他們在那種緊張的情況下交談了幾分鐘，從他的話中，她知道他無處可去。最後她說，走廊另一頭有一間客房，壁櫥裡有些被毯。如果他願意，可以在這裡過夜，而且只要在她起床之前離開，她就不會報警。他們達成協議後，他就離開了她的房間。

這是一個極端的例子，很少有人會知道自己在這種情況下會如何反應。如果沒有受過大量的非暴力溝通訓練，我絕不會建議在一個有潛在危險的情況下使用這種方法！然而，這個例子很有啓發性，說明了有意圖的交流所產生的效果可能有多麼驚人。面對恐懼和潛在的暴力，她仍然能夠看到對方的人性，提出滿足他們雙方需求的請求。

提供整體狀況

當我們提出請求時，如果對方不明白我們的理由，或是不明白這項請求能帶來什麼好處，可能就不會那麼想要幫忙。不管是連結請求或解決方案請求，一般情況或重大情況，都是如此。如果情況不是很清楚明白，我們必須讓對方知道我們**爲什麼**要提出請求，必須給他們一個同意的**理由**。

舉個簡單的例子，我的伴侶早上問：「你要把這個當午餐吃嗎？」我覺得困惑。根據這問題的整體狀況不同，我的回答也會有所差異。「我今天很想帶這個去當午餐，還是你要吃？」和「我怕這個快要壞掉了。」帶出兩個完全不同的問題：你要吃嗎？還是你該吃嗎？

還有另一個例子。請注意提出反映時，有沒有說明整體狀況之間的區別：

沒有整體狀況：「你能告訴我，你聽到了什麼嗎？」

有整體狀況：「我說了一大堆，但不確定這些話到底有沒有傳達出我眞正的意思。你能告訴我，你聽到了什麼嗎？」

沒有整體狀況：「你能告訴我，對於我覺得很重要的事情，你的理解是什麼嗎？」

有整體狀況：「我眞的很希望現在就有人聽懂我的意思。你能告訴我，對於我覺得很重要的事情，你的理解是什麼嗎？」

溝通的完整方法

觀察、感受、需求、請求；發生了什麼事，我們對它有什麼感覺、爲什麼，以及接下來的建議——這就是非暴力溝通的經典結構。它提供一個路線圖，讓我們表達自己的意思，並聆聽他人。前三個要素：觀察、感受和需求，回答了如「你好嗎？」這樣一個基本的問題。在分享的過程中，我們邀請對方進入自己的感覺體驗：「這是發生在我身上的事情。」而請求回答了這個問題：「我能幫什麼忙？」

表達觀察、感受、需要是很有分量的。如果我們分享出這些細節，卻沒有提出請求，不管我們的意圖或使用的詞語是什麼，對方都很可能覺得像是在責備。看看下面的例子，有加上請求與沒有請求時的差別。

沒有請求：「聽到你八點才會回家時，我非常失望和沮喪。晚上能有在一起的時間，對我來說眞的很重要。」

提出請求：「聽到你八點才會回家時，我非常失望和沮喪。晚上能有在一起的時間，對我來說眞的很重要。我們能談談如何平衡你的工作職責和我對這段關係的期望嗎？」

沒有請求：「我昨晚十一點左右聽到你家傳來音樂，我非常沮喪。我的耳塞沒有用。我得早起工作，所以晚上需要好好休息。」

提出請求：「我昨晚十一點左右聽到你家傳來音樂，我非常沮喪。我的耳塞沒有用。我得早起工作，所以晚上需要好好休息。你願意在工作日晚上十點以後把音樂轉小聲一點，或是戴耳機嗎？」

在沒有提出請求的情況下，我們的意圖顯得很模糊，對方只能自己猜測我們想從他們那裡得到什麼。大多數人都習慣聽到指責，所以這會是我們做出的第一種解釋。提出請求可以讓對方知道我們爲什麼要提起這件事，並建議他們在這個時候可以怎麼幫忙。

命令、聆聽與說不

請求和命令之間的區別，不是我們使用的詞彙，而是當對方說「不」時，我們如何回應。如果能用好奇應對「不」：「噢，爲什麼不呢？是不是你需要什麼？」然後眞誠地提出一個請求。而如果我們用憤怒、自以爲是或內疚來回應，那麼一開始就不是眞心在請求了，對吧？

正如我們探討過的，用內疚、責備，或命令來滿足我們的需求，代價就是這段關係中的善意、信任和品質。即使我們在短期內得到了自己想要的，長時間來看也會付出代價。大多數人對命令的反應是屈服或反抗，這兩者都不是源於眞正的自由和自主。即使他們同意，其內在動機也可能有折損。在這裡，拿盧森堡那兩個關鍵問題問問自己，可以勸阻我們提出命令，並引導我們發自好奇與關心，採取一種更能共同合作的方式：

- 我希望他們做什麼？
- 我爲什麼希望他們這樣做？我希望他們這麼做，是出自什麼**理由**？

第二個問題並不是試圖控制或操縱對方。它重新連接我們更深層的意圖，也就是好奇和關心的方式，要想起當別人**選擇**滿足我們的需求，是因爲他們了解這樣做對我們有什麼助益時，那種感覺有多好。

在不失去連結的狀況下，我們聽到（和說）「不」的能力是非常重要的。提出請求時，聽到「不」可能是最容易令人受傷的部分，尤其當我們請求很重要的東西時更是如此。因爲在任何請求底下，無論它多麼微小，都隱藏著一個問題：「我重要嗎？」而聽到「不」會挑戰我們的能動性、挫敗我們的希望、引發失望，或觸碰到痛苦的傷口。

在這些情況下，自我同理心的練習就是很重要的要素了，它能讓你保持強大韌性，當別人說

「不」時仍能保持連結，不會覺得對方是針對自己。如果我們能暫停一下，感受自己的需求和更深層次的渴望，知道我們很重要，就能替對話帶來更多的開放、耐心和好奇心。

說「不」的能力是一段關係健康與否的標誌。如果有人總是說「好」，我們就不知道對方是真心同意，還是出於恐懼、羞恥或義務，但所有的這些都會導致怨恨、不信任或不願跟進。相對的，當對方能夠說「不」，我們就可以相信他們說「好」的時候是認真的。

我們也可以把「不」看做是資訊來源，而不是死胡同。畢竟，說「不」這件事本身，就是一種滿足某些需求的策略，這表示還有更重要的事情，阻止對方答應我們的請求。我們可以傾聽他們說「不」時，背後的那個「好」，而不必把它當成是針對個人。這並非要假設他們同意**我們的請求**，而是表示他們對**其他更重要的事情**說「好」。如果我們能確定那是什麼事，就有更多選擇來達成更具創意的合作。他們對其他什麼需求說「好」了呢？我們能否找到另一種策略，來滿足目前的所有需求？或找到一種方法來充分滿足他們的需求，這樣他們就能夠同意我們的請求了？

練習：聆聽「不」

當有人說不的時候，試著好奇一點。檢視一下你是否願意接受用其他策略來滿足自己的需求，以及是否真心希望結果對他人也有幫助。關於讓對話繼續下去的額外請求，下面有一些建議：

- 「我很想知道為什麼不行？你可以跟我多說一點嗎？」
- 「是什麼原因讓你說不呢？」
- 「我們能花點時間來發想一下，什麼方法對我們都有幫助嗎？」
- 「你是不是有別的想法？」
- 「你需要知道什麼，或是我能做什麼，才有可能讓你答應呢？」

換個角度，你可能站在光譜的另一邊，努力守住自己的極限，拒絕別人的請求。越過自己的需求去幫助別人，可能會導致倦怠、抑鬱、怨恨或不平衡的關係。這有很多原因：可能害怕讓別人失望、想要避免艱難對話帶來的不舒服，或者難以相信自己的需求其實很重要。你可能是眞心想幫助別人，但長期高估了自己的內在資源。

有一些說不的方法可以保持連結、尊重你的需求，同時防止誤解產生。如果你沒有以某些方式肯定對方的需求，就說了「不」，對方可能會把你的反應解讀爲不關心。因此，要試著把自己對**策略**的反應和對**需求**的關心分開。也就是說，讓對方知道你理解其需求，並表達有興趣去尋找滿足此需求的方法。讓他們知道你爲什麼說不，並提出一個替代方案，或是邀請他們提出其他方案。

練習：說出「不」

下次有人請求你做某些事情，而你不想同意時，試著繼續參與對話的過程。下面是拒絕的同時仍繼續保持連結的一些例子：

- 「我很想說好，但這就是為什麼我現在沒辦法答應。」
- 「我聽得出這對你來說有多重要，但我不知道自己該怎麼達成這一點，因為我也需要……我們可以研究其他可能對你有用的方法嗎？」
- 「我沒有辦法同意，因為我必須付出很大的代價……（其他承諾，休息的需求……）如果我們換這種方法，你可以接受嗎？」

給予與接受的循環

當我們能夠提出請求、聽見拒絕，並小心溫柔地堅持下去，美好的事情就會發生。我把從爺爺薩巴身上學到的東西，用來幫助我的學員蘿拉和她的祖母更加親密。

蘿拉教導正念靜心，九十二歲的祖母在蘿拉的一生中，一直是個重要的靈感來源。每當蘿拉試著表達自己的感激之情時，祖母就會變得不自在、轉移話題，或委婉地推辭。由於祖母的謙遜和爲他人騰出空間的欲望，讓她無法接受蘿拉的感激。

我指導蘿拉重新組織對話，從試著給予祖母一些回饋，到提出請求。

「奶奶，有一些事情我真的想和妳分享。如果妳能聽我說，對我來說將會很有意義。妳願意和我一起坐一會兒嗎？這將是一份無比珍貴的禮物。」她的祖母非常願意做出這麼簡單的臨在。蘿拉談到了她們之間的關係是多麼有意義，以及這些年來祖母一直是她的榜樣。她們共享了一些感激的溫暖時刻，甚至還掉了幾滴眼淚。透過提出請求，蘿拉幫助祖母明白接受別人的感激，是一件多麼珍貴的禮物。

★原則

我們越清楚自己想要什麼、爲什麼想要，就越能發揮創造力來實現它。

我們對彼此的了解越多，就越容易找到對所有人都有幫助的解決方案。因此，在解決問題之前，盡量多相互理解。

先對「滿足越多需求越好」的策略擁有自己的想法，能讓他人也尋找有創意的解決方案。

★重點

在對話中，請求能讓事情一次向前推進一步，建立理解與連結，並提出對大家都有幫助的解決方案。要透過提出和接收請求改變關係，我們可以用下面這些觀點來看待請求：

- 提出請求就是一起努力來滿足彼此的需求。
- 需求是禮物，是邀請對方來體驗給予和接受的快樂。
- 透過請求來表達我們的需求，讓其他人知道自己可以怎麼幫助我們，並爲對話接下來的方向提供具體的想法。

・善於提出請求，包括支持他人去請求他們需要的東西，對他們可能提出的請求保持敏感和直覺。

・聽到（和說）「不」是一段關係健康與否的標誌，並指出其他需求的資訊，是哪些需求在阻礙人們說「好」。

我們能在拒絕的同時仍然保持連結、尊重自我需求、防止誤解，只要透過：

・肯定他人的需求。

・分享我們對他人需求的理解，並表示我們有興趣找到滿足此需求的方法。

・讓他們知道我們爲什麼說不，並提出一個替代方案，或邀請他們提出替代方案。

★問與答

Q 我一直在使用這些工具，卻聽到很多意見，說我以自我爲中心、控制欲強或咄咄逼人。我哪裡做錯了呢？

A 當我們意識到自己的需求，並開始提出請求時，聽起來可能會像是請求很多。先檢查你的請求是否有靈活度。你的態度是「就是應該這樣做」嗎？同時也要確保對方明白，你是眞心可以接受「不」的。

當我們有了這些工具，就也在對話中扮演了一個額外的角色。我們不再只是自身需求的宣導者，也同時成爲一名促進者，並提倡對方的需求。因爲我們重視他們的需求，將其視爲健康關係不可或缺的一部分。認識自己對同理和貢獻的需求，並理解他人的意願，是成功達成任何協定的關鍵。

你可能需要付出額外的努力，盡可能清楚表達出你眞心想找到一種對雙方都有幫助的方法。我們不能控制別人的看法，但可以盡最大努力讓對方知道，我們願意考慮他們的需求。

明確地邀請他們分享：「我很樂意聽到更多對你來說很重要的事情。在這裡，什麼對你會有幫助？」找一些讓他們可以自在說「不」的請求，或邀請他們分享更多資訊。例如：「我希望你只有在這件事真的對你有幫助的狀況下才說『好』……」或是「我不想讓你覺得有負擔，你拒絕也沒關係。」

Q **我很希望自己能夠提出請求，但是事情發生得太快，我有點傻住了。就算是有空間的時候，我也不知道該請求什麼。**

A 我們的神經系統需要進行一定程度的再訓練，才能在對話中感到比較自在。從使用臨在的工具開始，處理你的內在體驗，並找到開口的勇氣。感覺你的腳踩在地面上，注意你的姿勢，這可以增強你的力量。從小地方做起，在不那麼具有挑戰性的情況中逐漸建立自信。

要提出請求，我們也必須意識到自己的需求，知道我們想要什麼。試著記住兩到三個你可以隨時使用的簡單請求。找一種真實的方式，提出一個基本的連結請求來得到反映或回應，並持續練習，直到你能不假思索地說出口。試著練習爭取思考時間的請求，像是：「我有一些話想說，你能給我一點時間整理一下思緒嗎？」

Q 「你願意……」聽起來太正式跟做作了，爲什麼不能說「請你……」就好？

A 記住，重要的不是你說什麼，而是你發自什麼意圖說出口。這些字眼有助於訓練我們的**注意力**與原則的**意圖**保持一致。「請」可以有很多含義，我們大部分人都習慣說「請」和「謝謝」，不管是否眞心。有時候，「請」甚至是一種含蓄的命令。基於這些原因，我建議你用其他方式來表達你的靈活度，比如「你願意／可以……嗎？」或「如果這樣的話，你可以接受嗎？」這些短句背負的文化包袱通常較少。

Q 我該如何區分何時應提起某件事並提出請求，何時又該放手或自己處理？

A 我特別喜歡靈活度，因此就培養兩者兼備的能力吧！放手和提出請求並不是相互排斥的。我希望有表達得很清楚，我們越不執著於按照自己的方式做，實際上就會有更多的空間提出請求並進行對話。

思考一下你的制約反應，然後練習朝相反的方向走。如果你是那種習慣所有事情都靠自己解決的人，那就大膽開口，邀請別人傾聽你內心的想法。如果你比較習慣向外界尋求解決問題的方法，那就用一些自省來平衡。看看你是否能從中發現一些空間，以及你對這個情況的看法會有什麼變化。

Q 如果對方沒有興趣參與呢？我已經提出好幾次請求，他要不是說「不」，就是完全不吭聲。

A 當另一個人不願意參與對話時，這是非常痛苦的。它似乎觸及了一些老舊又根深柢固的歸屬感需求，甚至是對被逐出群體的恐懼。我想大多數人在這樣的時刻，都需要很多的溫柔和照顧。

我們可以試著同理他們沉默背後的感受或需求。因爲事實上，沉默已經成爲他們唯一的訊息。在某些情況下，這可以創造重新進行對話的條件。我發現，在我自己的生活中，有時候只是雙方有不同的期望而已。對方可能需要更多時間，才能準備好交談。對我來說，在這種情況下，取得支持、轉向內在，運用自己的資源來療癒和解決問題，是非常重要的。有了耐心，我們能找到很多對自己的同理及對他人的寬恕。最終，這個過程可以得到極大的解放。

| 第四部分 |

全部整合起來

當有效對話的三個步驟共同發生作用時，對話感覺就像跳舞一樣。我們很放鬆，自在地輪流說話與聆聽，把注意力來回轉移，就像跟著音樂的節奏一樣。以臨在引導可以讓我們感覺很實在，在如何應對方面有更多選擇；發自關心和好奇，我們創造了合作和理解的條件；而專注於重要的事情，我們會辨識出什麼才是真正重要的。

然而有些時候，對話感覺更像是爬山！我們背著沉重的包袱，艱難地往上爬，小心翼翼繞過障礙物，跌跌撞撞走在險峻的地形上。我們打斷、略過，或從一個話題跳到另一個。

人生是複雜又混亂的，學習輕鬆應對是需要練習的，無論是在跳舞還是爬山。我們必須做好失去節奏的準備，按摩痠痛的雙腳，可能常會起一些水泡，偶爾還會絆倒。

在本書的最後一部分，我們將探討在對話進行中，事物是如何組合在一起的，以及如何處理具有挑戰性的情況。我們將學習如何靈活移動，知道什麼時候跳舞，什麼時候爬山，什麼時候要停下來休息。我們還將學習如何跟隨對話的大動作、如何隨著焦點在彼此身上轉移，以及如何管理可能出現的不同資訊線索。

12 對話流

這人生就像一顆熟透的香瓜，甜滋滋又亂糟糟。

——葛雷格・布朗（Greg Brown），美國音樂家

好友亞曼達打電話給我，問了一些關於艱困對話的建議。她最近和一位朋友共度了一些時光，經過一星期的露營和匆忙的別離，在去機場的路上，亞曼達四歲的兒子在車裡崩潰了。這位朋友（未經允許）介入，後來又發了一封電子郵件給亞曼達，主動提出一些育兒建議。

我對亞曼達感受的沮喪深表同理，並問她「是否希望自己身爲父母所做的選擇，能得到更多尊重」。然後我們把事情拆開來，制定出最佳的對話策略。這其中有幾個層次：他們的友誼、另一名女性想要做出貢獻的眞誠心意、亞曼達需要得到某些自己能接受也有效益的支持。我們確定了各個不同主題，明確找出她的需求、能提出什麼請求，最後還討論了一些開啓對話的方法，讓對話有一個良好的開端。

有效對話的三個步驟——以臨在引導、發自好奇和關心、專注於眞正重要的事情，構成了對話態度、參與方式以及討論內容的基礎。然而，能夠拉大範圍，使整個對話有一個更廣闊的視角，也

是同樣重要的。我們要從哪裡開始？如何從一個話題轉到另一個，或從我的觀點轉到你的觀點？

跳舞的腳步

對話跟跳舞很相似，學習基礎步驟都需要時間，但當我們能夠順暢地與他人交流時，對話就會變得非常神奇。老朋友和新戀人可以聊上幾個小時，毫不費力地跳著古老的舞蹈。我們說話、傾聽、一同沉思、讚嘆、慶祝或哀悼。

就像吸氣與吐氣在靜心時錨定我們的意識、就像感受和需求在對話裡集中我們的注意力，其實也有三個基本的「位置」，編排著我們的對話之舞。我在第一章中簡單提到過這些，現在我想帶著大家已經學到的豐富知識，回到它們身上。

在對話中的任何時刻，我們都可以帶著臨在說話、傾聽或休息。**我們表達**：我們發自內心說話，誠實坦白地分享觀察、感受、需求或請求，盡可能不帶任何責備。**我們接收**：我們發自內心傾聽，帶著好奇和關心，傾聽他人話語背後的人類感受和需求。**我們休息**：我們把臨在帶到整個過程中，有需要的時候，就暫停下來進行平靜和整合。

這些就是對話之舞的基本動作。所有溝通都屬於這三個選擇：誠實表達、有同理心的接受、或是回到臨在❶。

感受到給予和接受的節奏並克服挑戰，可以是很療癒的過程。當我們來回轉移注意力、傾聽彼此，讓感覺慢慢平靜時，我們會發現一種流動。許多學員都分享，光是一次成功的對話，就能帶來非常大的改變。在感受舞蹈的節奏之中，我們神經系統中的某些東西，將學會如何參與和他人一同創造理解的過程。

練習：對話之舞

在對話中，簡化你的焦點，回到最基本的重點上。把你目前為止學到的所有細節都放在背景中，以臨在引導，發自好奇和關心參與對話，在說話、傾聽、帶著臨在休息之間，思考你的選擇。你能在對話中找到給予與接受的節奏嗎？能找到以說話、傾聽和休息構成的舞蹈嗎？

❶ 對那些受過非暴力溝通訓練的人來說，這個結構很類似盧森堡的「長頸鹿之舞」，傾聽對方尚未獲得滿足的需求。

建構對話的框架

開始是最微妙的。開始一段關係或展開一段對話的方式，會對它的發展軌跡產生極為重大的影響。（如果以「你遲到了」展開約會，可能會影響整晚的發展。）然而，時時刻刻的眾多因素，以至於很難知道該從哪裡開始。

所謂的「初始條件」，也就是一個過程開始時，其中那些變數的數值。它對於複雜、動態系統的行爲是非常敏感的，而人類正是複雜、動態的系統。在產前和週產期的情況，會對孩童長期的心理和生理健康產生巨大的影響。會話也是一個複雜、動態的系統，是活生生、會呼吸的過程。我們可以使用一個叫做「框架」的工具，來設置成功交流的初始條件。

「框架」通常是根據共同的需求、目標或價值觀，以廣泛而中立的方式概述一個問題或討論的領域。

框架能讓人以一種中立或正面的方式，大致了解我們想要討論的領域。就像爲房子搭起鷹架一樣，它提供了結構，並勾勒出之後要塡充的區域。當議題很多，而具體觀察很可能讓我們陷入很具挑戰性的狀況時，框架尤其有用。它還可以提供機會，讓我們衡量對方的交談意願，使彼此保持一致，或引導出將如何談論事物的基準點。

設置初始條件的第一個也是最基本的層面，是同意進行對話。如果我們過於關注在問題上，可能會忘記「討論」這個最基本的前提：現在適合討論嗎？這是說話的好地方嗎？下面是兩個提出議題的例子，分別是有框架和沒有框架的方式。

沒有框架：「聽到你說『別那麼以自我爲中心』時，我感到很受傷。我眞的很想讓你知道，如果你能來參加這個活動，對我來說有多重要。你能理解我的感受嗎？」

有框架：「我想談談昨天講的事，看看是否能更加理解彼此的想法。你願意談談嗎？」

說話者沒有講出最痛苦的感受，而是用比較一般的方式提起對話，提出一些共同的需求，並以「我們」來建立框架。這些方式裡，每一個都可以在對話開始時創造一致和共同的感覺。下面是一開始請求對話的另外兩個例子：

- 「你願意花點時間和我談談關於……的事嗎？」
- 「我們能坐下來，看看我們都需要什麼，以及能不能找到方法來解決這個問題嗎？」

要構建一段對話的框架，來創造一種歸屬感和共同目的，可以有很多方法。根據實際狀況不同，不同方法的效用也有些差異。

框架的選擇

- **廣闊的觀點**：用一種廣闊、中立的方式陳述情況，讓對方可以做出明智的決定，進入這段對話又不會涉及可能引起爭議的細節。
- **感受**：分享你的脆弱之處，說出可能激發同理心的感覺。
- **共同需求**：包括任何共同需求、目標或好處。陳述時用「我們」，不用「我」。
- **欣賞**：你們是否有共同點可以支持善意、好奇和關心？從欣賞對方開始，你喜歡他們或這段關係中的什麼？

下面是一些範例，告訴你如何使用這些選項：

- **用感覺做框架**：「最近我們之間的一些互動讓我有點不舒服。我實在搞不清楚爲什麼，不知道我們是否可以花點時間談談發生了什麼事？」
- **用共同需求做框架**：「我們能重溫上次的互動嗎？我很想找到一種讓彼此都感到獲得理解和支持的方法。」
- **用欣賞做框架**：「這份友誼對我來說很重要，我眞的很感激能有你出現在我的生命中。上星期發生的事情，對我來說很難受，所以我想找到解決辦法。你願意談談嗎？」

每個範例都提供了在進入對話時，建構框架的不同方法。運用你的識別能力，來判斷哪種方法最適合當下的狀況。

原則：告訴對方，這段對話對雙方都有幫助，有助於產生認同感和意願。

追蹤對話

遊走在對話當中，就像試圖沿著一條雜草叢生的小徑穿過樹林，需要耐心和細心的觀察。有的時候會看不見小路，得要之後才會重新找到它。雖然每段對話都是獨一無二的，但也有一些普遍的模式。爲了引導對話朝著解決問題的方向發展，我們要追蹤對話的**過程**：正在進行什麼樣的對話？我們在其中處於什麼位置？誰是注意力的中心？我們也要追蹤對話的內容：正在討論的特定主題以及是否完成。

「追蹤」是指在對話中跟隨特定的過程或內容。

在最基本的層次上，對話有兩種類型：**關係的**和**邏輯的**。在同一場對話中，它們經常是層疊共存的。「關係對話」領域包括連結品質、情緒以及連結方式。「邏輯對話」領域則涵蓋我們嘗試解決的各種問題，以及達成的各種協議。

在亞曼達的情況中，關係對話是關於她對朋友干預的反應、她想要的那種信任和支持，以及她朋友給出建議的動機。邏輯對話是關於下次出現育兒問題時該怎麼做。

如果沒有處理潛藏的關係問題，就想用對話直接解決邏輯問題，可能會令人困惑，把情況搞得更加複雜。我們在討論一些具體的東西，但會不斷卡住，是因爲有些情緒一直未被說出來。如果亞曼達只討論有關育兒方式的策略，而不承認她潛在的擔憂，對話可能會變得緊繃又緊張。（有時候，因爲沒有足夠的信任、安全或意願去處理關係領域的問題，我們可能選擇只關注邏輯層面的問題。在這些情況下，對關係問題有清晰認識，可以爲互動的方式帶來更多的平衡和集中。）

同樣的，將邏輯問題誤認爲關係問題，也會導致混淆。我媽媽最近來拜訪，我問艾雯是否願意幫忙鋪客人用的床。她立刻走進另一個房間，開始做別的事情！我迷惑不解（也有點惱火），只好自己去幫媽媽鋪床。後來才知道，她只是沒聽見我說話而已。如果我把這種邏輯上的失誤，誤認爲是某種關係上的問題，我可能會做出痛苦的解釋或引發一場爭吵。

先試著處理關係問題，通常是比較有幫助的。在複雜的情況下，如果我們必須來回切換，但內心很清楚目前正在討論的是什麼事，就可以幫助我們更輕鬆地駕馭各種變化。

正如先前看過的，成功的對話也有兩個主要階段：建立相互理解和解決問題。太早尋求解決方案，可能會帶來很大的壓力。**我們只要解決這件事就好！**無論是處理關係問題還是邏輯問題，獲得越多理解和信任，就越容易打造出持久的解決方案。

我們可以追蹤自己在談話的哪個階段，研究何時與如何轉換。轉向解決問題之前，要確保已經收集了足夠的資訊，達成了相互理解。通常，到了要思考解決方案的時候，你會有一種安定下來或重新獲得能量的感覺。以下是一些在解決問題之前需要考慮的問題：

- 你是否得到所有需要的資訊？
- 我們都清楚目前的需求和目標嗎？
- 雙方是否都有被傾聽或被理解的感覺？
- 對方是否相信你是眞心、有興趣理解對他們有幫助的事物？

下面是一些我們可以在轉換過程中提出的請求，它們是基於第十一章中的「向解決方案移動的請求」：

- 「你有感覺到我明白什麼對你來說很重要嗎？你感覺到我理解你的意思了嗎？」
- 「你認爲還有什麼重要的事情，需要我們思考一下嗎？」
- 「你能感覺我想找到一個對雙方都有幫助的方法嗎？」

建立信任是關鍵所在，如果我們能表現出自己是眞心有興趣合作，就會有更多共同發想的意願和創意。我們要一步步建立這種信任，表現出同理心、傾聽，並反映出他人的感受和擔憂。

練習：追蹤對話的過程

下次，試著解決問題的時候，思考一下自己在進行什麼樣的對話：這是純粹的邏輯問題？還是有關係方面的問題？如果兩者都存在，那麼在處理邏輯層面之前，是否可以先處理關係問題。在兩者之間轉移時，試著把正在討論的內容弄清楚。

在轉換到解決問題之前，先集中於建立理解，理解越多越好。要特別注意從一個階段轉移到另一個階段的過程，檢查一下，確保雙方都準備好要尋找解決方案了。

是誰在發言？

追蹤我們正在進行什麼樣的對話，以及我們在對話中的位置，是一種廣泛的、宏觀層面的技能。要隨著對話之舞流動，還需要能夠追蹤比較小的動作。其中最基本的，就是追蹤我所謂的「注意力中心」，也就是誰在發言。

每次對話都有一個中心在談話者間來回移動。這不只是誰在說、誰在聽，而是關於感知在任何特定時刻下，誰最需要被傾聽，並把覺知帶到如何應對這些變化。如果我們不謹慎對待注意力中心，不在彼此之間來回轉移，可能會導致不信任、複雜化和缺乏同理心。

在談話時，「注意力中心」是在特定時刻集合注意力於一身的那一方，也就是那個正在發言的人。

整體方針是先傾聽。只要有可能，把注意力中心讓給對方。當他們獲得傾聽並感到完整、比較有空間傾聽時，再把焦點轉移回自己身上❷。

使用同理心可以建立理解，並檢查對方是否感到獲得它。持續問兩個基本問題：「我理解了嗎？還有其他的嗎？」在別人覺得被充分聆聽了，願意把發言權交出並傾聽你之前，你可能需要先表達幾輪同理心。透過提出請求來檢視對方是否願意將注意力轉移給你：

- 「你還有什麼想讓我了解的嗎？」
- 「我想和大家分享一下我的感受。你現在願意聽看看嗎？」

❷ 對話沒有絕對的規則。一般而言，雖然先傾聽並提供同理心是有用的，但對話是有生命的過程，需要隨著不斷變化的環境加以適應和調整。有時我們聽，有時我們說，有時我們保持沉默。自我同理心的技能給了更多的選擇。

在艱難的談話中，好好處理這種轉移，對建立信任和修復損害大有裨益。

原則：只要情況允許，就先檢查對方是否感到獲得理解，再轉移到新話題或將注意力中心轉移到自己的經歷上。

當然，我們的耐心和同理心是有極限的。如果當下已經失去了傾聽的能力，一樣可以禮貌地把注意力中心帶回自己身上。記住，在溝通中沒有嚴格的規則。我們要做的是保持臨在與接地、連結到良善的意圖，並盡可能巧妙應對正在發生的事情，這就是使用正念來覺知我們內在正發生著的事情。我們是否臨在？我們能夠持續連結到眞正的理解意圖嗎？如果不行，需要做什麼來重新連結？轉移注意力中心會有幫助嗎？

暫時失去傾聽能力的原因有很多。可能是無法消化太多資訊；可能是開始感到被塞飽了，失去追蹤自我想法或感受的能力；也可能是有一些內在的壓力，需要先說出口，紓緩一下才有辦法繼續傾聽。如果我們不能傾聽，這就是當下最重要的事，因爲如果聽不進對方的話，假裝繼續聽下去對雙方都沒有好處。

在這些情況下，我們需要中斷。並不是因爲**不想**聽，而是因爲**想聽**，我們意識到：如果不打斷對方，就無法傾聽下去了。對話的情緒越激烈，中斷時就必須越小心。爲了減少對方覺得被冒犯的可能，我們要帶著連結的意圖來引導。下面是一些例子，告訴你怎麼有技巧地打斷對話。特別留意，每種技巧都是以肯定連結開始的：

- 「我想聽你說完，但我開始跟不上了。我能整理一下到目前爲止聽到的內容嗎？」
- 「我希望你繼續說，但我現在有點困惑。我可以問個問題嗎？」
- 「我想繼續聽，但有個部分我想澄清一下。能讓我回答一會兒嗎？」

在前兩個例子中，即使打斷了對方，注意力中心仍然停留在對方身上。而在第三個例子中，我們透過讓別人知道我們需要表達一些東西，才能繼續聽下去，而提議把注意力中心轉移到自己身上。

如果現在是我們發言，而對方把注意力中心轉回到他們自己身上，那麼我們有兩個選擇：可以跟隨他們的引導，暫時放下自己的部分去聆聽，給他們一些理解；或者我們可以意識到這種轉移，並請求把注意力放回自己身上：「我聽到了，但我想先說完自己在說的話。我們能多花幾分鐘先完成這個部分，然後再談那個嗎？」

練習：追蹤注意力中心

是誰在發言？當注意力中心從一個人轉移到另一人時，要特別注意。這種轉移是自然順暢地發生，還是未經同意就突然發生？各自會有什麼影響？練習透過檢查對方是否感到完整、提出請求，或是在有必要時巧妙打斷對方，來進行有意識的注意力中心轉移。

追蹤內容

大多數對話都有一個以上的內容要討論。在亞曼達的例子中，她和朋友就養育孩子的問題進行了幾次互動，包括電子郵件的往來，也需要討論牽涉其中的關係問題。追蹤這一切可能會有些難度。對話的過程通常更像是一個迷宮，而不是一條小徑，它會彎曲轉折、中斷，然後又繞回原來的地方。

如果我們不能追蹤這些元素，可能就會陷入一團混亂。追蹤技巧幫助我們關注對話的一般軌跡（我們處於對話的哪個階段、誰在發言），同時注意正在審視的實際內容。要做到這一點，還需要一些追蹤技巧來配合對話之舞。

就像有些人可能會一下子就跳到解決問題的部分一樣，很多時候，人們會在完成目前討論中的話題之前，就開始帶入新的話題。我把這種行爲稱爲「分裂」，因爲這會讓對話產生裂痕，甚至徹底破裂。我們一開始談論的只有一件事，然後它分裂成兩件、三件或四件，很快地，我們連從哪裡開始的都想不起了。

當對話分裂時，情況很快就會變得複雜，也很少能解決問題。因爲有太多事同時擺在桌面上，造成沒有一件事能夠完成。如果我們偏離了主題或跳到太後面，就必須**重新引導**談話——溫和地帶領它回到正軌。在有挑戰性的談話中，需要格外小心敏感，盡量不要讓對方把我們的努力理解為控制，或是以為在挑戰他們的自主性。

「分裂」是在當前主題完成之前，就帶入新的內容片段。

「重新引導」是溫和帶領對話回到特定的階段或主題。

重新引導有點類似巧妙打斷對方。首先，我們肯定或承認對方所說，這樣他們就不會認為這是在否定他們的觀點。然後陳述自己希望回到先前的話題。下面是重新引導的例子：

「謝謝，我很高興你提到那件事。在講那個之前，我想再說一、兩件關於……的事。」

「謝謝你提出這問題，我們等一下來討論，但首先我想再談一些與……有關的事情。」

「對，那個很重要。不過我們能不能先把這件事講完，過一會兒再談那個？」

在我們做出回應、完成一個溝通循環之前，進行反映的基本工具有助於防止對話分裂。我們不是要讓一個話題懸在空中，而是使用同理心反映，來確保理解正在發生。如果在談話中持續使用反映來確認，就會建立起一種互動和合作的感覺。

就像我們在完成一個溝通循環後，會有一些體感的變化一樣，當我們在對話中完成一個較大的議題時，往往也會感覺到變化。可能是一種安定的感覺、深長的呼氣，或是在雙方都意識到「好了，就是這樣！可以在這裡暫停或轉換議題」時，感覺到能量回來了。即使某個領域沒有完全解決，只要我們就某個問題達成某種共識時，就會有這種感覺。

練習：追蹤內容

當眼前的議題不只一個時，要注意正在討論的內容是什麼。如果對話分裂、跳到後面，或以一種似乎沒有幫助的方式帶入新話題時，就試著重新引導。確認剛才所說內容的重要性，並溫和地請求回到先前的話題。

討論一個問題時，在你做出回應、完成一個溝通循環之前，先進行反映。試著關掉對話中的每個迴圈，在進入新的議題之前，看看雙方是否已經達成共識。

說出你真正的意思：簡潔的力量

最後一項追蹤技巧對於創造理解非常重要：清楚我們說了什麼、說了多少。當我們對某件事充滿熱情，或當我們覺得沒有被傾聽時，我們常會重複自己的話。然而，我們使用的字眼越多，通常得到的理解就越少。我們都知道聆聽一大段獨白是什麼感覺——很容易感到負擔過重，失去消化對方話語的能力。

原則：當我們用較少字眼表達出較多真誠時，表達會更清晰、更有力量：說話簡潔扼要，能讓別人更容易理解自己。

我們可以把自我表達區分爲兩種類型：**分塊**和**洩洪**。**洩洪**的經驗，就是打開大門，讓所有東西傾瀉而出！在說出口之前，我們的內心世界不會組合整理，可能會一口氣說上好幾分鐘，不休息，也不檢查對方是否還在聽。**分塊**是一種分享資訊的能力，把資訊分爲可以管理的區塊，一次提出一或兩個。這讓他人比較容易理解，也給了我們檢查理解和完成循環的機會。

「洩洪」是指我們重複自己的話，試圖一次說出所有的事情，或者一次分享出多到對方無法處理的資訊。

「分塊」是指我們把資訊分為小的、可管理的區塊，每次只講一小部分內容。

每個人都有表達自己的不同方式。有些人喜歡在事先就知道自己想說什麼，有些人喜歡從對話的過程中發現自己的意思。在我原生的猶太家庭裡，常常是透過打斷對方的話來表達自己的愛。而在我的佛教社群，則傾向於透過放慢說話速度或停頓來表達關心。不管我們的個人風格或文化如何，意識到我們分享的量及他人接收的能力是很有幫助的，這樣我們才能做出相應的調整。

要做到簡潔，就要有能力分辨出我們想要交流的內容，並在說話時保持自我覺知。說話的識別能力，是一種理解和組織內心世界的訓練。這始於深思熟慮的練習，最終達到更自然而然、更清晰明確的溝通。口語表達（表達的英文expression，字面意思是把文字「推出去」）的行爲是一個過程，在這段歷程中，一些東西聚集於內在後再輸出於外。它是理解我們的內在生活，讓思想和感受融合在一起，形成離散的單字和詞彙❸。

給自己一點時間來整理思緒，辨識出感受和需求，並弄清楚你想表達的是什麼。要記得，溝通是爲了創造理解、爲了讓獨特和個人化的東西「變成共同的」。不要問自己：「我想說什麼？」而應該問：「我想讓對方理解什麼？」你越能清楚表達出自己想讓對方知道或聽到的具體內容，就能夠把它們整理成一些「分塊」，最後，就可以在對話的同時做到這件事。

爲了減少口中滔滔不絕的話語，我們可以用臨在來追蹤自己受到的刺激程度。這種內在的追蹤可以提醒我們一段時間就暫停一下，跟對方確認他們理解到什麼程度。

當我們可以將資訊分塊並維持協調，以完成溝通循環時，就開始進入對話流：說話、檢查和建立理解。傾聽的時候，我們仍可以用同樣的節奏引導對話、打斷對話以保持連結，幫忙確保對方得到他們想要和需要的理解。

有句很棒的名言（常被認爲是愛因斯坦說的）傳達出這項技巧的精髓：「所有事情都應該盡可能簡單——但不是把本意簡化了。」追蹤對話的內容就是剔除無關緊要的東西，關注自己或他人所表達內容的本質。

練習：將資訊分塊

為了增加你正在尋求的理解，說話之前，先思考你想讓別人理解什麼。如果你想表達的觀點不只一個，或者你想得到他人同理的事件不只一件，那就把它分成幾個區塊。說話時，追蹤你說出的資訊量。以臨在保持在當下，定期暫停一下，檢查對方是否還在傾聽。

進入對話流

改善對話的第三步驟，是專注於眞正重要的事情。要做到這一點，我們需要訓練注意力，去注

❸ 英文中，對話（dialogue）一詞源自古希臘文的 diálogos。其中 logos 這個字的字根是 leg，即「整理、收集」，因此才會有在說話前「收集、整理思緒」的說法。

意和辨識每個瞬間可能會有哪些重要的事情。對話的三個基本位置中，現在需要哪一個：清晰的表達、有同理心的接收、還是回到臨在？在對話的細節中，是否有需要澄清的觀察？是否有需要表達或接受的感覺？是否有需要認可的需求？還是有必須提出的請求？需要做什麼才能讓話題保持在正軌上？我們是否需要重新引導或打斷，才能繼續保持連結？還是需要練習分塊，把複雜的事物分解成比較基本的部分，才能抓住重要議題的核心？

看起來似乎很多，但這些練習可以濃縮爲一個核心問題：**最突出的是什麼？在過程裡的每個時刻、每一步中，最重要的是什麼？**如果我們確實花時間，訓練注意力去注意對話中的每一個組成部分，那麼最重要的東西應該會很明顯。

當亞曼達要和她的朋友談時，她一開始用比較廣泛的方式，爲這件事建構框架，並達成協議進行對話。她做了一些觀察，分享自己的感受和原因，並請求理解。雖然她沒有得到自己所希望的同理心，但清楚了解到自己的需求，幫助她在對話中遊移自如。她的朋友變得有些自我防衛，但亞曼達有能力把關係層面的問題處理得很好，並針對以尊重和關心的方式給予的育兒建議，提出了一些邏輯層面的請求。她的朋友理解了，並同意盡最大努力來達成亞曼達的想法。

你不需要把一切都弄得很清楚，甚至不需要知道接下來要說什麼。你只需要以臨在引導、發自好奇和關心、專注於重要的事情。相信你所注意到的，並將這些工具當成繼續前進的路線圖。

試著放鬆，找到對話的流動，找到那種以流暢自然的方式，於基本臨在、說話、聆聽之間流動的韻律。以臨在引導，並信任你眞正想要理解的意圖，讓這些成爲你的嚮導。繼續運用我分享的工具和練習，去訓練你的注意力，但不要害怕放手與信任它們背後的原則。對話是一種有生命的動態活動，信任這個過程，追隨當下在運作的東西。

★原則

告訴對方，這段對話對雙方都有幫助，有助於產生認同感和意願。

只要情況允許，就先檢查對方是否感到獲得理解，再轉移到新話題或將注意力中心轉移到自己的經歷上。

當我們用較少字眼表達較多眞誠時，表達會更清晰、更有力量。說話簡潔扼要，能讓別人更容易理解。

★重點

在對話中，注意你是怎麼在說話、聆聽、於臨在中休息之間轉移的。學習追蹤對話的不同部分：

- 關係層面：你的連結、情緒以及如何與之相處
- 邏輯層面：任何你想要解決的具體問題
- 注意力中心（誰在發言？）

・正在討論的特定主題或內容

・分裂的傾向（帶入新的主題）和重新引導的可能性（返回以完成先前的主題）

★問與答

Q 我被談話的速度給困住了。我很難在傾聽和試著覺知自我感受之間切換。

A 學習如何隨著對話流來回轉換，是需要時間的。這有點像學習駕駛手排車，一開始，感覺有一大堆事情同時發生，每次試著換檔，車子就開始前後顛簸！不過隨著時間久了，你的手、腳、眼睛，整個頭腦和身體，就學會如何共同合作來操控這輛車。這些工具也是一樣的。如果你覺得一下子招架不住，只要堅持最基本的原則：以臨在引導，發自好奇和關心，專注於眞正重要的事情。穩住基礎後，就可以慢慢加入其他的成分。

Q 有的時候，假裝我有在聽，會比打斷對方、告訴他們我不感興趣容易得多。你有什

麼建議嗎？

A 我們並不總是有興趣去傾聽，即使是面對我們愛的人也一樣。問題是，在你的生活中，你想要什麼樣的關係？你想讓關係建立在相互信任和誠實的基礎上，還是某種程度的欺騙之上，哪怕只是很小的欺騙？如果有人假裝在聽你說話，你希望他們繼續耍花招，還是眞心誠意讓你知道？我們的時間、注意力和能量，是生命中最寶貴的資源。爲什麼要浪費在假裝傾聽上呢？如果僅是爲了避免打斷對話帶來的不舒服，這樣眞的值得嗎？

誠實和關心之間有一個平衡。可能的話，在事情沒有發生之前，討論一下這個狀況，這樣你就不會在談論敏感話題時感到沮喪或不耐煩。首先，用共同的需求或欣賞來構建對話框架，談談你想要體驗的連結品質，以及你們如何共同創造這種連結的一些想法。或者，如果你已經沒興趣花時間相處了，盡量以最多的溫柔和同理，來進行這個艱難的對話。

Q 如果打斷別人的話，卻被認爲是不尊重別人怎麼辦？我可以和美國朋友這樣做，但

在其他文化中，如果我打斷別人的話，會被認爲是很糟糕的行爲。

A 打斷的用意是重新建立連結。如果它在文化上有相反的效果，那麼就不是正確的工具。專注在原則上：如何在這文化習俗當中，重新建立起連結。有沒有一種他們能理解的方法，可以讓你間接提出需求？

跨文化交流是非常複雜的，尤其是因爲我們每個人通常都帶有多層的文化制約。一個簡單的思考方法是：一個人總是有三個選擇。你可以學習和適應對方的文化，他們也可以學習和適應你的文化，或是你們可以一起就彼此文化的差異，進行深層的對話，一起努力。在最後一種選擇裡，一旦你看見了彼此的不同期望，或許就可以在把冒犯程度降到最低的狀況下，冒險去打破常規。以一個溫和的道歉開始：「原諒我……」或「眞的很抱歉打斷你……」，然後大膽提出你的請求。

Q **傾聽對我來說很容易。我一直在努力爲自己說話，但這很困難，因爲我覺得自己好像必須很強勢或尖銳地說話。對於如何找到平衡，你有什麼建議？**

A 我們都有不同的制約條件，有些人覺得說話比較容易，有些人覺得傾聽比較簡單，還有一些人覺得獨處是最不費力的！你能注意到這種模式，並努力擴大你的舒適圈、擁有更多的靈活性，這很棒。

如果我們不習慣表達自己，一開始可能會覺得彆扭或刺耳。如果我們還沒有培養出這種能力，要達到那個基準線，可能需要付出很多努力。我會鼓勵你讓事物自己達到平衡狀態，不要太在意聽起來是什麼感覺。如果你善於傾聽，那麼就算你用唐突的方式表達了自己，還是可以收拾殘局。

在有更多信任的關係中，讓對方知道這是你正在練習的事情，可以減少你的焦慮，並提供一個練習的平臺。隨著時間累積，你越常開口說話，神經系統就會越信任你知道怎麼爲自己發聲。一旦在內心建立起這種信任，說話的壓力和緊迫感就會開始消退，話語也會變得更加自在流暢。

13 在急流中運行

我們不會晉升到期望的水準，而是下降到訓練的水準。

——李小龍

艱難、緊張的對話，是生活中很正常的一部分。熟練的溝通技巧也未必能避免這些情況。然而，當艱難對話出現，它可以幫助我們好好掌控，或是在搞砸之後再試一次。

普通對話和挑戰性對話之間的區別，有點像在開闊水域和急流當中划獨木舟。兩者都需要平衡地划槳，但風險高很多，而且在湍急水流裡的技巧要求更高。

回想你和某人發生的一場糟糕爭吵，或是你和同事發生的爭執。強烈的情緒、個人的盲點，還有錯誤的認知，都可能使高風險的談話毫無效果，甚至會炸裂。船翻覆了，你的裝備濕透了，你被沖到下游某處岸邊。還記得嗎？我有次曾在我祖母的客廳砸壞了一把椅子？

幸好，你已經學會處理急流所需的技巧。在這一章中，我會提供一些指導方針，包括怎麼爲艱難對話做準備、如何練習平衡神經系統，以及言語與意圖分歧時，如何重新開始。

在艱難的對話中前進

提前為艱難的對話做準備，有助於弄清楚什麼是重要的、減少反應，並讓我們比較有可能以符合最初意圖的方式去對話。最重要的是我們的內在準備工作包括：

- 滋養自己
- 調查利害關係
- 人性化對方

滋養自己

在艱難的對話開始前滋養自己，可以幫助你感到清晰、平衡，並具備充足的資源。也就是對你可能感受到的任何痛苦、憤怒或沮喪，都要有一些同理心。

同理心可以減少反射性的反應，為傾聽他人創造更多的空間。找一個你信任的人，清楚地讓對方知道你想要什麼樣的支持。請他們傾聽並反映出自己聽到的、對你很重要的事情。之後，如果有幫助，你可以進一步分析、發想，或從你的朋友身上徵求一些建議。

你也可以使用第九章中的自我同理心過程，來整理情緒並辨識出自己的需求。（有時這是唯一的選擇）想要在內心找到一些空間，就試著連結起與自己需求更普遍的層面。你能感覺到它們是完整的嗎？是你人性中很自然的部分，而非缺少或沒有實現的東西嗎？

調查利害關係

這能幫助我們找出複雜或緊張的局勢中最重要的層面，並告訴我們有哪些選擇，可以讓對話繼續進行。注意你抱持的各種指責或批判，不要縱容或繞過它們。相對的，要把它們看做是關於內心的珍貴資訊。如果你在推理階梯上爬得很高，就試著下降到比較具體的觀察、看得再深一點，並問自己：「是什麼組成這個故事？什麼樣的感覺和需求以批判表達自己？」

在這個調查的過程中，思考一下是否還有其他事情也牽涉其中。是不是你想以某種方式讓自我形象被看見？你有什麼期望、觀點或信念？你在逃避別人的意見和回饋嗎？

划獨木舟的時候，如果遇到不熟悉的急流，最好的辦法就是靠岸，仔細觀察河水是否安全。在具有挑戰性的情況下，想一想你的目標是否實際。你有能力用自己喜歡的方式進行對話嗎？對方呢？現在是適合進行對話的時機嗎？甚至是與誰對話的好時機嗎？你是在請求別人解決他們無力處理的事情嗎？

為了進一步確定如何處理事情，審視一下對話的哪些部分屬於關係層面，哪些屬於邏輯層面。例如我和哥哥的爭吵（就是我砸壞椅子那次），並不眞的是關於分配家務的邏輯問題，而是我希望被人看到自己對關係的渴望。這種情緒表達的，是我感到非常絕望和孤獨，希望能獲得同理心。如果當初我辨識出這一點，就會明白我哥哥當下並不是對話的合適人選。

從調查利害關係中獲得的知識，可以爲你選擇的方法提供資訊。你想從對話中得到什麼？想獲得理解嗎？想要有所決議嗎？你是否帶著很多對雙方都有幫助的想法展開對話？你能提出哪些具體的請求來繼續前進？

人性化對方

人性化他人需要謙遜和同理心、走出自己的故事、考慮其他視角。如果你能設身處地去想像，設想對方可能發生了什麼事，哪怕只是一瞬間，就會讓對話產生深遠的影響❶。無論情況如何，無論他人的行爲多麼令人困惑或害怕，他們的選擇背後都有一些內在的邏輯。使用第九章的同理心地圖，來探究他們的感受和需求。決定你想要如何參與這場對話，並把注意力集中在這一點，而不是去證明自己或某個觀點是對的。

我們都希望自己是對的，希望自己被證明是正確的，希望贏得這場爭論。試著誠實看待這件事：在解決人際關係問題或困境上，「我是正確的」有什麼幫助嗎？你到底是想贏？還是想找到眞正的解決辦法？你想要正確還是自由？

進入一段艱難的對話時，你可能會完全沉浸在「我是正確」的想法中，而沒有意識到這是一種滿足更深層需求的**策略**。如果別人承認你是對的，你能眞的得到自己想要的嗎？你想在他人行爲對你的影響中獲得同理還是認證？你想知道別人是否關心你嗎？你是爲了尋求和平還是療癒？你想要影響他們去改變行爲嗎？

當你弄清楚自己想要什麼時，想想能產生這種結果的條件：什麼樣的意圖最可能促進決議產生？怎樣才能創造出一種足以解決這種情況的連結品質？

謙遜地思考該藉由哪些行動，或不做哪些事來解決這個問題。空無中什麼也不會發生，所有關係都是共同創造的。你能對自己誠實嗎？你能進一步擴展同理心，試著透過他人的眼睛來看待自己和其行爲嗎？對自己的部分負責，可以讓你的心從防禦中解放出來，並邀請他人來回報你。

練習：準備的指導方針

盡量多研究這些你認為有幫助的建議：

滋養自己：從值得信賴的朋友身上尋求支持或花時間自我同理。探索自己的感受、需求和價值觀。你能連結到自我需求的普遍層面，於內在找到一些空間嗎？

❶ 我們有真實的理解意圖。表示這種同理心與「試圖操縱他人或替他人思考以獲得想要的東西」，是完全不同的。

調查：判斷對你而言的利害關係。

- 尊重你的批判、指責、假設或觀點。把它們轉化為觀察、感受和需求。
- 考慮你自己和對方進行對話的能力。這是對的時間、對的人嗎？
- 對話的哪些部分是關係層面的？哪些是邏輯層面的？
- 你有什麼請求？你心中有具創意的解決方案嗎？

人性化對方：走出你的故事，考慮其他的視角。

- 延伸你的想像力，去與他人產生共鳴。
- 思考你渴望「我是正確的」背後的需求。
- 什麼意圖最能支持這次對話？

重新引導河流

衝突會在我們全身產生一系列的生理影響。我們的呼吸會改變、壓力荷爾蒙將釋放。如果缺乏應對這種能量膨脹的能力，我們的認知功能也會有所變化。

每次，我們的反應是爆發、逃跑或關閉時，就會回溯並強化這種行爲的神經網路，就像洪水沖刷河道一樣。被刺激淹沒後，交感神經系統會促使我們帶著攻擊性、恐懼或困惑做出反應，我們會退回四種習得衝突行爲中的一種（迴避、競爭性對抗、消極接受、消極抵抗）。

那麼，我們該如何處理神經系統中這些沒有幫助的生理河流呢？雖然不可能完全控制生活環境，但可以對如何在急流中航行，做出明智的選擇。

有了正念的臨在和技巧，我們可以透過在思想和身體的山坡上雕刻出**新河道**，創造不同的河流，讓能量去跟隨，藉此改變舊的模式。進步是漸進的，但我們每次重新引導一滴水，都會加深新的河道，吸引越來越多的水來改變意識之河的進程。

如果不記得要在艱難的對話中保持正念，就不太可能連結到我們的智慧或良好的意圖，更不用說曾學過的任何工具了。在困難的情況下，最需要注意的，就是我們的**神經系統**。

原則：關注我們的反應，注意神經系統活化的上揚趨勢，輔助去活化的平靜，可以幫助我們在決定說什麼和何時說之際，做出更明智的選擇。

與我們的神經系統合作以掌控反應與重新引導河流時，有三個階段。每個階段會自然地流向下一個階段，就像吸氣和呼氣一樣：

- 辨識活化
- 乘浪前進

・輔助去活化

辨識活化

在一般情況下，我們的身體和大腦會自然地經由神經系統的活化與去活化、興奮與平靜而漲落起伏，就像波浪搖動著船一樣。呼吸本身也遵循這個節奏。

神經系統的彈性、靈活度，是我們輕鬆駕馭這個循環的能力：容忍交感神經興奮時帶來的壓力，允許副交感神經去活化來恢復平靜，並返回到意識的基準狀態。這表現爲一種放鬆的警覺性，一種動態調性的輕鬆準備，可以對變化的環境做出適當的反應❷。

當環境中出現了一些不尋常的事情，無論是正面或負面的，我們都會進入一個暫時的狀態，稱爲**交感神經活化**或**興奮**❸。舉例來說，假設你意外見到一位老朋友，萬物都活躍起來了，你的臉漲紅、深深吸了一口氣、精神也變得抖擻。或者，如果你聽到砰然巨響，身體因「我有危險嗎？」的想法緊繃了一下，你的頭轉向聲音來源，試圖判斷它的原因和意義。

活化的程度（洪水爆發的速度），取決於刺激的強度（實際的或感受到的）。健康的神經系統在刺激的原因過去後（我們面對一個挑戰；威脅消失了；我們失去了興趣），**副交感神經系統**的各個層面便又重新開始運作，使我們的大腦和身體平靜下來。當一個活化的循環結束時，神經系統就會暫時休息，而我們就在平靜的水面上划槳前進。

在人際衝突中，交感神經的興奮會像滾雪球般越滾越大。危險信號被放大。用非常精確的詞彙來說，就是我們失控了。發生在前額葉皮質且連結到較高認知功能的能力下降了，就像在急流中失去了槳一樣。我們戰鬥、逃跑、崩潰或退出，甚至可能進入一種游離狀態，同時也是一種自我保護的方式：如果刺激的程度超過了反應的能力，我們就會僵住。

要重新引導河流，首先要能認出神經系統的活化模式。有了正念，我們能即時感受到交感神經興奮。只要我們學會早點捕捉到它的信號，就能有更多的選擇來處理它。

練習：監控活化

這個活動建立在第五章的「就說『喔』」練習基礎上。

在一整天當中，研究一下當你的神經系統被活化時，會出現什麼感覺。每當有什麼重大事情發生時（聽到一些好消息、差點錯過火車、有人在路上超你的車……），注意身體

❷ 有效處理壓力可以增強神經系統的彈性，就像鍛鍊肌肉一樣。

❸ 當這種活化作用夠強烈並與消極的事情相關聯，許多人稱其為「感覺觸發」。這最初指的是創傷性記憶的刺激。

的各種生理反應。你的心跳加快了嗎？呼吸有變化嗎？覺得變熱了嗎？試著保持一種好奇和關心的態度，而不是批判，因為這些都是替你迎接挑戰或追求目標而準備的自然反應。

將這種探索擴展到人際關係領域。當刺激發生時（無論正面或負面），注意神經系統的變化，再小都不要放過。觀察呼吸、心跳、排汗、肌肉張力、下顎緊繃或身體感覺的變化。

至於進階的練習，則是要看看你是否能在其他人身上觀察到這些變化。觀察姿勢、肢體語言、皮膚顏色、肌肉張力、下顎緊繃、呼吸、臉部表情、聲調、步調或音量的變化。

乘浪前進

感覺到自己的神經系統有所活化是非常自然的事情。這在道德方面是中立的，本質上也是良性的。正念並不是為了抑制活化，或要達到某種想像的中立狀態，而是要對此生活的浪潮有所意識，並善於駕馭。

大家多少都知道如何駕馭這種浪潮，如何在不做出衝動反應的情況下處理活化。你是否曾感到內心的躁動，想說點什麼，但又需要等待合適的時機插話？這就是一種交感神經興奮的體驗。任何時候，只要你明智協調內心的壓力——深呼吸、轉移你的重心、在心中做個筆記，這就是在處理交感神經的活化。這樣做，即使只是一剎那，也能讓你在決定說什麼、何時說之際，有更多的選擇。

實際上，覺知能增強駕馭的能力。而就是透過正念，我們才可以暫停下來，追蹤身體的反應，駕馭波浪而不是被它翻覆。你駕馭活化浪潮的能力，取決於忍受不舒服的力量。在冥想練習中，每次你觀察到搔癢、膝蓋或背部疼痛，而沒有立即抽動時，你就是在發展內在平衡來做出回應，而不是反射性的反應。如果這股波浪太大，就退一步，感受你身體裡的能量，讓它消散。

在艱難的談話中，停頓和落實的配對練習特別有幫助。停下來，從微小的停頓到一次完整的呼吸，再到對話中的休息，都可以創造辨識活化的空間。然後，把意識落實到身體裡，能提供一個錨來穩定你的注意力，不失去中心。

第三章中的正念練習是培養這些技能的絕佳方法。利用俯拾即是的各種參照點：重力感可以穩定你的覺知、中心線的挺直感能帶來清晰和專注、呼吸的節奏則有利緩解緊張。如果活化反應很強烈，就把注意力轉移到身體周圍，體會接觸點的感覺，比如你的手或腳，或是以聲音、物理空間定向。這些參照點可以拓寬覺知，在頗具挑戰性的時刻則能提供非常必要的放鬆感覺。

當你越來越熟悉身體的活化反應時，一旦接近那個容忍的界線（也許是呼吸加快、心理運作程序開始渙散，或是能量上升的暗示），你就會開始注意到了。這裡的關鍵是要學習如何放慢對話的速度，或者要在達到那個門檻**之前**，完全停頓下來。

在急流泛舟運動中，慢慢鍛鍊技巧是必不可少的：從初級河道開始，花時間去學習。當水域很危險或急流超過你的技能水準時，就靠岸把裝備卸掉，轉移到更安全的水域去。

艱困對話的指導原則也是一樣。盡最大的努力慢慢進行，這樣你的系統才能隨之調整。這可能表示要將一段艱難的對話分解成幾個部分，透過書面通訊方式進行，或者請求其他人在場。如果水太急，也就是交感神經的興奮程度已經超過你的處理能力，最明智的反應是優雅地退出對話，直到你恢復為止（見第三章的「停頓」）。

練習：駕馭活化的波浪

當你在對話中注意到交感神經的興奮時，練習微妙的停頓和錨定，來追蹤這種活化反應。使用你認為最有幫助、最自然真實的方法來停頓對話：深呼吸、一個姿勢或是一個口頭請求。選擇一個參照點，把覺知落實到你的身體裡：重力、中心線、呼吸、手或腳的接觸點。試著透過聲音或周圍的空間來擴展自己的注意力。

輔助去活化：平靜下來

要在活化的急流中前進，表示不管漲落都要參與整個過程。就像我們學會辨識與留意受到刺激的感覺一樣，我們也可以訓練自己去注意、感受和輔助任何平靜的反應。它們可能會以很不起眼的方式，出現在對話期間或之後的各種瞬間。如果我們已經很熟練，就能一直感覺到它，不斷強化我們神經系統運作中自然出現的間隔。

但我們要怎麼去注意與利用在急流當中的去活化反應？這需要技巧性地選擇該把注意力放在哪裡。把注意力集中在刺激物上，比如批判、負面的感覺，或是他人言語和行為中令人不快的方面，往往會更進一步刺激我們的反應，增加神經系統的活化。因此，我們可以藉由關注任何平靜的、撫慰的，或是不那麼刺激的體驗開始去活化。培養能力來注意身體裡面的這種感覺，可以將神經系統帶回平衡狀態。

這與我們正常的生活方式不同。因爲人類習慣關注最有趣、最激烈的事情，即使它令人很不愉快。就像玩一顆鬆動的牙齒，我們的大腦會被自動吸引到強度最大的點。

「去活化」在意義上和實際上，都是一種「吐氣」。神經系統的任何狀態變化，都反映在呼吸的速度、深度、持續時間或節奏上。吐氣時，緊張的肌肉、下顎、肩膀會放鬆，眼神也會變得溫和，呼吸因此減慢或加深。

這些生理訊號一整天都以微小的方式在持續發生，我們可以訓練自己去多加注意。

很容易發現「活化反應」，但「去活化反應」就需要更細緻的關注。這似乎沒那麼有趣，它是很微妙的，因爲呼氣、冷卻都是「之後」才發生的事。不過藉由增加敏感度，我們培養了一種品味，來享受循環過程中，下降階段帶來的舒緩效果。

不管這個時期多短暫，都是一個療癒、整合與再生的階段。要注意到去活化，必須對緩和、過渡階段，或「空」的時刻深感興趣。若我們待在這些空間，會讓身心平靜下來。

運用正念覺知去感受舒緩放鬆時，這種感受就會放大得跟鈴聲一樣響亮，就像撥動琴弦時，大提琴整體都會產生共鳴一樣。花一點點時間感受它帶來的撫慰特質。無論是在對話中還是生活裡，它都能滋養我們，加強我們的適應力。

隨著我們培養出注意力的藝術，並持續留意神經系統，就能熟練地將日常時刻與事物間的空隙，轉變為休息和舒適的來源。有時候，我們會先注意到去活化，然後才產生片刻的安靜。其他時候則會先注意到這個瞬間，平靜的感覺稍後才出現。還有一些時候，我們感覺到自己需要去活化，並有意地運用一個詞、一個姿勢或一個行動，來創造出那個空間。如果沒有那樣的間隔，我們也可以學習自己創造。

對話的時候，從互動之間的空檔，或從對話流的某些詞彙、停頓或中斷裡，找出這種過渡空間。在你完成一個溝通循環時，去注意任何平靜的感覺。在艱難的對話中，即使是最微小的同意、承認、善意或讓步，都能在滔滔不絕的話語和情緒洪流中，提供暫時的緩衝。如果覺得這些時刻不明顯，那就特意把它**找出來**，將注意力轉移到某個聲音或房間裡的空間，或發揮創意在對話中插入一個停頓或休息。

引導一場富有挑戰性的對話來達成某種解決方案，仰賴我們是否能找到（或插入）這些時刻，並充分利用它們改變的能力。我們可以自己運用注意力在內心進行練習，或是共同合作，藉由辨識與欣賞，來獲得小小的成功。

練習：參與去活化

沉默的練習

找一個安靜的地方，閉上眼睛，花幾分鐘讓身心平靜下來。把注意力集中在呼吸上。吸氣的時候，你能注意到身體能量或活力的增加嗎？這是交感神經活化的一種細微形式。吐氣時，你能注意到任何放鬆、平靜或舒緩的感覺嗎？這就是去活化。

接下來，想一個稍微有點挑戰性的對話（過去或未來皆可）。開始感受神經系統活化的生理反應。然後把這個問題放到一邊，將注意力轉回到一個中立的參照點：重力、中心線、呼吸、手或腳的接觸點、聲音或空間。當興奮的反應開始消散時，仔細關注身體的任何去活化感覺：穩定、放鬆、平靜，以及呼吸中的任何必然變化。

人際互動練習

在對話過程中，開始尋找並關注在對話流中體驗的安定或放鬆。試著多注意呼氣，尋找自然的停頓、休息或轉移，去感受任何放鬆、釋放，或在身體和呼吸中安定下來的感覺。

當你練習這些階段時（辨識活化與乘浪前進、輔助去活化，並讓翻騰的河水平息下來），你將學會在其他情況下，於更短的時間內該如何使用它們。單純去注意正在發生的事情。**觀察本身就能創造改變模式的可能性**。

日積月累下來，你的身體將開始感受到一種嶄新處理方式的可能性。當新的資訊流經神經系統時，可能會體驗到不太一樣的緊繃狀態：「啊！也許我不需要防衛、攻擊或試圖消失。」慢慢地，處理較困難情況的能力會增強。你可以學著信任自己有能力，在不迷失自我的情況下去傾聽他人、在不試圖控制或壓制他人的情況下擁有自己的聲音。

排練

在爲艱難的對話做準備時，另一個實用、有效的方法，是使用角色扮演來預先測試。如果你從來沒有這樣做過，可能會覺得有點彆扭，但這個方法有非常大的潛在好處。排練一段艱難的對話，可以教會你保持平衡、產生洞察力，並有所療癒。

使用下面的角色扮演指導，專注於一或兩個工具：**清楚了解自己在練習什麼**，有助於集中注意力、提高學習效率；**以臨在引導並且輔助去活化**，當你注意到自己開始有反射性的反應時，一定要休息一下（無論有沒有「融入角色」）。這是一種建立自信、擴展神經系統鎮定和錨定能力的有效方法：**發自好奇和關心**，不僅要思考你**說什麼**，還要想想**怎麼說**；回想一下你確定有幫助的任何意圖，例如：有耐心、建立信任或是嘗試合作。

練習：排練

獨自練習

找一個安靜的地方，花幾分鐘讓身心平靜下來。想像一下，你在這裡進行對話，還有一個你尊敬的第三方在場：導師、長輩，甚至是歷史或宗教人物。他們在場對話的時候是什麼感覺？你的言行舉止會有何不同？如果他們處在你的位置，他們會怎麼說？

與他人一起練習

邀請朋友或同事和你一起進行角色扮演。描述一下整體狀況，以及對方可能產生的一、兩種反應。選擇你想要練習的工具。為了專注於學習，把時間限制在五到六分鐘就好。如果你感到情緒激動，就休息一下，讓神經系統平靜下來。

做完之後，反思你學到了什麼，並從朋友那裡尋求意見。詢問關於你做的哪些舉動是有幫助的，請他們提出具體觀察。他們信任你嗎？有沒有聽到任何怪罪或批評？有什麼想法或建議？

進行第二次角色扮演，是一種整合這些意見的有效方法。

真正的對話

盡你最大的努力讓事情有個好的開始。如果你可以選擇在何時何地交談，就試著設定一些有助益的初始條件，如：時間、地點、誰在場。在對話之前，思考一下你要怎麼以好奇和關心打下基礎。比如說，一封友好的電子郵件或幾個簡單的詞彙，都可以是大方的姿態，讓事情朝著好的方向發展。讓對方知道，你期待著這場對話，想要一起解決問題。

如何開啓對話這件事本身就非常重要。如果你已經開了頭，請表現出尊重對方的態度，詢問對方：「現在依然適合嗎？」這樣能夠從一開始就營造出一種共識和互相尊重的感覺。回顧建構框架的工具（見第十二章），盡可能以一種平衡的方式呈現議題，並說出你們共同的目標。

以臨在引導時，要特別注意對話的**停頓**和**步調**。在激烈的對話中，事情往往進展得很快，因而要花費很多心力讓它慢下來。你越能找到自然停頓和去活化的方法，就越容易保持清晰、充分傾聽對方、做出明智的回應。在你自然做出回應之前，花點時間反映聽到的內容，可以減緩對話的節奏。如果持續這樣做，甚至可以創造出一種「給予和接受」的節奏，讓對方跟上並模仿。此時，無論你分享了什麼，他們都能回應你同樣的理解。

再來，要發自好奇和關心，試著眞誠去理解。這將表現在你的肢體語言、語氣，還有其他非口語溝通上，以加強善意和合作的氛圍。到了適當的時候，就明確表達你的意圖：「我眞的很想知道你是怎麼想的……」或「我一定會以對我們都有幫助的方式，來解決這個問題。」這樣的話語可以改變整個對話的調性。如果你暫時失去了傾聽的能力，就巧妙地打斷他們，詢問能否聽你說一下。（如果雙方都聽不進去了，那就暫停對話一會兒。）

專注於重要的事情、保持注意力靈活。不要沒完沒了地訴說「發生了什麼事」，而是要去傾聽對雙方都重要的事情。如果你聽到了命令，就在內心把它們轉化成請求，並以尊重對方需求的方式回應。當你能辨識出需求時，就會有更多的空間去傾聽對方，以創意來思考解決方案。

把這些步驟編織在一起時，要知道基本的方向是分辨對每個相關人員來說，最重要的事情是什麼，並辨識出他們的需求，將它們全都並排攤在桌面上。要做到這一點，需要堅定地扎根於眞摯的理解意圖之中、在對話中保持這個方向、用一些精力來對抗那些不太有幫助的反射性反應（保護、防衛、批判、攻擊），並把這些東西在心裡轉變爲好奇和關心。展現你的關心及對合作的承諾，通常能幫助對方放鬆下來，更靈活地參與對話。

最後，如果情況很複雜，可以考慮將其分解爲多次對話，於不同日子進行。你的第一關可能只是專心的同理、試著去傾聽別人，下一次再說出你的觀點、努力建立相互理解。最後一關，才是探索前進的策略。

重來！

生活是混亂的。儘管我們做了準備、接受了訓練，並抱著最良善的意圖，但還會時不時地把事情搞砸。在激動的時刻，情緒或反射性反應會占領我們，升起一股刺激性的浪潮，托起我們一把撞上岩石。

小時候，在漫長的夏日裡，我們會在街上打球，直到天色漸暗。每當比賽有爭議時，如果有孩子大喊：「重來！」我們就會停止爭吵，重新開始比賽。身爲成年人，我們也可以做類似的事情。

「重來」就像按下重新開機的按鈕。我們認知到哪裡出了問題，重申我們的意圖，並問對方是否能寬宏大量地讓自己再試一次。小到單獨一個字眼，大到整個談話的內容，都是我們擁有的部分。而當我們承擔起做錯這個部分的責任時，大多數人其實都樂意給第二次機會。請求重新來過永遠不會太遲。

根據實際狀況，這可能與提出請求一樣簡單。下面是一些例子，告訴你如何在對話當中或之後，請求重來一次：

- 「這個結果並不完全正確。我能再試一次嗎？」
- 「我擔心剛說的一些話沒什麼幫助，你願意讓我再試一次嗎？」
- 「我們談話的時候，事情並沒有像我希望的那樣發展。我們能倒回去再談一次嗎？」

我有位很要好的朋友兼非暴力溝通訓練師同事，她最近和我聊到自己收到一封頗具挑戰性的電子郵件。在研究應該怎麼回應時，我建議她提供一個同理心的反映。她笑著說：「就是『同理心的基本』嘛，但我還眞的沒想過！」

當情緒反應被觸發時，我們全都是初學者。在頗具挑戰性的情況下，我們最重要、最可靠的技能，就是同理心和做出回應前的反映，這些工具可以建立信任、理解和連結。要知道，你不會只需要表達一次同理心。這件事需要重複，可能需要同理對方三到四次，對方才會覺得在這件事情上獲得了足夠的理解。要做到這一點，需要極大的耐心和毅力，但它可以產生極大的效果。我們在同理心和對自己眞實性的強烈承諾之間找到平衡，並在傾聽和表達自己的觀點之間，謹愼小心地轉移。

原則：發生衝突時，如果我們的目標是先傾聽對方，就能增加他們傾聽自己的機會。

我曾提過朋友莎拉的母親突然去世了。同一時期，她和哥哥進行了一次艱難的對話。當時她的生活比較有彈性，所以她同意暫時放下個人的事情，搬回家鄉照顧年邁的父親，並整理母親的遺物。就像在這種時候經常發生的那樣，莎拉和哥哥之間的緊張關係開始浮出水面，信任開始減弱。

對話以一種相當不穩定的方式開始。莎拉無助和憤怒的感受，表現爲怪罪和反射性的反應。上過我的一些課之後，她辨識出發生了什麼事。她向哥哥道了歉，並表達出自己想要一起努力的願望。她傾聽，反映出哥哥的感受和需求。當氣氛變得緊張時，她有一度問哥哥是否能給她一點時間喘口氣，處理一下她的情緒，他同意了。

那個停頓改變了整場對話。

她思考自己的需求，坦白而脆弱地說出自己希望盡快消除任何衝突，因爲在這段困難的時期，他們是否能夠相互信任，對她來說很重要。她的眞誠打動了哥哥，他也想要同樣的東西。當他們詳細討論細節時，莎拉總結了這次對話，以及他們對未來對話的一些協議，但他們都知道那可能會很不容易。最後，他們互相謝謝對方、欣賞對方好的特質，以及他們如何在艱難的互動中堅持下來，最終走出了這個困境。

我們不需要很完美，從錯誤中恢復也總是不會太遲。如果我們能慢下來，記住這些原則，並從眞摯良善的意圖出發，就有可能出現深刻的轉變和理解。

★原則

關注我們的反應，注意神經系統活化的上揚趨勢，輔助去活化的平靜，可以幫助我們在決定說什麼和何時說之際，做出更明智的選擇。

發生衝突時，如果我們的目標是先傾聽對方，就能增加他們傾聽自己的機會。

★重點

- 用同理心和自我同理心滋養自己
- 調查利害關係
- 以同理心人性化對方
- 以角色扮演排練

★問與答

Q 我要怎麼跟那些溝通方式與我截然不同的人對話？他們說話很快、比較大聲，沒有

耐心停頓、表達感受或處理問題。

A 熟練這些技能，意味著在眞實性和靈活性之間找到平衡。你描述的這種情況包含一個隱性的請求——希望跟他們的風格有更多連結。其實你們可能有很多相同的需求：輕鬆、流暢、舒適、安全。對話之舞是承認你們的不同喜好，並找到一種傾聽彼此的方式。尊重你自己的需求，並願意放手去調整。

請記住，在學習這些工具時，遇到挫折或需要更多的時間才能表達自己，都是很正常的。就像學習語言一樣，在說得流利之前，是很難跟上事物步調的。在這個過程中，還是有些人或多或少會對我們有耐心！

Q 你如何處理權力不平衡的情況？比如和上司或權力比你大的人談話？

A 當我們的權力比別人小，這些工具就變得更加重要。如果我們不願意使用暴力來滿足自己的需求（我希望你們是這樣），對話就是一項關鍵工具❹。如果我們有能力跟人創造有意義的連結，那就會成爲我們的優勢。

如何進行對話，取決於當時的情況。一種方法是透過找出共同目標或目的，來站在同一陣線上。另一個有用的切入點，是幫助他們了解如何直接或間接滿足你的需求。最後一個選擇是說出你自己的脆弱之處，引起對方自然的關心、同理或慷慨。這可能表示要讓他們睜開眼睛、敞開心扉，去了解他們當前行爲的人類或道德代價，或者鼓勵他們看到以你喜歡的方式做出貢獻，是多麼善良又有益處。

Q 如果對方不具備這些工具，或是他們就只想吵架怎麼辦？

A 我們共同創造的這段關係，要兩人互相才跳得了舞。不管對方是否熟悉這些想法和練習，你都可以透過自己的參與來改變對話。在武術中，如果你緊張或抵抗，而對手技巧比你高超，那他們就很容易把你打倒。立即反擊會讓你陷入鬥爭和權力控制，一但陷入進去，你就已經失去了一些重要的東西：你失去了平衡，失去了自己的穩定和反應能力。但如果你的思想和身體保持靈活與動態，就能重新引導他們的

❹ 在社會變革層面上，非暴力抵抗成為向當權者施加壓力、促使參與對話的一個同樣重要的工具。

能量，讓事情朝著不同的方向發展。

你能學會在不抵抗或不進一步激怒對方的情況下回應，在不緊張或僵硬的情況下設定限制與表達自己。當有人帶著攻擊性、怪罪的能量靠近時，如果你以同理心回應，以眞實的方式面對他們的情緒強度，遊戲就會在這裡結束了。

試著把他們的行爲看做是滿足需求的策略。他們想要什麼？如果你能連結到那一點，就能開始緩和局勢。

14 結論：規畫今後的發展

發自內心的話語會進入內心。然而發自舌頭的話語，不會超過耳朵。

——阿布·納吉布·蘇赫拉瓦迪，蘇非派創始人

在本書中，我們已經涵蓋了許多內容。溝通是豐富和複雜的，我們也已經探索了它的許多維度。有效對話的三個步驟提供了一個框架，概括了我們探索的所有內容。希望本書可以做爲一本指南，告訴你如何說出眞正的心意——找到你的聲音、說出眞實的你，並深入傾聽。

在這個特別的對話即將結束之際，我想和大家分享一些自己的想法，關於如何整合學到的內容，以及今後的發展方向。

將船轉向

生活不是二維度的。就像我們一開始提到的，你不能只從書本上學習溝通。就像你無法從說明

書上學游泳一樣，最終你還是得弄濕身體。

希望你一直都有在使用這些工具進行試驗，而且只要有機會就拿出來練習，看看哪種方法有效。你可能會碰到一些尷尬時刻或充滿困惑的交流，甚至可能經歷一、兩次慘烈的碰撞！但希望你同時也獲得了一些成功。學習某樣新東西的時候，跌倒多少次並不重要，眞正重要的是你有沒有站起來。

我想回到讓一艘大船在海上轉向的比喻，來象徵溝通習慣的改變。我們每個人都攜帶著巨大的動力，朝著一個方向高速前進。幾十年來一直以固定的方式說話和相處，其實只要做兩件事，就能有所改變，如同使大船轉彎並改變航向。只須調整舵、維持角度。對於一艘從倫敦駛往紐約的輪船來說，只要在航程開始時二度改變航向，就能使目的地相差一千公里。船要停在新罕布夏州的樸茨茅斯，還是維吉尼亞州的乞沙比克灣，僅取決於角度的增減！

本著這種理念，我鼓勵你牢牢抓住自己從這本書中學到的東西。找出你認爲最有幫助的，並堅持下去。大腦是經由重複來學習，爲了讓這些工具成爲我們的第二天性，隨時可以派上用場，就需要不斷練習，每天都以小小的方式使用它們。

練習：整合

舒服地坐著、閉上眼睛，花點時間讓你的身體和思想安靜下來。如果你喜歡，也可以讓覺知隨著吸氣和吐氣的感覺，漸漸安定下來。

反思一下，你在閱讀這本書的過程中吸收了什麼？回顧過去閱讀的幾星期或幾章時，什麼內容一下子就躍出腦海？對你最有幫助的是什麼？當你思考這些問題時，讓思緒自由馳騁。

最後，提煉出這些內容的本質：你想要將哪些特定的練習、工具，或原則，整合到生活當中？

下一步

有很多方法可以繼續你的溝通練習。你可以回顧本書中的原則和練習，將它們當成進一步學習和練習的大綱；每星期做一種練習，複習後再繼續下一個練習。

正如我在一開始提到的，有一位認真的練習伙伴，會是極大的支持力量。如果生活中沒有和你興趣相同的人，可以去網路論壇、當地團體或課堂上，尋找一名有同理心的伙伴，經常對話並練習這些技能。

最後，尋找社群。從定義上來說，溝通是關係性的，我們越有機會在生活中直接練習，學到的就會越多。我在美國開設了線上與一對一課程。雖然目前還沒有很多人以我和你們分享的這種方式來教導正念溝通，但世界各地都有很多非暴力溝通的靜修、課程和培訓。我強烈建議你參加這樣的課程，它們有許多與本書相同的原則和練習。

往內看

最後，我想強調一點：**正念溝通的重點不是關於說什麼**。從來都不是文字的問題。所有的工具，那些技術性指標、訣竅和原則，都是設計來幫助你建立更多的理解，無論是對你自己，還是對周遭的人。如果我們太專注於語言，太狹隘地專注於「用正確的話去說」，人與人連結的神奇之處就會消失。

要達到良好的溝通，必須透過覺知來創造理解。一切必須從心開始，也用心結束；以眞摯的開放和謙遜傾聽，眞正試著去理解對方。

要表達眞正的意思，先看看內心。

對你來說什麼是眞實的？在這個當下，你眞實的感受是什麼？你需要什麼？什麼很重要？你希望這個人理解或知道你的哪些經歷？你會如何邀請他們加入給予和接受的互相依賴之舞？那個我們稱爲「生命」的舞蹈？

原則統整

有效對話的三個步驟

一、以臨在引導

二、發自好奇與關心

三、專注於重要的事

第一個基礎：臨在

有效溝通需要臨在。

考慮到溝通的複雜性，最穩妥的轉變方式，是採取可以長期持續的小改變。

臨在為連結奠定了基礎。

以臨在引導；以覺知開始對話，回到覺知並努力保持，誠實面對當下正在發生的一切。

我們越有覺知，就會有越多選擇。

以臨在引導包括了相互性——把對方視為獨立自主的個體；以及不確定性——承認和接受未知。這兩者都在對話中創造了新的可能性。

第二個基礎：意圖

意圖決定了方向。

我們的意圖、觀點和經驗會相互強化：觀點決定意圖，意圖塑造經驗，而經驗又驗證我們的觀點。因此，調整自己的觀點，才可以改變意圖和經驗。

意識到我們應對衝突的習慣，可以讓我們改變那些將它們固定在心裡的潛在信念和情緒，並做出不同的選擇。

指責和批評越少，別人就越容易聽我們說話。

彼此了解越多，就越容易共同合作，找出有創意的解決方案。

我們做的每件事，都是爲了滿足一種需求。

當人們感覺到被傾聽時，才會願意去聆聽對方。要建立起理解，就要在回應前先反映。

第三個基礎：注意力

注意力塑造經驗。

我們越能夠區分策略和需求，所擁有的清晰和選擇就越多。

我們越了解彼此，就越容易找到適合所有人的解決方案。因此，在解決問題之前，要盡可能相互理解。

衝突通常發生在策略層面——我們想要什麼。我們越能深入辨識出自己的需求（爲什麼我們想要這個），衝突就越少。

覺知自己的情緒，有助於我們有意識地選擇如何進行對話。

我們越能爲自己的感受負責，將之連結到自己的需求，而不是連結到他人的行爲，那麼對別人來說，傾聽我們的話就會比較容易。

我們越能從他人的感受聽出他們的需求，就越容易理解對方，而不需要聆聽指責、不需要同意對方，或對他們的情緒負責。

對自己有同理心，可以增加我們傾聽他人的能力，不管對方是否有能力傾聽我們。

清楚陳述發生了什麼事，而不做判斷或評論，能讓別人更容易聽懂我們的意思，並朝著解決方案努力。

將評論轉變爲觀察、感受和需求，可以得到珍貴的資訊，知道哪些方法有效、哪些沒用，並爲如何前進提供線索。

在提供意見時，要明確說出什麼有效、什麼無效，以及爲什麼，這讓對方更容易學習。

我們越清楚自己想要什麼、爲什麼想要，就越能發揮創造力來實現它。

我們對彼此的了解越多，就越容易找到對所有人都有幫助的解決方案。因此，在解決問題之前，盡量多相互理解。

先對「滿足越多需求越好」的策略擁有自己的想法，能讓他人也尋找有創意的解決方案。告訴對方，這段對話對雙方都有幫助，有助於產生認同感和意願。

只要情況允許，就先檢查對方是否感到獲得理解，再轉移到新話題或將注意力中心轉移到自己的經歷上。

當我們用較少字眼表達較多眞誠時，表達會更清晰、更有力量；說話簡潔扼要，能讓別人更容易理解自己。

關注我們的反應，注意神經系統活化的上揚趨勢，輔助去活化的平靜，可以幫助我們在決定說什麼和何時說之際，做出更明智的選擇。

發生衝突時，如果我們的目標是先傾聽對方，就能增加對方傾聽自己的機會。

實用的溝通句型

請求對話

「你願意花點時間和我談談關於……的事嗎？」

「我們能坐下來，看看我們都需要什麼，以及能不能找到方法來解決這個問題嗎？」

提供同理心

「讓我看看自己是不是眞的理解了，我聽到的是……」

「我想確定一下自己是否懂了，聽起來好像是……」

「我聽到的是這樣……對嗎？」

獲取資訊

「再多說一些。」

「關於這件事，還有什麼是你想讓我了解的嗎？」

請求同理心

「現在對我最有幫助的就是被傾聽。你願意聽一會兒，然後跟我說你聽到了什麼嗎？」

「我說了一堆，不確定有沒有傳達出眞正的意思。你能跟我說，你聽到了什麼嗎？」

「我剛剛說的話對我眞的很重要，你願意跟我說，你聽到了什麼嗎？」

插入停頓

「我想要一點時間整理思緒。」

「我不確定，讓我想一想。」

「這聽起來很重要，我想花點時間思考一下。」

「我想花點時間消化一下這件事，我們可以在這裡暫停一下嗎？」

休息一下：讓對話暫停

「我眞的很想繼續對話，但我現在狀況不是太好。可以休息一下再回來討論……嗎？」

「我眞的很想聽你要說的話，只是我現在有一點不知所措了，可能沒有辦法好好聽你說話。我們可以先休息，明天再繼續嗎？」

「我答應你會一起解決這件事情，只是現在我沒有辦法好好思考。我們可以先停一下，等到……再談嗎？」

「我想結束這段對話，而且覺得我現在說任何話都不會有幫助。我們可以休息一下，直到……再談嗎？」

「我眞的很想聽聽你要說什麼，但你說話的方式讓情況變得很難繼續，不知道你願不願意……試著解釋一下你遭遇到什麼困難？/休息一下，直到我們都有辦法好好思考爲止？/給我一點時間跟你說我到底發生了什麼事？」

打斷

「讓我確定一下我有跟上……」

「我想確定自己理解你說的，可以暫停一下，讓我確定自己有完全跟上嗎？」

「我想聽你說完，但我開始跟不上了。我能整理一下到目前爲止聽到的內容嗎？」

「我希望你繼續說，但我現在有點困惑。我可以問個問題嗎？」

「我想繼續聽，但有個部分我想澄清一下。能讓我回答一會兒嗎？」

重新引導

「我很高興你提到那件事。在講那個之前，我想再說一、兩件關於……的事。」

「謝謝你提出這個問題，我們等一下來討論。但首先我想再談一些與……有關的事情。」

「對，那個很重要。不過我們能不能先把這件事講完，過一會兒再談那個？」

聆聽「不」

「我很想知道爲什麼不行？你可以跟我多說一點嗎？」

「是什麼原因讓你說不呢？你有其他想法嗎？」

「我們能花點時間來發想一下，什麼方法對我們都有幫助嗎？」

「你需要知道什麼，或是我能做什麼，才有可能讓你答應呢？」

說出「不」

「我很想說好，但這就是爲什麼我現在沒辦法答應。」

「我聽得出這對你來說有多重要，但我不知道自己該怎麼達成這一點，因爲我也需要……我們可以研究其他可能對你有用的方法嗎？」

「我沒有辦法同意，因爲我必須付出很大的代價……（其他需求）。如果我們換這種方法，你可以接受嗎？」

請求重來

「這個結果並不完全正確。我能再試一次嗎？」

「我覺得我們好像一開始就出了錯，可以重新來過嗎？」

「我擔心剛說的一些話沒什麼幫助，你願意讓我再試一次嗎？」

「我們談話的時候，事情並沒有像我希望的那樣發展。我們能倒回去再談一次嗎？」

詞彙表

活化（Activation）：身體對環境中的預期目標或感知到的威脅做出反應，從而採取行動時，能量方面的刺激；交感神經興奮，包括「戰或逃」機制。

中心線（Centerline）：軀幹中間線。在正面和背面的中間，身體左側和右側的中間。

分裂（Splintering）：在當下主題完成之前，就帶入新的內容片段，使對話偏離主題。

分塊（Chunking）：把資訊分爲小的、可管理的區塊，每次只講一小部分內容。

反映（Reflection）：對已經說出來的話語進行重述或詢問，用來確認是否理解。

去活化（Deactivation）：在完成一項行動、滿足一種需求、解決一種感知的威脅之後，在身體裡安定下來的能量；副交感神經的穩定或交感神經興奮的釋放。

正念（Mindfulness）：以一種平衡而不起反應的方式，覺知到當下正在發生的事情。參見「臨在」。

同理心（Empathy）：從他人的觀點去理解或感受他們感覺的能力。

同理心光譜（Empathy spectrum）：一個獲得同理心的範圍，和我們感受它強度的範圍。

同理心痛苦（Empathic distress）：一種情緒狀態，指難以容忍感受到他人的痛苦。

抉擇點（Choice point）：一個覺知的時刻。在此刻，我們決定要說話還是聆聽。

定向（Orienting）：透過感知能力連結到周遭環境。

注意力中心（Center of attention）：談話中的特定時刻，注意力集中他身上的那一方，那個正在發言的人。

社會連結（Social connection, Connection）：對於安全、健康的人際接觸。和愉快的社會交往之需求。（這種需求在人的一生中，不斷改變其表現形式，以及在生理、情緒、生物、心理和精神層面上的相對重要性。更多內容，請見第一章註釋。）

非異性戀同志（LGBTQI）：女同性戀、男同性戀、雙性戀、跨性別、酷兒等各種非傳統異性戀者。

保護性使用武力（Protective use of force）：有意識、刻意和暫時使用武力來創造安全，出於謹慎而使用，沒有惡意或不良目標。

洩洪（Flooding）：指我們重複自己的話，試圖一次說出所有的事情，或者一次分享出大量且對方無法處理的資訊。

請求（Request）：一個問題，關於一人是否願意執行特定行動來滿足需求。請求是策略，與命令不同。

重新引導（Redirecting）：溫和引導對話回到特定的階段或主題。

框架（Framing）：以廣泛而中立的方式，概述一個問題或討論的領域，通常是根據共同的需求、目標或價值觀。

特權（Privilege）：基於特定的屬性、地位或成員資格，特定的個人或團體享有的特殊權利或優勢。根據法律和（或）社會規範，特權能給予優惠待遇，和（或）使人能夠獲得資源。它的存在獨立於擁有它的人之任何具體行動或不作爲。它通常獨立於享有特權的個人或群體之任何差距、特權方的利益，或其他方面之任何代價。見序言註釋。

追蹤（Tracking）：指在對話中跟隨特定的過程元素或內容脈絡。

情感標籤（Affect labeling）：爲情緒命名的認知過程。

情緒／感受（Emotions, Feeling）：多方面的，是身體感受到的情感體驗。

情緒感染（Emotional contagion）：一個人的情緒會刺激另一人產生類似情緒的現象。

接觸點（Touch points）：身體中一些感覺敏銳的的部位，比如手、腳、嘴唇或舌頭。

連結請求（Connection request）：確認發出的資訊與收到的資訊是否相同的問題。目的是促進相互理解，並澆灌信任和善意的種子。連結請求還可用於探索解決方案時，確定是否有足夠的信任和理解。

策略（Strategy）：試圖滿足特定人物、地點、行動、時間或目標的方法。

意圖（Intention）：驅動我們言語與行動的動機或心理的內在特質。

溝通（Communication）：互動或交換以創造理解的過程。

解決方案請求（Solution request）：以疑問句的方式提出具體策略或達成某種協議，以符合特定的需求。一個提出在此狀況下，未來如何進行的問題。

需求（Needs）：驅使我們行動的核心價值觀。它們是最重要的事，是我們爲什麼想要這樣事物的根本原因。

臨在（Presence）：由身體去覺知我們的直接體感、心理與情緒體驗，並將其體現出來。參見「正念」。

錨（Anchor）：一個參照點，我們回到這個地方來加強正念臨在。

關係對話（Relational conversation）：對話中專注於連結的品質、情緒或雙方關係的那些層面。

邏輯對話（Logistical conversation）：對話中的一個層面，試圖具體地解決某個問題，包括達成協議。

觀察（Observation）：對我們在環境中看到或聽到的東西，對某個事件的具體、精確與中立的陳述，有別於評價或解釋。

觀點（View）：看待或理解某事物的特定視角、方法。它可以是有意識的選擇，也可以是無意識的抱持。

致謝

有技巧的溝通，建立在「我們全都互相依賴」這項深刻的認知上。就跟人生中絕大部分的事情一樣，本書也是經過許多人的手，是無數互動的結果。

對於希望在書中能傳達出的洞見，都要深深的感激我的老師們。慕寧達和葛榮居士開啓了我的雙眼，揭示這一生有什麼樣的可能性。羅伯．普賴爾的謙卑和穩定的作業，引導我們許多人走向佛法。阿姜蘇美多、約瑟夫．葛斯汀，和米雪兒（Michelle McDonald），你們的智慧、慷慨與熟練的指引，幫助我成熟，並理解到身爲人的意義。莎拉（Sarah Doering）一直信任著我，在艱困的時期給予我支持。

我同樣感激非暴力溝通的老師們，他們引導我將佛法之美轉化爲行動，並教導我如何表達出眞正的意思。馬歇爾．盧森堡博士的遠見、清晰和熱情深深打動了我。我從殷巴爾（Inbal Kashtan）身上學到了很多，但他因癌症太早離開了人世（我想念你，殷巴爾）。另外，特別要向我的朋友和同事米齊．卡什坦表示眞誠的感謝，她對非暴力溝通的價値觀和遠見，有著毫不妥協的承諾，促使我超越自身極限，她也對本書的關鍵部分提出了鞭辟入裏的評論。凱西（Kathy Simon）在很短的時間內，就回給我重要的意見。我還要感謝佩妮（Penny Wassman），她的關心和熱情支持，讓我進入認證訓練師社團。也要感謝我在灣區非暴力溝通中心（BayNVC）的同事，他們的眞誠教會我如何體現這些技能。

史蒂夫・霍斯金森和安東尼（Anthony "Twig "Wheeler）爲我的身心健康完整提供了溫柔的支援。香巴拉出版社的資深編輯大衛（David O'Neal）看出我寫作的潛力，並向我提出邀約。編輯麥特（Matt Zepelin）的聰明才智讓書稿品質大爲提升。喬（Joe Kelly）主動幫忙，在一次偶然的散步後替我校潤了幾章。

我很幸運能成爲蓬勃發展的靈性社群裡一員，這些朋友持續充滿愛地挑戰我，讓我知道善良的眞正含義。幾位同事也對不同章節提出了很有幫助的意見：馬修（Matthew Brensilver）、唐娜（Donna Carter）、德瑞克（Derek Haswell）、蘇蜜・隆敦、愛莉（Ali Miller）、唐諾・羅斯伯格博士、班恩（Ben Rubin）和愛倫（Aaron Soffin）。

在我學習非暴力溝通的過程中，我的母親、父親和哥哥以愛和幽默感，陪我度過許多尷尬時刻。依凡（Evan A. Wong）給了我堅定而溫柔的鼓勵，讓我得以在電腦前度過許多漫長的白日和深夜。

還要感謝我電子郵件通訊錄和社群媒體帳號裡的許多人，他們一直關注著我，並在整個過程中替我鼓舞。如果沒有參加我的工作坊、課堂和靜修的學員們，這本書也不可能出版，他們眞實的回饋激勵我寫作，他們的堅韌和勇氣每天都鼓勵著我。

任何錯誤都是我自己的錯誤。值得慶幸的是，人生是個學習的過程。

Eurasian Publishing Group
圓神出版事業機構
用心與你對話・視野無限寬廣
究竟出版社
Athena Press

www.booklife.com.tw　　reader@mail.eurasian.com.tw

心理 050

正念溝通 在衝突、委屈、情緒勒索場景下說出眞心話

作　　者／奧朗・傑・舒佛（Oren Jay Sofer）
譯　　者／吳宜蓁
發 行 人／簡志忠
出 版 者／究竟出版社股份有限公司
地　　址／台北市南京東路四段50號6樓之1
電　　話／（02）2579-6600・2579-8800・2570-3939
傳　　真／（02）2579-0338・2577-3220・2570-3636
總 編 輯／陳秋月
副總編輯／賴良珠
責任編輯／蔡緯蓉
校　　對／蔡緯蓉・林雅萩
美術編輯／潘大智
行銷企畫／詹怡慧・陳禹伶
印務統籌／劉鳳剛・高榮祥
監　　印／高榮祥
排　　版／陳采淇
經 銷 商／叩應股份有限公司
郵撥帳號／18707239
法律顧問／圓神出版事業機構法律顧問　蕭雄淋律師
印　　刷／祥峰印刷廠
2020年1月　初版
2024年7月　9刷

SAY WHAT YOU MEAN by Oren Jay Sofer

定價 350 元　　ISBN 978-986-137-287-7　

人類的溝通很複雜。本書採取三個步驟來創造有效的對話：「正念」「非暴力溝通系統」「體感治療」。找回你的聲音，學習如何說出真正的意思和深入聆聽。將是你所能踏上的、最有收穫的旅程。

——《正念溝通》

國家圖書館出版品預行編目資料

正念溝通：在衝突、委屈、情緒勒索場景下說出真心話／奧朗．傑．舒佛（Oren Jay Sofer）著；吳宜蓁 譯. -- 初版. -- 臺北市：究竟, 2020.01
400 面；14.8×20.8 公分. --（心理；50）
譯自：Say What You Mean : a mindful approach to nonviolent communication
ISBN 978-986-137-287-7（平裝）

1.說話藝術 2.溝通技巧 3.人際關係
192.32 108019088